中國學術思想 研究輯刊

十二編

林慶彰 主編

第15冊

原始儒家「無爲而治」思想發展譜系及其中心意義重構

陳靜容 著

花木蘭文化出版社

國家圖書館出版品預行編目資料

原始儒家「無為而治」思想發展譜系及其中心意義重構／陳靜容 著 — 初版 — 新北市永和區：花木蘭文化出版社，2011〔民100〕

序 6+ 目 4+212 面；19×26 公分

（中國學術思想研究輯刊 十二編；第 15 冊）

ISBN：978-986-254-656-7（精裝）

1. 儒家　2. 先秦哲學

030.8　　　　　　　　　　　　　　　　　　　　100015772

ISBN-978-986-254-656-7

9 789862 546567

中國學術思想研究輯刊

十二編　第十五冊　　　　　　　　ISBN：978-986-254-656-7

原始儒家「無為而治」思想發展譜系及其中心意義重構

作　　者　陳靜容

主　　編　林慶彰

總 編 輯　杜潔祥

出　　版　花木蘭文化出版社

發 行 所　花木蘭文化出版社

發 行 人　高小娟

聯絡地址　新北市永和區中正路五九五號七樓

　　　　　電話：02-2923-1455 ／傳真：02-2923-1452

網　　址　http://www.huamulan.tw 信箱 sut81518@gmail.com

印　　刷　普羅文化出版廣告事業

封面設計　劉開工作室

初　　版　2011 年 9 月

定　　價　十二編 55 冊（精裝）新台幣 90,000 元　　　　版權所有‧請勿翻印

原始儒家「無爲而治」思想發展譜系及其中心意義重構

陳靜容　著

作者簡介

陳靜容，臺灣屏東縣人。國立東華大學中文博士，於先秦、魏晉思想用功頗深。曾於東華大學、慈濟技術學院、高雄大學、高雄第一應用科技大學、屏東科技大學、文藻外語學院等校擔任兼任教師。著有：〈由儒家「無為」研究之評議重新檢視此觀念於原始儒家思想中的意義〉、〈六朝文學觀念中「身體」所具「詮釋性向」之考察〉〈「觀看自我」的藝術 試論魏晉時人「身體思維」的釋放與轉向〉等多篇學術論文。

提　　要

　　本研究以「先秦原始儒家之『無為而治』自有其符合儒家系統性格的思想性並有思想上明確的承續脈絡」為主要基本假定，實際由比較法切入「挈領提綱」，通過儒、道與儒、法「無為」主張的基本比較，對顯廓清儒家「無為而治」思想之外延；而後進行細緻的文本分析，由直接史料的深度詮釋進一步擬構出原始儒家「無為而治」之基礎詮釋框架，亟欲由「並時性」的思想內部結構處理著手，輔以「歷時性」的「源／流」關係考察，建立儒家「無為而治」之發展譜系與中心意義，並同時在此基礎框架的客觀理解視域中，進一步思考原始儒家「無為而治」思想之政教效應與內部理路建構，完成主客「視域融合」的有效詮釋與「中心意義」的系統性理論創構。

　　原始儒家「無為而治」之整體義涵內容與中心意義的完整揭示，除可解開思想史上一個懸而未決的概念癥結外，尚得以通過此研究成果進一步照應此議題研究於現代詮釋學上的理論意義；亦即原始儒家「無為而治」之思想義涵與中心意義的闡發，實是通過一「部份」與「整體」之詮釋循環而產生，因儒家積極實踐的特殊思想性格使然，所謂原始儒家「無為而治」的意義與價值必得由「在世存有」處即「用」而顯「體」，如此一來，「無為而治」雖似預設為一理念上的價值存有，實際上卻是儒家思想的總體運作，即此而扮演儒家思想的「基模」角色，轉而與儒家思想成為「部份」與「整體」的映照。

目次

無爲不易，靜容難得

　　陳君靜容是東華碩士班第一屆的學生，東吳中文畢業後，便來到東華完成碩士學位與博士學位，猶記得初次碰面時她一身樸質生澀的模樣，一位來自屏東熱愛中國思想文化的女學生，聽說要研究連中文系男同學都望之卻步的思想領域，在東華中文向來標榜以文學爲主調的發展方向下，她仍願秉持這分追求思想研究的熱情，資源有限，卻能始終如一，誠難能可貴也。我也逐漸在其沈穩恬靜的性情之外，發現她辨名析理、思考縝密的能力，從碩士論文初試啼聲的用心到博士論文的輾轉思深、自成一格，陳君帶著國境之南的勤篤與花蓮山海自然的潤澤，沈浸於東華自由創新的校風下，一路走來，我見證她學術上的精進成長。

　　陳君從學界有關儒家研究的論述中，發現「無爲」與「無爲而治」觀念有待釐清，循此問題意識使她試圖透過重要關鍵詞的辨析與歷時性的考察，配合儒家中、和、政、德等諸多思想觀念的闡發，以跳脫以往囿於道家之「自然無爲」的詮釋進路，開啓儒家無爲之自足性義涵，此一觀念的探勘，不僅可以建構儒家無爲而治與無爲思想的發展系譜，而且有助於進行儒道相關義涵之同異關係的辯證比較，這是一篇在方法論上表現極爲傑出的佳作，故能於有限的文獻上展現出論述的精微度與深刻性，口考時曾深得顏崑陽教授與林安梧教授的激賞，並對其學術發展的雄厚潛力寄予厚望。

　　多年來，學術生態丕變，神聖的大學殿堂也淪爲論文的製造機，重量不重質與功利心態充斥的風氣逐漸形成，令人憂心，我卻在陳君靜容的論文表現上看到了未來的希望，不窠臼泛濫又能融舊納新，包容度廣但也不失眞切與犀利，其實「無爲」被視爲道家範疇在學術界已有根深蒂固的傳統，陳君

嘗試以儒家視域探之，所得難免見仁見智，然學術的傳承需要積累前人的成果，也有待後起之輩的轉進開新，而這一本論文雖立基於有限的文獻，在分析上卻銘記著一步一腳印的紮實，且層次分明井然，推論亦合理可從，若用心觀之，便能深解她雖力圖另闢蹊徑，但絕非標新立異，其潛心投入學術研究的誠意尤值得肯定。

　　陳君闢此學術新壤，紮根有聲，未來值得期待，觀其末章尾聲猶欲汲取此無爲的古典智慧以對治運用於現代社會的困境，希冀傳統之學術文化可以經此轉化再造新猷，誠爲思慕古風又能關懷當世的有心之人也。今欣聞花木蘭出版社秉持學術推廣之用心，將陳君論文付印出版，以造就更多有志學術傳承者，此乃人間美事，故樂爲之序。

東華大學中文系教授　　吳冠宏

自　序

　　本研究以「先秦原始儒家之『無爲而治』自有其符合儒家系統性格的思想性並有思想上明確的承續脈絡」爲主要基本假定，實際由比較法切入「挈領提綱」，通過儒、道與儒、法「無爲」主張的基本比較，對顯廓清儒家「無爲而治」思想之外延；而後進行細緻的文本分析，由直接史料的深度詮釋進一步擬構出原始儒家「無爲而治」之基礎詮釋框架，亟欲由「並時性」的思想內部結構處理著手，輔以「歷時性」的「源／流」關係考察，建立儒家「無爲而治」之發展譜系與中心意義，並同時在此基礎框架的客觀理解視域中，進一步思考原始儒家「無爲而治」思想之政教效應與內部理路建構，完成主客「視域融合」的有效詮釋與「中心意義」的系統性理論創構。

　　就道家「無爲」主張來說，其顯明且自覺地強調個體生命自然與自由的存在境界；然以儒家而言，「無爲而治」的實際義涵卻是非直接表明而以暗示的方式進行傳達的一種隱性意向，且此意向具顯爲特定的中心價值，通過天道與人道的的雙向作用以圓滿存在。原始儒家「無爲而治」思想以天道爲其內在超越根據，在人道中具顯爲道德實踐之行動策略的實際內容，同時於政、教處產生作用。爲明此天道暨人道的兩重存在型態，與其政教內在實踐效應及中心意義之具體內容，本研究乃以原始儒家的相關文獻爲基礎，系統性地還原原始儒家「無爲而治」的思想架構與義涵內容，故分別以存在型態、政教實踐模式、中心意義的絪合與「無爲而治」內在之動態歷程的重構爲中心，迴環觀照儒家「無爲而治」思想之整體，並由此綜合、歸納出原始儒家「無爲而治」思想之內在深度義蘊。

　　原始儒家「無爲而治」之整體義涵內容與中心意義的完整揭示，除可解

開思想史上一個懸而未決的概念癥結外，尚得以通過此研究成果進一步照應此議題研究於現代詮釋學上的理論意義；亦即原始儒家「無爲而治」之思想義涵與中心意義的闡發，實是通過一「部份」與「整體」之詮釋循環而產生，因儒家積極實踐的特殊思想性格使然，所謂原始儒家「無爲而治」的意義與價值必得由「在世存有」處即「用」而顯「體」，如此一來，「無爲而治」雖似預設爲一理念上的價值存有，實際上卻是儒家思想的總體運作，即此而扮演儒家思想的「基模」角色，轉而與儒家思想成爲「部份」與「整體」的映照。此外，「無爲而治」中所引譬之「舜」與「北辰」的喻象，在倫理學與譬喻語言學的雙重範疇認知下，亦寓涵有一特殊的「道德映射」作用，且在攸關儒家思想整體的理解上具有重要的詮釋意義，合理展現「無爲而治」由「部份」理解「整體」之詮釋基模角色的十足價值。

　　本研究主題所欲條暢者，乃在通過儒家舊有基礎文獻的重新詮釋，申論出當代社會實踐的可能；然以「無爲而治」爲研究主軸，首先便必須面對儒家思想究是「有爲說」或是「無爲說」之爭論，這也是學界許多前輩學者對本論文的質疑之一。

　　多數學者以爲，「無爲而治」之理源來自於《老子》傳世本第三十七章：「道常無爲而無不爲，侯王若能守之，萬物將自化。」若由此而論，老子「無爲而治」所針對的正是儒家以人文化成天下的「有爲之治」，因此「儒／有爲」─「道／無爲」的區隔鮮明，不宜混爲一談。另，亦有學者舉《禮記》內容爲例，質疑儒家之君在禮制之制定、教化、執行上費神勞形，何以是「無爲而治」？

　　研究者並非刻意迴避這些問題之挑戰；唯研究者以爲，由字面意義抑或形式邏輯的排除方式來從事這一議題的研究，前行學者已著力許多。綜觀舊有之研究進路與相關成果，若無詮釋新視域之引借相援，這些論述多亦只是浮光掠影，難成一說。如何在這些研究窠臼中尋求突破，演繹出新的研究可能，便是本文亟欲琢磨之處。因此，研究者首先提出質疑：《老子》第三十七章之說是否就是「無爲而治」之唯一理源？抑或，「無爲」原是一般概念，因老子的創造性詮釋而使其具有特殊的超越意義？贊同前說的學者所在多有；不過後說若能通過演繹成立，進而成爲一種可能，則相對可證「無爲」的意義是被建構的結果。如此，對於儒家「無爲而治」的理解便不一定要侷限在道、法家之說的框架下，「無爲」在儒家思想的理解與詮釋下，便可能自有其

符合儒家系統性格的思想性並有思想上明確的承續脈絡；且此「無爲」不必然要符合道家「無爲而治」的精神與思想大要。

　　有鑒於此，研究者曾於《文與哲》第十一期中發表〈儒家「無爲」思想發展譜系及其中心意義試詮〉一文，由「本質意義」與「發生意義」的兩端雙向尋繹，對「無爲」思想的成形及衍化進行歷時性的觀照。通過具體文獻的論證，研究者發現原始思想中的「無」本就內具有神秘、神聖與辯證等色彩，且此與儒家思想起源論之「巫」、「無」、「舞」三位一體的概念亦有若干相合之處。即此，我們便不能強勢截斷儒家思想與「無」的交涉，而將「有爲」／「無爲」視爲儒／道之涇渭。研究者以爲，「有」／「無」的意義必然同時在儒、道思想中發酵，一如道家黜「有」而立「無」，在「有」的相對映照下，「無」的超越意義乃得以彰顯；儒家重「有」，則此「有」亦必融通「無」以成說。準此而言，以「有爲」／「無爲」作爲分判儒／道的界限，僅是從結果論來看的方便說，若以此框架先行，逕以截斷儒家與無爲的關係，則可能造成詮釋上的另一種侷限與研究窠臼。

　　因此，本論文的研究立場與目的，並非是以道、法家「無爲而治」的思想爲前提，由此強說儒家「也」有類似的主張；亦非以道家思想爲忌，硬是要別開生面去梳理出儒家「無爲而治」的中心意義。本文所欲，乃在通過客觀穿引史料與有效研究方法之運用，彌縫出此議題於儒家思想中的發展譜系及其中心意義架構，整體建構儒家「無爲而治」思想的系統性理解，通過對總體歷史情境的客觀掌握，將「無爲而治」應世的實踐性格與動態結構揭示出來，同時在儒家文化生命的觀念基礎上，還原「無爲而治」思想的終極關懷與其內在本有之德政運作的能動力與主動力，以契應原始儒家原有之自強與剛健精神。

　　　　　　　　　　　　　　　　　　　書于二〇一〇年‧歲末

第一章　引　論

第一節　主題說明

　　凡言「無爲」，則學者多以其與道體的關聯而逕歸入道家思想論述之一環。道家之「無爲」，主清淨自然、逍遙無累的自化之功，特顯一自在無礙的「無不爲」至境。在中國思想體系中，「無爲」義涵的詮釋與發揮確以道家爲勝場，特別是「無」義的深化與昇華，影響魏晉玄理玄智之開發甚鉅。然「無爲」的形上超越義涵，實際上已通過道家思想的演繹轉化，並具有其牢而整全的義理架構，亦已迥異於《詩經》中所謂：「寤寐無爲」、「尚無爲」的原初義涵。〔註1〕因此不管是「無爲」或「無爲而治」，在道家思想體系中應當都已具有別開生面的意蘊，且此意蘊是有別於傳統，而足以爲道家思想與其他思想區隔之所在。

　　惟，道家提出「無爲而治」與「無爲」主張的思想基源，乃爲對治禮文疲弊的時代課題而生發，因而對政治、社會的矛盾與衝突進行根本性的反省。

〔註1〕《詩經・國風・陳風》：「彼澤之陂，有蒲與荷。有美一人，傷如之何！寤寐無爲，涕泗滂沱。」此詩「寤寐無爲」共重複三次，所指均爲「無心做事」，故可引申爲「無所作爲」之意。另《詩經・國風・王風》：「有兔爰爰，雉離於羅。我生之初，尚無爲；我生之後，逢此百罹，尚寐無吪！」其中「尚無爲」一句，乃與「尚無造」、「尚無庸」相對，「爲」、「造」、「庸」分別指軍役之事、災害與勞病，因此「尚無爲」是指當時尚未有軍役之事發生，「我生之後」卻蒙受此憂。以上參糜文開、裴普賢：《詩經欣賞與研究》（臺北：三民書局，1991年），頁353、645。

老子眼見因在上位者「尚賢」、「貴難得之貨」、「見可欲」所導致的「民爭」、「民盜」、「民亂」等社會異化（alienation）現象，因此主張領導者應「爲無爲」以達至「無不治」之境，這是通過一種對「支配的意識型態」（dominant ideology）進一步觀察與反省後提出的對治方式，著眼於對社會競爭與衝突的理解。若從此論，孔、老同樣面對周文崩解後的失序社會，所謂「無不治」之境亦非必得由形上之道來觀照才得以實現，它可以預設爲一具普遍性的政治理想之獨立存在，所以孔子取徑於社會秩序、社會協調和社會團結，強調道德與政治思想的和諧與整合，同時由此擬出儒家「無爲而治」的思想系統。

依此，則在研究之先，應有幾個基本線索可以先行掌握。首先是儒道關於「無爲而治」的討論，實乃一特殊且深刻之時代議題的具現，因此單由思想內部的差異比較恐無法獲致全面的理解；再者，就儒道兩家之「無爲而治」思想提出的基源問題來看：老子具體著眼於社會的衝突現狀，故其進路在解消、在遮撥；而孔子強調重建一具群體秩序的理想社會，因此需要通過道德的「集體意識」〔註2〕（collective consciousness）來維繫社會的整全。最後就系統理論構設的層面來說，既然孔、老所提出的「無爲而治」思想乃在反省不同面向的社會事實，則在理論內容與修養工夫、對治方式上必定有所差異，這是不證自明之理，亦是本研究切入的隙罅所在。

先秦儒、道兩家各自以其獨到迥異的思想內容提出「無爲而治」與「無爲」的主張，道家以之爲道體的本質，而儒家則從此開展出以德順化的理想聖王典型與政治型態。總體來說，儒家思想並非完全偏廢對於「無爲而治」的討論，只是相對於道家嚴整的「無爲」思想體系，「無爲而治」、「無爲」在儒家思想中的角色定位與內容義涵均顯得曖昧不明，此與儒家典籍中的相關

〔註2〕 此處所謂「集體意識」，乃自涂爾幹社會學相關理論中拈出，其所指稱的「集體意識」：「主要是用來維繫社會成員之間的相互信任，而它是一種以共同儀式、信仰和法則爲基礎的歸屬感和相互義務，對於組成社會的個人具有外在束縛力。」涂爾幹社會學理論中「集體意識」的外在束縛力，主要是通過法律形式的懲罰起作用，然其學說到中晚期亦轉而主張道德的約束力：「社會確實被賦予了有充分根據的『道德權威』。……道德權威是一種精神實在，一種比我們自身更高級、更豐富的良知，我們感到我們自身依賴於它。」因此以儒家而言，通過社會事實之觀察而來的積極束縛，乃表現在「禮」等道德良知的具體約束力上。參詹火生：《認識社會學》（台北：正中書局，1993年），頁30。朱元發：《涂爾幹社會學引論》（台北：遠流出版公司，1993年），頁38。〔法〕愛彌爾‧涂爾幹著，梁棟譯：《社會學與哲學》（上海：上海人民出版社，2002年），頁79。

文獻紀錄無法具備「量」的優勢有關；然亦可進一步推想，道家實際拈出「無為」作為道體之本質，儒家典籍中卻從未把所謂道體本質之「無為」視為特定重點進行陳述，則儒、道的不同態度正可豁顯此中的差異；再者，近代研究者在討論這個議題的時候多著重在「點」的觀察，如儒家思想中是否確實有「無為而治」的具體思考？儒、道兩家的「無為而治」義涵是否同一不二？儒家「無為而治」義涵是否移植自道家？或儒家相關主張是否在實質上受到道家思想的影響？目前學界針對此議題的相關研究與介述，多膠著在一「影響」與「淵源」的癥結上；然儒、道兩家思想的源起，同是對治周文疲弊的時代問題而逐漸成形，雖然對治之社會事實的面向不同，致使儒、道兩家的「無為而治」主張有所差異，但是面對相同的時代困境與類似的社會文化情境，於思想及應對方法上很自然便會產生某種程度之「類似性」，這種「類似」是時代情境與歷史文化造成，非特來自於「影響」關係。〔註3〕且在中國思想的研究上，研究者多不自覺以「家」、「派」之嚴密區隔來自我框限，因此儒、道思想相類似之處經常被導向以影響論來進行理解。在這種狀況下，一思想觀念發展的時間歷程被靜態化，支持思想觀念生成之歷史情境背景被抽離，一切思想議題的討論均成為封閉性的理論研究，僅能片面地周旋在「影響」與「淵源」之永無解的癥結處打轉，故此中雖不乏有深刻之研究論述，卻仍不免有「見樹不見林」之憾，難有全面的廓清及突破，以至時到今日，此議題於儒家思想體系中的討論仍缺乏系統性的建構與統整。有鑑於此，本論文的研究主題乃以原始儒家「無為而治」思想發展歷程之演繹與並時性義涵的全面性觀照作為焦點，亟欲通過客觀穿引史料與有效研究方法之運用，彌縫出此議題於儒家思想中的發展譜系及其中心意義架構，整體建構儒家「無為而治」思想的系統性理解。另一方面，則通過對總體歷史情境的客觀掌握，將「無為而治」應世的實踐性格與動態結構揭示出來；同時在儒家文化生命的觀念基礎上，還原「無為而治」思想的終極關懷與其內在本有之德政運作

〔註3〕 有關「非影響的類似性」之相關討論，在比較文學中談得很多，其方法論的基本假定為：「世界各民族文學的發展既有由自然條件和歷史條件的不同所造成差異性，又有由人類歷史發展的一般規律所決定的共同性。」不同民族文化間不可避免地有其基本差異性與決定人類普遍規律的共同性，文化如此，思想亦然。以中國儒、道思想對比為主的比較研究來看，孔、老同樣面對禮崩樂壞的時代情境，二人回應時代問題的理念雖有所不同，然因接受相同的歷史情境衝擊與共同文化境域的薰陶，故產生「非影響之類似」的相應狀況亦非偶然。劉介民：《比較文學方法論》（台北：時報文化出版，1990 年），頁 38。

的能動力與主動力，以契應原始儒家原有之自強與剛健精神。

這種理想的能動力與主動追求的力量，代表的正是足以創造歷史的變革意義，亦即理想「烏托邦」的實現。卡爾・曼海姆（Karl Mannheim）曾說，如果失卻了「烏托邦」：「人類將會失去其塑造歷史的意志，從而也會失去理解歷史的能力。」〔註4〕大陸學者耿傳明即就「烏托邦」內容指出：

> 烏托邦主要涉及的是一個世界「應該如何」的問題，而這種應然的要求會與實然的現實產生尖銳的衝突，由此推動人們在一個虛擬的環境中以反現實的方式表達其世界「應該如何」的理想。這種實然與應然間的對照、對立，使人們對未來產生強烈的希望感，從而推動人們去追求更合理的生存狀態。所以烏托邦的意義不在於其構想能否完全實現。而在於它對改變現實提供了一種強大動力。〔註5〕

原始儒家「無爲而治」思想之價值與終極意義的展現，其實亦不在大同治世實現的預期效果上；而是通過這種理想的能動力與主動力，進一步傳達對未來強烈的希望感。因此，「無爲而治」絕不能被靜態化視之，一旦將其靜態化，儒家在治道上所期許對於「應然」世界之理想的達成動力與德政實踐的目的，亦將隨此靜態處理而失落，僅成爲一種假設性的存在，空有「紙上談兵」的想像，卻已無從得見當初仲尼「祖述堯舜，憲章文武」所欲具體朗現之「小德川流，大德敦化」的美善道境。是故，原始儒家「無爲而治」思想似僅能被束之高閣成爲一種歷史的想像，而絲毫不見儒家思想寄託於道德實踐處的達觀及創造精神，甚而形成一種詮釋視角的窠臼與盲點。

第二節　歷來研究成果之方法論檢討與詮釋有效性箴定

現今針對「無爲而治」議題進行論說闡述的專著與單篇論文爲數頗多，然以儒家「無爲而治」思想爲主軸的研究成果，除了一些學術論著側面觸及之外，〔註6〕專門討論的學術論文並不多見。若以當前可見的研究成果進一步

〔註4〕〔德〕卡爾・曼海姆著，艾彥譯：《意識形態與烏托邦》（北京：華夏出版社，2001年），頁302～303。

〔註5〕耿傳明：〈清末民初「烏托邦」文學綜論〉，刊載於《中國社會科學》，2008年第4期，頁177。

〔註6〕如陳大齊：「『恭己正南面而已矣』，即是『正其身』。『無爲而治』即是『不令

歸納，其實可尋繹出研究者在研究主張或程序上的相似進路。以下僅權且概分爲三個方向——

　　首先，是透過儒道思想內容的本質意義來對顯出儒道「無爲」或「無爲而治」主張的異同。目前學界可見的相關論述，幾乎均是以此方式來進行，重要的儒家「無爲」研究相關論文如：徐麗霞〈「無爲而治」儒道釋義〉〔註7〕、彭華〈「無爲」思想發凡——以先秦漢初的儒家和道家爲考察中心〉〔註8〕、杜鋼建〈仁政寬容與無爲而治——關於儒道互補之新仁學思考〉〔註9〕、劉笑敢〈「儒家不能以道家爲忌」：試論牟宗三「以道釋儒」之詮釋學意義〉〔註10〕、

而行』。」美國漢學家安樂哲、羅思文詮解《論語·爲政》「無爲而治」一條時，即直接指陳：「這是迄今所見對道家『無爲』思想的最早詮釋。」另牟宗三《中國哲學十九講》之論「道家玄理之性格」、《政道與治道》中論「道家的道化的治道」，均有觸及儒道「無爲」義的陳説與釐析。徐復觀〈孔子德治思想發微〉中亦指出：「德治即是無爲而治。但所謂無爲，……乃是不以自己的私意治人民，不以強制的手段治人民，而要在自己良好的影響之下，鼓勵人民『自爲』。」孫廣德兼論先秦儒道法三家的「無爲而治」思想時，即言儒家所謂「無爲而治」：「實即『爲政以德』，換言之，是依德爲治，也就是德治。所謂德治，就是由有道德的人，依循道德的法則，實行合於道德的統治，不能違背道德法則，於道德法則之外有所作爲。」這些學者雖沒有直接申論儒家「無爲」思想的義涵與內容，然論及儒家思想的整體性格或孔子思想時仍多有陳説，足見關於儒家「無爲而治」思想的篾定問題其實已被注意，只是諸家眾聲喧嘩，尚無系統性論述出現。以上參陳大齊：《孔子言論貫通集》（台北：臺灣商務印書館，1987年），頁108。〔美〕安樂哲、羅思文：《論語的哲學詮釋》（北京：中國社會科學出版社，2003年），頁136。牟宗三：《中國哲學十九講》（台北：學生書局，1997年）。牟宗三：《政道與治道》（台北：學生書局，1996年，增訂新版），頁32～37。徐復觀：《中國思想史論集》（台北：學生書局，1993年），頁211。孫廣德：《中國政治思想專題研究集》（台北：桂冠圖書股份有限公司，1999年），頁440。

〔註7〕　徐麗霞：〈「無爲而治」儒道釋義〉，《中國學術年刊》第9期，1987年6月，頁83～96。

〔註8〕　彭華：〈「無爲」思想發凡——以先秦漢初的儒家和道家爲考察中心〉，《孔孟學報》第80期，2002年9月，頁165～178。

〔註9〕　杜鋼建：〈仁政寬容與無爲而治——關於儒道互補之新仁學思考〉，《中國研究月刊》第3卷6期，1997年9月，頁2～5。杜鋼建的論述雖是講「儒道互補」之仁學思考，然其是以「仁政寬容」作爲儒家政治思想的核心，以「無爲而治」歸屬於道家。所謂「儒道互補」，其實是「除儒家主張寬容外，道家無爲而治思想也符合自由人權原理。在寬容政治主張方面，儒道可以互補，爲寬容主義提供豐富資源。」所以其立論基礎仍在儒家「仁政寬容」的強調上，「互補」是道家對儒家的補充。

〔註10〕　劉笑敢：〈「儒家不能以道家爲忌」：試論牟宗三「以道釋儒」之詮釋學意義〉，

孫瑋騂〈淺談孔、老的無爲政治觀〉〔註 11〕……等。這些篇章在研究程序上，明顯傾向以儒道思想對比的方式來對顯出「無爲」內涵的差異，除了顯示這種比較方法的普遍可行性與重要性之外，這些研究專論在比較、檢證之後，多同意儒道的「無爲」或「無爲而治」主張，不能單只是極端之「同」或「異」的判斷，因此研究者各陳己說，希冀在儒道思想的本質意義中尋繹出最適切的答案，故如劉笑敢雖主張孔、老「無爲」的思想大意相同，然亦不忘回置於孔子思想本質，歸納出孔、老「無爲」主張的三個不同點；〔註 12〕徐麗霞極力強調儒道「無爲」乃是「學理不同，名同實異」，卻也同意「統治者尊重國家每一組成分子的本質發展」，是儒、道「無爲而治」所「共同嚮往」者。〔註 13〕由這些研究成果可知，儒、道「無爲」與「無爲而治」思想在本質意義的釐析上實有其異趣，這個部分可以透過思想對照的方式得出相對結論；然必須注意的是，本質意義之詮解著重的是思想「內」的抽絲剝繭，以此相對來說，思想「外」部醞釀與生發的過程同時容易被排擠或忽略，造成本質意義與發生意義未能兼容的情況。準此，此議題的研究仍有可開發的空間。

其次，因儒家「無爲而治」在相關論述及材料上皆相當有限，故近代研究者多傾向轉以注疏內容或宋明儒者的詮釋爲援。這種以歷來注疏內容及宋明儒者的發揮詮釋作爲主要討論對象，以補充儒家「無爲」或「無爲而治」的基本義涵之詮釋方法，於此議題的研究上亦屬普遍。這種研究路向不離儒道思想對比的進路，然更強調歷代注疏及宋明儒者的發揮，如劉錦賢〈儒家之無爲觀〉〔註 14〕一文，大量羅列何晏、邢昺、朱熹、包咸、劉寶楠等人的注疏論述，一一箋定辨析，其主要立場乃是將歷來注疏之詮釋視爲是儒家「無爲」或「無爲而治」思想內容的一環，對「無爲」思想作一系統性地論述。另張星久〈儒家「無爲」思想的政治內涵與生成機制——兼論「儒家自由主義」問題〉一文，則重視朱熹與程頤的詮解，由《朱子語類》中去規劃出幾

載李明輝編《儒家經典詮釋方法：傳統儒者解經方法及其現代轉折》（臺北：喜馬拉雅研究發展基金會，2003 年），頁 305～336。

〔註 11〕孫瑋騂：〈淺談孔、老的無爲政治觀〉，《孔孟月刊》第 45 卷第 3、4 期，2006年 12 月，頁 1～6。

〔註 12〕劉笑敢：〈「儒家不能以道家爲忌」：試論牟宗三「以道釋儒」之詮釋學意義〉，頁 328～329。

〔註 13〕徐麗霞：〈「無爲而治」儒道釋義〉，頁 83、95。

〔註 14〕劉錦賢：〈儒家之無爲觀〉，《興大中文學報》第 16 期，2004 年 6 月，頁 29～50。

種儒家「無爲」的內容義涵。〔註15〕林文華〈先秦諸子「無爲」思想之探究〉，總體是以先秦諸子思想對比的方式對顯出各家「無爲」論的差異，不過其於「孔子『無爲』論」一章則兼採朱注與蔣伯潛的詮說，嘗試由此構擬出孔子述及「無爲而治」所展現政治上的目的。〔註16〕即如上文所列，傳統注疏內容與宋明儒者的相關詮釋普遍被納入理解的一環；然此處值得重新思考的是，不管是後代注疏家抑或者宋明儒者的詮釋發揮，他們的發言語境均有其特殊的歷史文化情境，因此往往有強烈的以儒家爲本之護教心態，也涵藏了個人主觀主張於其中，故嚴格來說，注疏家與宋明儒者的說法均已屬第二層再詮釋之發言，這些材料運用在詮解早期儒家「無爲而治」之思想義涵上，能發揮多大的詮釋效力、又是否具有客觀的詮釋有效性，均有再斟酌的必要。

　　第三種研究進路，則是將焦點鎖定在新近發現的出土文獻材料上，關注出土材料所記錄的儒道思想關係可能對「無爲」議題研究所產生的影響。這種研究進路，雖亦在對比儒道的思想關聯，但並非如前者是在思想本質意義中檢索，而是著重在討論儒、道的思想「關係」。透過儒、道兩家思想「關係」的互涉或疏離程度，來判斷「無爲」的義涵歸屬。因此如龐樸〈古墓新知〉中，即通過郭店楚簡資料指出：「儒道兩家在早期和平共處」，且列舉了竹簡資料，證明儒家只有反對「有爲」的材料，而無提倡「無爲」的信息，並將此視爲是儒道的界限；〔註17〕葉坦〈儒家「無爲」說──從郭店竹簡談開去〉一文中，亦繼之提出疑問：「如果連『無爲』都成了幾家所共有，那麼還有什麼能用來界定或區分諸子百家呢？」〔註18〕考古學者的提問，正是一種另闢

〔註15〕張星久：〈儒家「無爲」思想的政治內涵與生成機制──兼論「儒家自由主義」問題〉，《政治學研究》第 2 期，2000 年，頁 74～86。張星久根據《朱子語類》中的說法，歸納出「儒家講『無爲無不爲』，主張按『當然之理』去『體天行道』，在生活中必然落實到這樣幾個方面：一，本於人所固有的德性……。二，順乎民心。……三，尊重人之常情和生活中固有的秩序。……其次，無爲就是主張『爲政以德』。」以上參見氏著，頁 77～78。

〔註16〕林文華：〈先秦諸子「無爲」思想之探究〉，《美和技術學院學報》18 卷，2000 年，頁 14～28。

〔註17〕龐樸：〈古墓新知〉，《讀書》第 9 期，1998 年，頁 57～61。龐樸此篇研究雖非以「無爲」爲主題，然其由出土文獻材料爲證據，提出儒家之「無爲」主要是「反對有爲」，而道家對「無爲」的態度則是確實「提倡」。其以「反對有爲」／「提倡無爲」作爲儒／道思想對「無爲」態度的界限，此亦屬本文討論的範圍，故羅列於此。

〔註18〕葉坦：〈儒家「無爲」說──從郭店竹簡談開去〉，《哲學研究》第 7 期，1999

蹊徑的作法。順勢從諸子百家思想內涵發源時實際上的「異」，去考慮各家思想中所指「無爲」義涵是否「同」的問題。不管答案、主張爲何，這種透過出土文獻材料努力往思想發生原點考索的程序，確有可借鏡之處。

以上三種研究進路，各有各的詮釋取向，在方法上也多有互涉之處。總其研究進路與方法的有效性而論，爲確保詮釋之客觀與邏輯推論的合理，實有進一步釐清與檢討之必要，以下即試述之——

一、儒道思想比較方法的有效性檢討

杜保瑞曾於討論儒道互補價值的論述中主張：「中國哲學即是價值哲學的體系建構之學」，且孔孟哲學所顯現的是「仁義價值」，而老子則著眼於「無爲價值」。〔註19〕基於哲學思想體系的不同，欲直接透過儒道思想的比較、對照來對顯出儒家「無爲」的意義或儒道「無爲」的相對關係，在研究時恐有實質上的困難，因爲首先即必須面對儒家「無爲」思想義涵模糊的關鍵性難題；再者，要以儒道思想比較來進行討論兩家的「無爲」義涵，則儒、道的主張各自必須扮演何種角色才能清楚釐析這整個問題的癥結？即便前行研究者亦曾經系統地羅列出儒家「無爲而治」思想的內容，然因其關注點著眼於以儒家和道家爲考察對象的整體研究，故歸結出來的說法多無法具體建構出「無爲而治」的實質義涵，而只是儒道思想的基本差別，〔註20〕因此頗有事倍功半之憾。

欲透過儒道思想的對照、演繹來進一步建構儒道兩家「無爲」義涵的實

年，頁 57～61。

〔註19〕杜保瑞：〈儒道互補價值觀念的方法論探究〉，收入於《哲學與文化》，28 卷 11 期，2001 年 11 月，頁 997。

〔註20〕如彭華針對儒家「無爲而治」有言：「天道」是實施「無爲而治」的內在理論依據，且「天道」最高、最大、最神聖，所以仁人君子的所作所爲，都要順「天道」而行。其於道家的「無爲」亦謂：「無爲」有其內在的絕對的理論依據，那就是「道」，且「道」是最高的、最大的，也是最爲神聖的，所以「道」不可違。以上參〈「無爲」思想發凡——以先秦漢初的儒家和道家爲考察中心〉，頁 166～172。另徐麗霞的研究指出：「所以道家的無爲而治，應該是道化之無爲而治，乃『道治主義』、『自然主義』。與儒家之『德治主義』、『人治主義』異趣。」參〈「無爲而治」儒道釋義〉，頁 95。彭華與徐麗霞所歸納出來儒、道「無爲」或「無爲而治」的意義，其實仍圍繞在儒道思想的基本性格差異上，足見欲透過儒道思想比較來建構出儒道「無爲」思想的義涵，恐怕會因缺乏有效方法論的保證而出現遺珠之憾。

質內容,雖有其窒礙難行之處,然這樣的研究方法卻可於研究之先的初步廓清或儒道互補、會通的討論上展現價值。故杜保瑞亦指出:

> 所謂的孔老互補指的是理論體系的建構中,孔老的仁義、無爲價值是可以並立在同一套體系中的,作者並不是說無爲與仁義是同義的概念,而是當無爲與仁義在生活實踐中可以並存使用時,這個並存使用的可能性必須給予理論的說明,而理論的說明即是在理論體系的建構中給予結合,從而使無爲與仁義在體系中各有定位,各有定位之後在操作時即仍然是有一絕對的標準……。因此兩種價值必須有一個清楚的劃分,使其各自定位恰當,從而在各自體系中吸納了彼此。〔註21〕

杜保瑞所指是爲儒道互補時的方法論問題,然其亦爲儒道「無爲」研究提供了一重要的概念。此即,在儒道互補的理論體系中,儒家以其「仁義價值」之哲學與道家「無爲價值」之哲學相互對應,因此:

> 就儒學體系言,儒道互補是以仁義爲本體,以無爲爲境界。在老學體系言,儒道互補是以無爲爲本體,以仁義爲次德目。〔註22〕

在儒道互補的價值體系下,儒家的「無爲」是爲「仁義之無爲」;而老子的「仁義」則是「無爲之仁義」。如此,則儒家之「無爲」由境界顯,而老子之「無爲」則由本體顯。「境界」與「本體」間無所謂「主流」/「邊緣」的差距,因此反而可以超越儒、道思想有別的隔閡,以一整全的眼光從新理解儒道「無爲」思想的差異與會通處。

不過,一如杜保瑞所言,儒道兩種價值在會通之前必須要有清楚的劃分,並使其定位恰當。儒道「無爲」思想若要經由這兩種價值的激盪進而逼顯,則確立「無爲」在各自思想學說中的定位乃爲首要之務。因此,以儒道對照的研究方式開門見山來進行「無爲」義涵的建構,僅可片面廓清儒、道兩家思想的外緣辯證問題,此外延界定之結果是爲進一步研究的詮釋基礎,而無法全面照見「無爲而治」的思想內容;然若於「無爲」思想義涵確立之際,以之對顯儒道「無爲」思想之異趣,則不啻爲一積極且觀照全面的理解進路。

二、經典注疏傳統之詮釋權力的立場反省

其次,再透過中國經典注疏傳統進行觀察。對於一般的研究來說,歷代

〔註21〕杜保瑞:〈儒道互補價值觀念的方法論探究〉,頁1001。
〔註22〕同前注,頁997。

注疏內容往往有揭示或深化意蘊之功，甚至可轉出不同的理解角度，賦予原典新的詮釋生命；然就儒家「無爲而治」的討論而言，以《論語・衛靈公》所錄爲例：

> 無爲而治者，其舜也與？夫何爲哉？恭己正南面而已矣。〔註23〕

何晏《集解》曰：「言任官得其人，故無爲而治。」邢昺疏：「帝王之道，貴在無爲清靜而民化。」劉寶楠進一步指出此則重點乃在：「任賢故逸也。」這些注疏內容絕非無可觀之處，亦可歸納出這些注疏家所認定之儒家「無爲而治」的關鍵乃落在：「任官得其人」及「無爲清靜」上。其中「任官得其人」的說法雖可與儒家「任賢」的思想相關，然此「任官得其人」的說法究由何處詮發？察〈衛靈公〉一則之內容，從字面上的表述並未見「任賢」抑或「任官得其人」的直接說明，足見此「任賢」之闡發已是何晏與劉寶楠的進一步主觀詮釋，遑論「無爲清靜」則明顯是「以道釋儒」的詮解進路。同樣的理解分歧亦出現在《論語・爲政》之「爲政以德」〔註24〕與《禮記・哀公問》孔子言「無爲而物成，是天道」〔註25〕一段。

　　針對儒家「無爲而治」義涵的詮說，歷代注者的主張不離「以儒釋儒」、

〔註23〕此處原典與其下何晏、邢昺、劉寶楠說法，均參〔魏〕何晏集解、〔宋〕邢昺疏：《論語注疏》，四部要籍注疏叢刊，（北京：中華書局，1998 年），頁 439、967。

〔註24〕《論語・爲政》：「爲政以德，譬如北辰，居其所而眾星共之。」何晏引包咸說法曰：「德者無爲，猶北辰之不移而眾星共之。」朱熹《四書章句集注》引程子曰：「爲政以德，然後無爲。」又有言：「爲政以德，則無爲而天下歸之，其象如此。」王夫之亦分析「爲政以德」：「蓋以施于民者言，而非以君德言也。」、「若更于『德』上加一『無爲』以爲化本，則已淫入于老氏『無爲自正』之旨。」以上參《論語注疏》，頁 320。〔宋〕朱熹：《四書章句集注》（北京：中華書局，1983 年），頁 53。〔明〕王夫之：《讀四書大全說》，收入於《船山全書》第六冊，（湖南：嶽麓書社，1998 年），頁 595。針對〈爲政〉此則的詮說，歷代注家亦多由「無爲」與「政治」的關係切入關注，並出現「無爲」的儒道思想詮釋分歧。

〔註25〕《禮記・哀公問》：「公曰：『敢問君子何貴乎天道也？』孔子對曰：『貴其不已，如日月東西相從而不已也。是天道也。不閉其久，是天道也。無爲而物成，是天道也。已成而名，是天道也。』」鄭玄注：「日月相從，君臣相朝會也。不閉其久，通其政教，不可以倦。無爲而成，使民不可以煩也。」孔穎達疏：「無爲而物成是天道也者，言春生、夏長無見天之所爲而萬物得成；是天道，謂人君當則天道以德潛化。無所營爲而天下治理，故云是天道也。」參〔漢〕鄭玄注、〔唐〕孔穎達疏：《禮記注疏》，重刊宋本十三經注疏，（台北：藝文印書館，2001 年），頁 851。鄭玄由「君臣朝會」、「通政教」而言天道「無爲」所「成」之一端；孔穎達則轉向以「無所營爲」來釋儒家之「無爲」。

「以道釋儒」這兩種進路，表面上這二者是昭然可分的；然自宋代以降乃至近現代的研究者，往往在詮解注疏內容或進行分類時無意中因矯枉過正而強作解人，致使儒家「無爲而治」義涵成爲護教心切下的詮釋型態。這當中的原因可能包括牟宗三所謂：

> 儒家卻是在這裡起一種禁忌、忌諱，忌諱佛老。從宋儒出來這個忌諱更大，到現在有一千多年了。〔註26〕

劉笑敢亦繼之補充：

> 宋儒以來的儒家多忌諱講道家，因此極力把無爲而治從孔子思想中淡化、消除，或者極力把孔子之無爲與老子之無爲剖爲不相干之二事。〔註27〕

姑且不論孔、老之「無爲」是否爲「不相干之二事」，宋儒在詮釋上以道家爲忌諱的心態確實使得「無爲」思想的討論產生了轉向。因此如明末清初的王夫之、清代李允升、劉寶楠、毛奇齡等，皆以捍衛儒家學說的姿態進行強勢的詮釋，雖然帶動一股嶄新且強大的詮釋力量，然矯枉過正的結果，致使如包咸僅謂：

> 德者無爲，猶北辰之不移而眾星共之。〔註28〕

包咸此說法引來排山倒海的針砭聲浪。嚴格說來，包咸這段話的意旨並無充分的證據可以證明其說法是攙和了道家思想，亦很難斷定其中「德者無爲」所指的「無爲」義，究是「超越作爲」、「無所作爲」抑或是立於「德化」的「無爲」。不過毛奇齡《論語稽求篇》直謂：

> 包氏無爲之說，此漢儒攙和黃老之言。〔註29〕

李允升《四書證疑》中亦爲儒家辯析淘淘：

> 既曰爲政，非無爲也；政皆本於德，有爲如無爲也。〔註30〕

劉寶楠《論語正義》贊同李允升的說法，稱譽李說「足以發明此注之意」。〔註31〕在這樣的詮釋權力強行主導下，包咸的說法被理解成「漢儒攙和黃

〔註26〕 牟宗三：《中國哲學十九講》，頁150。
〔註27〕 劉笑敢：〈「儒家不能以道家爲忌」：試論牟宗三「以道釋儒」之詮釋學意義〉，頁322。
〔註28〕 《論語注疏》，頁320。
〔註29〕 〔清〕毛奇齡：《論語稽求篇》（台北：藝文印書館，1966年）。
〔註30〕 〔清〕劉寶楠：《論語正義》，四部要籍注疏叢刊，（北京：中華書局，1998年），頁762。
〔註31〕 同前注。

老之言」，且李允升所理解包咸所謂之「無為」，乃是相對於「有為」之「無所作為」意。如此之理解基調，已強勢將對儒、道「無為」思想的詮釋變成是一種對立型態的「黨同伐異」現象，因此所歸納出來的結論，恐怕亦是有意權衡後的「不完全理解」，〔註32〕無法有全面性的客觀認識。

這種因詮釋立場過於極端所導致的「不完全理解」現象，是造成儒、道「無為」義涵研究上模稜兩可、糾結難分的主要原因。且歷代注疏內容因言簡意賅，若要清楚區斷其中的儒、道立場恐有實際上的困難；再者，宋明以後儒者對於儒家「無為而治」的理解已自有特殊的詮釋視域，近現代研究者若聚焦於此，或可尋繹出此階段儒者們的陳說立場與詮釋視域，然要由此抽繹、建構原始儒家「無為而治」的具體義涵，恐怕還需更多文獻材料的支援與輔助。

三、「本質意義」與「發生意義」的雙向研究補充

若檢視此議題歷來研究成果，可發現主要研究目的不外乎二：一即如劉笑敢主張「儒家不能以道家為忌」的融通性理解，強調儒、道「無為」思想其實具有共同的時代關聯，不必定要截然二分；另一則是關注於儒、道思想本有天道、人性、治術等觀點上的差異，自然「學理不同，各具面目」。這兩種研究型態雖然目的不同，不過討論重點均落於儒、道思想之「本質意義」的考核上，著重儒、道「無為」之內涵意義的掘發；然一思想觀念的成形，除了「本質意義」的發展具足外，亦不可忽略「發生意義」的影響。〔註33〕因此唯有重新考慮儒、道兩家思想最原初的「發生意義」，才可能進一步探索「無為」在儒、道兩家思想文化歷程中所扮演的角色。

儒、道兩家思想出現的歷史背景，都是對應「周文疲弊」而來。牟宗三闡明儒家思想乃是直接面對夏商周的文化，開始作一個反省，因此用「開闢

〔註32〕此處所指之「不完全理解」，乃考量歷代注家或詮釋者對於「無為」的闡釋，除偏重區隔儒道主張之外，已呈現極端的思想「黨同伐異」現象，致使陳說時往往立場先行，無法在客觀的基礎上對儒道「無為」進行全面的觀照。

〔註33〕勞思光：「此處有一觀念上的分別，學者不可忽略。此即發生意義與本質意義之不同。一事之如何發生是一問題，一事有何種內含意義又是另一問題。」顏崑陽又繼之補充：「發生意義，指一種事物在歷史進程中之所以產生而所具備的意義。本質意義，指一種事物之所以成其為事物而在本質上所具備的意義。」勞思光：《中國哲學史》（台北：三民書局，1997 年），頁 104～105。顏崑陽：〈先秦儒家美學的中心觀念與衍生意義〉，載《文學與美學》第三集（台北：文史哲出版社，1992 年），頁 438～439。

價值之源，挺立道德主體，莫過於儒」來講儒家；〔註34〕至於道家則是把疲弊的周文視為外在形式的虛文，因此「要從外在的形式中解脫」，衝破人為的虛妄分別與外在形式的束縛，「反人能，反有為，而歸於『無為』」。〔註35〕若由此考慮道家在治道上提出「無為而治」之因，則或可由嵇康〈答難養生論〉中的一段來顯其大要：

> 聖人不得已而臨天下，以萬物為心，在宥群生，由身以道，與天下
> 同於自得，穆然以無事為業，坦爾以天下為公，雖居君位，饗萬國，
> 恬若素士接賓客也；雖建龍旗，服華袞，忽若布衣之在身。故君臣
> 相忘於上，蒸民家足於下。〔註36〕

嵇康此文的發言立場，雖屬於第二手材料，然因道家「無為」主張本就有其思想內涵上的明確界定，因此嵇康的說法正可言簡意賅地提挈出：道家所主之「無為而治」，乃是至人「不得已」而「臨天下」時所採取的權宜治術，而以「相忘於道術」為內容。因此道家的「無為而治」，是其道化之治道中的一環，是至人「不得已」而「臨天下」時的權宜發揮，故牟宗三謂此「道化的治道之極致便是『各然其然，各可其可，一體平舖，歸于現成。』」〔註37〕道家「無為而無不為」的治道型態，其實是「叫人君歸于自己之自適自化而讓開一步，讓物物各適其性，各化其化，各然其然，各可其可」；〔註38〕而儒家孔子的思想路向重在重建一普遍秩序，其「無為而治」的主張扣緊在「舜」之「恭己正南面」而說，足見「無為而治」之提出不僅僅是因應治道上的需要，亦在遙契、欣慕堯舜之理想聖王典型；另方面則在煥發、延續周文精神以重建人文秩序。

準此，由「發生意義」進行觀察儒、道思想所引導的「無為而治」義涵，雖無法從中建構出此觀念的具體思想內容，然卻可幫助釐清「無為而治」在儒、道思想中「作用」的基本差別，故「本質意義」與「發生意義」的雙向考察，應是釐清儒、道「無為」思想的關鍵處。由「本質意義」切入討論，可見「無為」在儒、道思想中所展現的義涵內容與「工夫」、「境界」層次；由「發生意義」進行觀察，則可揭示儒、道「無為」相關思想的提出於「動

〔註34〕牟宗三：《中國哲學十九講》，頁 62。
〔註35〕牟宗三：《政道與治道》，頁 32～33。
〔註36〕戴明揚：《嵇康集校注》（台北：河洛出版社，1978 年），頁 171。
〔註37〕牟宗三：《政道與治道》，頁 34。
〔註38〕同上注。

機」及「作用」上皆有差別。因此若能掌握「本質意義」與「發生意義」雙向的研究關鍵，必有助於儒道「無爲」思想的釐析與廓清。

四、「根源性問題」、「衍生性問題」之定調與釐清

葛兆光於其專著中反省中國思想研究與「思想史」書寫方法時，曾一針見血地指出：

> 過去那種一定要把某種思想的發明權按照著作人分配，著作人一定要按時代先後列入章節的寫法，常常爲了著作者的眞僞和先後，耗去相當大的精力，而且很可能把蔓延幾代的思想積澱過程算在了一個人的身上。〔註39〕

中國思想研究與中國思想史的書寫型態，確實長期陷落在這種「思想發明權」的迷思當中，因此研究者往往以一種「斷裂」的史觀去看待「連續」的思想發生過程，獨斷且草率地以某「家派」或「個人」對特定思想進行標籤化的認定。在這種認知型態中，阻斷了思想詮釋與思想史書寫的多元可能，也拘限了每一思想命題的被表述形式；於是許多思想都僅能依其所被分配的「著作人」之思想性格，在一特定的框架中被詮釋、被理解，一有越界，則難逃撻伐——中國傳統對於「無爲而治」思想的詮釋即是最明顯的例子。

以往有關「無爲而治」思想的相關研究，多是由學者自塑一意義框架，而後將此特定的意義框架強勢地套入儒、道思想中去進行理解所謂儒、道「無爲而治」之思想義涵，在這樣的強勢操作下，研究者便無法顧及此思想命題在不同思想體系中所可能具有的不同「思想重量」與「思想面目」，致使儒、道思想中的「無爲而治」義涵詮釋只是一種「齊頭式」的平面理解，失去其於一個特定思想體系中所應該被突顯的角色定位與層級意義，故儘管有再多的詮釋說法，亦只讓人覺得抽象虛浮而摸不著頭緒，造成此研究議題一個難以突破的癥結。爲解決這個研究上的困局，筆者以爲必須在一整體的思想觀照下，先行客觀地細釐出「無爲而治」在儒、道思想中之「根源性」或「衍生性」的角色定位，如此方能在此基點上重新開啓理解原始儒家「無爲而治」思想的各種可能。

實際看來，儒、道兩家思想對於「無爲而治」內容義涵的認定，各有其

〔註39〕 葛兆光：《思想史的寫法——中國思想史導論》（上海：復旦大學出版社，2004年），頁63～64。

不同的表述空間與思想層級之差異。若以先秦「無爲」思想的基本討論定位
來說，針對「無爲」與「道」的超越性詮釋實是道家思想的「根源性問題」；
然相對在儒家思想體系中，「無爲」的相關思考則是一「衍生性問題」。〔註40〕
因此原始儒家雖有對聖王「無爲而治」垂拱以臨天下的欣慕，但畢竟是價值
存有上的終極理想，是一個等待實現的理念上的存有，〔註41〕故如何通過人
的生命存有之和諧、安頓與秩序進而去具體彰顯「無爲而治」的政治理想，
方爲孔子思想的迫切思考。而在此之前，「人的生命存有之和諧、安頓與秩序
如何可能」的問題，則必然成爲一個關鍵性問句。因此，先秦原始儒家對於
「無爲而治」的討論，絕非僅是單一命題式的思考，它必是融整繫託於儒家

〔註40〕所謂「根源性問題」與「衍生性問題」的判別，即如顏崑陽在討論儒家美學
問題時曾指出：「我們就以中國先秦時代而言，各家思想幾乎很少以『藝術』
獨立對象進行專業性、系統性的思考。……假如採取『美學』就是『藝術學』
的入路，對先秦美學便很難獲致確當而豐實的解釋，甚至會因此而誤認先秦
美學非常貧乏。然而，這並不就眞的說先秦的思想家未曾思考到有關『美』
的問題，只是他們對『美』的思考，乃是以人的生命存有爲入路，而不是直
接以藝術自身爲入路。前者是根源性問題，後者只是衍生性問題。」顏崑陽
將「根源性」及「衍生性」的觀念運用在儒家美學界定的思考上；然此亦適
可與儒、道兩家看待與詮釋「無爲」的態度兩相參照，或可於初步先行釐定
「無爲」於儒、道思想中的不同定位。以上參顏崑陽：〈先秦儒家美學的中心
觀念與衍生意義〉，頁407。

〔註41〕原始儒家「無爲而治」之爲一種「理念上的存有」，意謂從存有學定義而言，
「無爲而治」以其理念本身與其他思想間有著相互的聯繫關係，並進一步構
成一種存在意義。這個存在意義的可解性與其可能「開顯」的範圍，需依賴
一自我於「此在」中通過作爲與行動被創造出來。此行動是爲「無爲而治」
理念存有意義的「朗現」；而此「理念存有」意義則直契原始儒家思想之「本
眞」，使得「無爲而治」的呈現與被理解成爲可能。惟原始儒家關注的第一序
乃在「人的生命存有之和諧、安頓與秩序如何可能」的問題，「無爲而治」理
想的實現與如何實踐的問題便退居第二序，成爲原始儒家思想中的「衍生性」
思考，而爲一個等待實現的理念上的存有。不過即便「無爲而治」意義的創
造與朗現，對於儒家而言是一衍生性的問題，然亦不可忽略「無爲而治」的
存有意義乃因其理念本身與其他思想間的聯繫關係所構成，故本文所謂「無
爲而治」之「衍生性」角色的定位，乃剋就一理念實現與行動程序而言，非
是由此思想之重要性或其於原始儒家思想中的價值序位而言其爲「衍生」角
色；事實上，原始儒家「無爲而治」義涵與儒家其他思想概念的發用間，實
際存在著一以「無爲而治」爲核心而開展的特殊思想網絡，並足以爲詮釋儒
家整體思想的基模角色，此便不受「衍生性」角色的影響，而自具有一核心
意義與價值。以上參羅伯特・奧迪（Robert Audi）主編，林正弘審訂：《劍橋
哲學詞典》「海德格」、「存有」條，（台北：貓頭鷹出版社，2002年），頁505
～508；110。

思想體系中，依隨孔子仁道之發明而體現，同時不離人之生命存有與具體實踐等問題，故唯有重新思考先秦儒者在各自的歷史情境與思想脈絡下所賦予「無爲而治」的義理內涵，順勢在此基礎上進一步延伸統整出儒家「無爲而治」之各階段角色與功能轉化，方能依程序展開一反省式的系統性論述，進而使之與道家「無爲」思想的相關論述形成一立體性的觀點對照與概念連繫，同時亦方可由此定調：道家的「無爲」義，實隨道體之超越本質以顯；儒家所謂「無爲而治」的境界，則必賴其他中心觀念之媒介、附麗以實現。

　　透過以上對歷來研究成果之研究方法的總體反省，筆者以爲仍有部份調整、修正的空間。從研究方法的效度來看：一、在思想概念角色定位未明之際，比較法僅能作爲廓清外緣因素之詮釋基礎的預設，若欲直接以儒、道思想對比的方法豁顯出兩家「無爲而治」的思想內容，難免會出現削足適履的狀況；二、援引傳統注疏內容或宋明儒者的發揮，雖可充實儒家「無爲而治」的整體思想義涵，然對原始儒家「無爲而治」思想定位的確立與內在義理生成來說，卻極可能因強烈的護教傾向產生「不完全理解」的主觀詮釋；三、忽略原始儒家的歷史存在情境與實際的時代情結，逕從「本質」去討論儒家「無爲而治」之內容，是缺乏客觀性與歷史實在意義的，未若建立出「本質」與「發生」條件雙向考量的原始儒家思想基調，或能更全面觀照儒家「無爲而治」的中心意義，亦始能進一步客觀地立足於儒、道兩家的思想視域中，重新釐分出「無爲」與「無爲而治」於不同思想體系中的「根源性」及「衍生性」之層級差別問題，從而在此基礎上進行有效之中心意義建構。

第三節　研究方法與重要觀念辨析

　　有鑑於以上之反省，本文在研究方法的設定上，實際運用了「比較／辯證」、「理解／詮釋」、「分析／綜合」、「演繹／歸納」等人文研究的一般性方法，並因應研究焦點及研究步驟的不同，靈活調適各種一般性方法的使用。首先，本研究乃由比較法切入「挈領提綱」，通過儒、道與儒、法「無爲」主張的基本比較，對顯廓清儒家「無爲而治」思想的外緣基礎；而後進行細緻的文本分析，由直接史料的深度詮釋進一步擬構出原始儒家「無爲而治」之基礎詮釋框架，亟欲由「並時性」的思想內部結構處理著手，輔以「歷時性」的「源／流」關係考察，建立儒家「無爲而治」之發展譜系與中心意義。

因所有涉及「意義」的詮釋都是主體涉入的主觀理解，也是一種詮釋建構，故本文通過細緻的文本分析先行「明其統要」，亦即由《論語》〈為政〉之「為政以德」章、〈衛靈公〉之「無為而治」章等文本材料切入，透過文本的相對客觀照應，初步確立儒家「無為而治」基礎詮釋框架，而後方得以在此基礎框架的客觀理解視域中，進一步思考原始儒家「無為而治」思想之政教效應與內部理路建構，完成主客「視域融合」的有效詮釋與「中心意義」的系統性理論創構。

後者所謂「歷時性」的考察，則是一明源察流的窮索工夫，以儒家「無為而治」詮釋框架為基礎，串聯歷史、社會、文化等時代相關因素影響，考察、擬構出儒家「無為而治」思想之發展譜系與轉化分流過程。「歷時性」的考察雖重在明一思想概念的發展及演變歷程，然思想概念內容的衍化，實際上乃是對應於不同主體理解後之思想投射的結果，亦即儒家「無為而治」思想發展譜系之形成，實來自於「原始儒家」──從周公、孔子以至孟、荀「觀看」、「理解」時代後的思想反應模式，故其中的癥結，即在周公、孔子以至孟、荀如何「觀看」、如何「理解」、如何「反應」的問題，且此中觀看、理解、反應的過程裡，同時涵藏了一承轉與創造的思想微調。

接著，乃由詮釋學角度切入，並於實際詮釋之前先行設問：「孔子為什麼提出『無為而治』的主張？」「為什麼」的問句中，實際上已經包含有「實然」的歷史情境及經驗的延續，亦有「應然」的價值判斷於其中。本文一方面希冀由「應然」的價值進行推衍，延續「舜」之「善化」典型，揭示「恭己正南面而已矣」之所以可能的內涵所在。因為孔子或儒家之與堯舜的關係，已非歷史事實的「實然」傳承，而多是「託古」的精神寄託；且儒家引述有關堯舜的紀錄時，亦多置於「應然」之價值判斷的論述脈絡下，因此舜之人物典型的獨特性，適可於「應然」的價值抉擇中展現，並由此彰顯聖王「順化之功」的特殊道德實踐及感化歷程。而所謂「實然」，可歸為已發生的歷史事實或經驗。因此另個方向，本文乃亟欲於此連結周代之政德觀念與儒家「為政以德」間的關連，演繹「無為而治」中「德之行」無言而德自化的德政理想。

因此「歷時性」考察的結果，並不全然只是對歷史、社會、文化等外在客觀條件的描述，其中更大的意義是在揭明儒家「無為而治」內在義理生成的過程，同時從中廓清一些「並時性」考察所無法照應到的面向，終而整合為一具系統性的整體詮釋。原始儒家「無為而治」思想發展譜系之構建，不

僅僅是以一「歷時性」研究的角色相對應於「明其統要」的並時性理解，其同時亦是「無爲而治」基礎詮釋框架內容之補充與強化，具有實質上的研究意義。

就道家「無爲」主張來說，其顯明且自覺地強調個體生命自然與自由的存在境界；然以儒家而言，「無爲而治」的實際義涵卻是非直接表明而以暗示的方式進行傳達的一種隱性意向，且此意向具顯爲特定的中心價值，通過天道與人道的的雙向作用以圓滿存在。原始儒家「無爲而治」思想以天道爲其內在超越根據，在人道中具顯爲道德實踐之行動策略的實際內容，同時於政、教處產生作用。爲明此天道暨人道的兩重存在型態，與其政教內在實踐效應及中心意義之具體內容，本文將以原始儒家的相關文獻爲基礎，系統性地還原原始儒家「無爲而治」的思想架構與義涵內容，故將分別以存在型態、政教實踐模式、中心意義的縮合與「無爲而治」內在之動態歷程的重構爲中心，迴環觀照儒家「無爲而治」思想之整體，並由此綜合、歸納出原始儒家「無爲而治」思想之內在深度義蘊。

原始儒家「無爲而治」之整體義涵內容與中心意義的完整揭示，除可解開思想史上一個懸而未決的概念癥結外，尚得以通過此研究成果進一步照應此議題研究於現代詮釋學上的理論意義；亦即原始儒家「無爲而治」之思想義涵與中心意義的闡發，實是通過一「部份」與「整體」之詮釋循環而產生，因儒家積極實踐的特殊思想性格使然，所謂原始儒家「無爲而治」的意義與價值必得由「在世存有」處即「用」而顯「體」，如此一來，「無爲而治」雖似預設爲一理念上的價值存有，實際上卻是儒家思想的總體運作，即此而扮演儒家思想的「基模」角色，轉而與儒家思想成爲「部份」與「整體」的映照。換句話說，「無爲而治」乃儒家思想的聚焦收攝，既是儒家思想具體而微的總體展現，亦爲儒家思想基模之寄託所在。此外，「無爲而治」中所引譬之「舜」與「北辰」的喻象，在倫理學與譬喻語言學的雙重範疇認知下，亦寓涵有一特殊的「道德映射」作用，且在攸關儒家思想整體的理解上具有重要的詮釋意義，合理展現「無爲而治」由「部份」理解「整體」之詮釋基模角色的十足價值。

準此，本論題之重要基本假定爲——「先秦原始儒家之『無爲而治』自有其符合儒家系統性格的思想性並有思想上明確的承續脈絡。」爾後的討論亦將以此基本假定爲依據，進行思想義理上的多面向開展。

　　本論文既以：「原始儒家『無爲而治』思想發展譜系及其中心意義重構」
爲題，則特定重要關鍵詞須於研究進行前先行說明界定。首先，所謂「原始
儒家」的界義，學界雖仍無定論，然考方東美之說法，其言：

> 余謂原始儒家，析爲二期：第一期之儒家承受一套原始初民之上古思
> 想遺迹，企圖納諸理性哲學。第二期之儒家則根據另外一套不同之久
> 遠傳承，創建一體大思精之思想體系，肯定人性之崇高峻極，天地之
> 大美莊嚴，二者雍容浹化，合德無間，以燦溢完美之眞理於無窮。……
> 兹專欲論列者，乃以孔、孟、荀爲代表之原始儒家。〔註42〕

方東美以孔、孟、荀爲原始儒家代表人物，其立論點乃是關注一承續與開創
的思想格局。近人唐文明則經由分析、綜合方東美暨其他學者說法之後，提
出原始儒家的序位譜系乃爲：「從周公到孔子再到思孟」。〔註43〕唐文明考慮
思想發展歷程所提出關於原始儒家的權宜理解很值得參考，其言：

> 從存在者從其存在而得名的意義上看，原始儒家當涉及儒家的起
> 源、思想來源的問題。鑒於此種概念設置的權宜考慮，我們用「原
> 始儒家」一詞來指涉儒家的起源及其義理規模基本成形這一思想史
> 事件。〔註44〕

本論文原則上認同唐文明以儒家之源流發展與義理規模成形來界定原始儒家
的意見。不過若以儒家「無爲而治」的思想義涵作爲討論對象，則此中所謂
「義理規模基本成形」之思考必不能略過荀子，故本文所指之「原始儒家」，
除如方東美所言必須具備一承續與開創的思想格局外，主要的代表人物乃包
括：「從周公到孔子再到思孟以至荀子」的思想發展序列。

　　其次，本研究意在重新尋繹、建構出儒家思想系統中內在之本有卻曖昧
而隱涵未明之「無爲而治」的義理內涵，因此「無爲」與「無爲而治」的基
本意義必須先作初步的釐析。若從字面意義與文獻基本材料的紀錄來看，道
家之「無爲」爲道體的本質，「無爲而治」乃是道體發揮之「用」，故「無爲」
本身即具本質性意義，「無爲」與「無爲而治」間形成一種「體」／「用」的
辯證關係；然若從儒家思想來說，儒家「無爲而治」與「無爲」的相對關係

〔註42〕方東美：《原始儒家道家哲學》（台北：黎明文化事業公司，1986年），頁46。
〔註43〕唐文明：《與命與仁──原始儒家倫理精神與現代性問題》（保定：河北大學
　　　　出版社，2002年），頁30。
〔註44〕同上注，頁27。

其實較道家複雜得多，以下試分層進行界義與說明。第一，從文獻材料的記錄來看，儒家在孔、孟的階段僅針對「無爲而治」以發論，此階段所謂「無爲而治」，是孔子最心嚮往之的理想政治，也是一聖賢德治的完美具現，因此儒家的「無爲而治」是從境界說，與道家從道之虛靜「無爲」本質的發用來說有所不同。第二，儒家不從字面意義上講「無爲」，因若缺乏形上之道作爲根源與依據，則「無爲」僅是「無所作爲」之意；然孔、孟卻自用一種巧妙的策略將「無爲」內化於儒家思想體系中，並從修養與踐德工夫顯，這是儒、道思想極大的差異所在。第三，若從文獻材料的實際記錄來看，儒家一直要到荀子方眞正兼融道、法家的思想，從字面與思想處具顯「無爲」之義理內涵，此時之「無爲」已涵攝孔、孟「無爲」踐德修養論與道、法的「無爲」超越精神，這又是另一層次的涵義。

所以本論文之儒家「無爲而治」，除指「無爲而治」的理想政治型態而從境界顯，還包括一套完整的踐德與行政推行歷程，具有實質的動態意義。另所謂「無爲」則有兩重理解，一是隱涵於孔、孟思想中的特殊「無爲」踐德修養論，此無從於字面得見，卻涵藏在儒家「無爲而治」思想的中心意義中，內化爲工夫論的一環，不針對特定對象且具有普遍意義；另一重則是荀子思想體系中兼融儒、道、法家思想後所開展的「無爲」義，故與今日一般所認定的「無爲」思想近似，亦可見出經荀子思想轉化及再詮釋的痕跡。在本文的系統中，除由「分流」以觀荀子思想中的「無爲」義涵外，原則上仍是以「無爲而治」的理想政治型態與孔、孟思想中的特殊「無爲」踐德修養論爲討論核心，以明儒家「無爲而治」思想的獨特性與內在義涵。

另本文所謂「譜系」，非挪用尼采的「道德系譜學」（On the Genealogical of Morals）或傅柯所說的「系譜」（genealogical）觀念，從一個知識與權力的結構去探討歷史的眞相與特殊的偶然；而是由中國原有的「譜牒」或「家譜」傳統，取其「敷布遠近」〔註45〕、「注序世統」〔註46〕的形式，強調一歷史時間與思想觀念的結合發展，並由此考察其承續、創造與轉化的種種可能。

最後，既欲明究儒家「無爲而治」的「中心意義」（meaning），亦必須強

〔註45〕 〔明〕方孝孺：「譜者，普也，普載祖宗遠近、姓名、諱字、年號；譜者，布也，敷布遠近，百世之綱紀，萬代之宗派源流。」方孝孺：《遜志齋集》，第四冊，（台灣：商務印書館，1968年），頁391。

〔註46〕 〔梁〕劉勰著，周振甫譯注：《文心雕龍譯注》（台北：五南圖書出版社，1993年），頁320。

調此所謂「中心意義」乃不同於一般「字面意義」（literal meaning），僅由語言之表詞、構句、符號等來傳達一特定的、或一般的訊息。儒家思想性格是不離實踐的，因此所有主張的提出均具有特殊的意向性（Intentionality），此意向乃預設實踐的必要與可能，絕不僅僅是為了描繪一個美好的藍圖而存在，故本文所欲重構之儒家「無為而治」的「中心意義」，較偏向於是一種「意義的整體論」（meaning holism），〔註47〕除從思想信念或者推論聯繫中確立語詞的意義，亦將社會實踐與歷史文化情境納入理解的整體系統中，使意義與思想意向、社會情境間形成一個有機的詮釋結構，進而完成儒家「無為而治」思想的系統性理解。

〔註47〕「意義的整體論」主張：「一個語詞的意義不能從其整體的概念聯繫中被抽離出來，從一個整體論的觀點看來，任何含涉一個語詞的信念或者推論聯繫，都可能是決定這個語詞意義的要素之一。」當代的語意學整體論者，包括：戴維森（Davidson）、蒯因（Quine）、吉爾伯特・哈曼（Gilbert Harman）、哈特立・菲爾德（Hartry Field）、瑟爾（Searle）等。以上參羅伯特・奧迪（Robert Audi）主編，林正弘審訂：《劍橋哲學詞典》「語意學的整體論」、「意義」條，頁 744、1112。

第二章 挈領提綱——儒家「無爲而治」思想之外延界定

　　在有關「無爲」討論的一般性認知中，我們很自然會將「無」、「無爲」或「無爲而治」這些概念與道家思想進行連結，於是以「無」爲主的這一系列概念，通通被收編在道家思想體系中，形成一畛域分明的思想版圖；但是只要通過初步的文獻檢閱就可以發現，《老子》、《莊子》全書中實際上從未出現「無爲而治」一詞，因此所謂「道家的無爲而治思想」之所指，便同時存在著可再詮釋的空間。本文雖謂《老子》、《莊子》中未直接使用「無爲而治」一詞，然並不代表筆者認爲道家沒有「無爲而治」的思想，而是欲由此聚焦釐析出：道家在這系列概念中，是以「無」爲首要，衍申開展出「無爲」與「無爲之治」的系統性義涵。眞正直接從字面處標誌出「無爲而治」的，反而是《論語・爲政》中孔子所說：「無爲而治者，其舜也與！夫何爲哉？恭己正南面而已矣。」〔註1〕孔子所拈出之「無爲而治」，是儒家政治的究極理想，是一價值上的實在存有，非是同道家一般從超越性之「無」與「無爲」推擴衍申而成。但是許多研究者在討論這個問題的時候疏忽未察，於是逕以「無爲而治」一詞來全面涵蓋儒家或道家「無爲之治」的思想內容，致使關於「無爲而治」的討論便糾纏在儒、道之「思想所有權」的拉鋸上，難再有進一步的開展。而後，在儒、道之外又有法家韓非在解《老》與法治的基礎上進一步詮釋「無爲」之所謂，其亦提出「虛者之無爲，不以無爲爲有常」與「夫

〔註1〕 〔魏〕何晏注，〔宋〕邢昺疏：《論語注疏》，四部要籍注疏叢刊，（北京：中華書局，1998 年），頁 439。

物者有所宜，材者有所施，各處其宜，故上下無爲」的特殊主張，似與儒、道說法均有相涉之處。至此，儒、道、法三家思想於「無爲而治」或「無爲」之治的詮說雖各有喧嘩，卻著實糾纏互涉而難辨各家面目。

即此，本文既欲箴定原始儒家「無爲而治」思想的相關內容，首要第一步便需在「無爲而治」的全幅論述中，通過歷史與時代文化環境的客觀限制，廓清儒家「無爲而治」思想特徵之基本外緣，展現儒家之所以異於別說的獨特主張，並以之爲此論述的開端及進路。所謂「外緣」，乃是相對於內部義涵的實際詮釋而言。就此議題來說，有許多客觀的、外在的「事理」〔註2〕與軌則必須先被釐清，如材料界定的問題、材料短缺的客觀限制與以「無爲而治」爲焦點之儒、道、法三家思想的最大外延廓清等，待這些外緣因素逐一釐清，亦方得以由此照見內部之思想意義，探見原始儒家「無爲而治」的義理全質。

準此，本章首先便欲直觸原始儒家「無爲而治」材料短缺的現實問題，亟欲由「循『實』以責『實』」之特殊「名」「實」關係辯證與孔子「罕言」態度互參，先行釐清材料短缺對此議題研究的得失影響；而後通過比較法進行初步的限定區判，聚焦於儒、道「德化」／「自化」與儒、法「導之以德」／「齊之以刑」的根本差異，比較對顯出原始儒家「無爲而治」的本質性根據；同時在儒、道的比較關係中，通過語文學進路尋繹原始儒家與原始思想「無」之特殊關係。此處所謂「比較」的進行，非同於以往「以道釋儒」的傳統進路，由儒、道的整體思想內容中進行印象式的批評或比對，而是通過儒、道、法三家基源主張與思想性格的原則性把握，先行由外緣相對比較限定出儒家「無爲而治」與道、法家「無爲」之治的不共之處，藉此突顯儒家「無爲而治」思想中「德化」與「導之以德」的治道色彩，以爲此議題研究挈領提綱之用。

第一節　「無爲而治」思想研究之「名」「實」關係先辨

歷來許多研究者均主張儒家「無爲而治」其實並無自己的思想面目，其中最關鍵的癥結所在，即因整部《論語》中孔子僅一次直接觸及舜之「無爲

〔註2〕　牟宗三《歷史哲學》自序云：「歷史哲學就是以事理與情理爲對象而予以哲學的解釋。事理是客觀地或外部地說者，情理是主觀或內部地說者。」牟宗三：《歷史哲學》（台北：學生書局，1984年），頁2。

而治」的主題，爾後再無他論，因此質疑這則史料可信度的學者所在多有，
或有從本質上認定孔子所謂「無爲而治」的意義「顯然與老子之無爲相通」。
〔註3〕研究者的質疑其來有自。確實，在儒家的傳世文獻中，除《荀子》兼融
眾說直陳「無爲」的治道之術，孔、孟的思想主張從來不以「無爲而治」爲
重點；不過，面對《論語》以「語錄」爲主的特殊倫理話語表達形式，我們
必須清楚的覺知到，這種倫理話語的解讀與詮釋並不是一種科學的判斷，而
是帶有情感與應然意向的道德性判斷。檢視原始儒家相關典籍，其話語表達
形式背後所涵藏的倫理意義，確實無法從詞語的外部描述去發現；同時，此
類典籍中的話語表達，多直接指向實際道德行動的要求或道德心靈的煥發。
因此，我們或許可以這樣理解——話語或者文字符號的表達形式之於原始儒
家思想的意義，乃是以一道德行動與道德心靈的鼓勵、改變或糾正爲此中內
在關係的聯繫，並促使行動者實際從事應然的道德判斷；而非以話語符號使
用次數之多寡爲主要考量的統計學式之表層思考。也就因爲如此，在儒家思
想的研究範疇中，所謂「直接史料」的選擇與認定必須是源自於多向度的綜
合性理解，而不能執著於文字符號的表層描述或逕行將某些詞語固定化、靜
態化，將文字符號與思想的關係單一化來進行理解。如此一來，傳統史料學
所認定的「直接史料」之於儒家思想詮釋的意義，其優位性就不是絕對的，
而是與「間接史料」間形成一種相互開展的相對關係。在這種情況下，史料
之「直接」與「間接」角色的判定，不再全然依賴一被固定化之特定詞語的
出現與否爲必要條件，而是在一個被合理限定的詮釋語境中進行互爲主體的
相互詮釋，此如林安梧論及儒家所謂「善」的意義時，有言：「儒家所說的善
乃同時涉及到人與物、人與天的關係」，〔註4〕因此其選擇由「人」、「大」、「天」
等概念進行詮釋此「善」之意義，而非將「善」視爲一固定的文字符號，從
儒家典籍中進行地毯式的文獻搜尋，這便是文獻之「直接」與「間接」角色
的鬆綁與活用。

　　若確如本文的基本假定：儒家的「無爲而治」思想自有其前承與轉化的

〔註3〕　劉笑敢：〈「儒家不能以道家爲忌」：試論牟宗三「以道釋儒」之詮釋學意義〉，
　　　　收入於李明輝編《儒家經典詮釋方法：傳統儒者解經方法及其現代轉折》（臺
　　　　北：喜馬拉雅研究發展基金會，2003 年），頁321。
〔註4〕　傅佩榮、林安梧（主講）：〈「人性向善論」與「人性善向論」——關於先秦儒
　　　　家人性論的論辯〉，收入於《哲學雜誌》第5期，1993 年6月，頁78～107。
　　　　引文則見頁85。

譜系可供檢驗。則研究者又應當如何來看待「無爲而治」在儒家文獻材料中的短缺狀況？

所謂文獻材料上的「短缺」，所指即爲「量」的缺乏。除孔子言道：「無爲而治者，其舜也與！」之後再無其他文獻紀錄可供參照。文獻證據於「量」上的缺乏，使得「無爲而治」的觀念在儒家思想中似顯突兀；然除前文所謂「直接史料」的鬆綁外，另亦可由二個方面切入考察此中之關鍵所在：一是對「循『實』以責『實』」〔註5〕之特殊「名」「實」關係的理解；另一則是針對孔子「罕言」態度的深度考察。前者可以協助我們穿透語言符號的限定，由思想存有的入路轉而推擴出原始儒家「無爲而治」詮釋的更大空間；後者則可通過孔子「不言」、「罕言」的態度辯證，從另一個新路向重新反省檢視「無爲而治」文獻材料短缺的相關問題。本文將分別於此章一、二節中論之，希冀可以在特殊「名」／「實」關係與孔子「言」／「默」之態度辯證中，轉圜出重新理解原始儒家「無爲而治」思想的可能。

我們不得不注意，中國傳統觀念的發展往往先有其「實」，而後才有所謂的「名」以符應，這在中國文化與思想的研究範疇中相當普遍，〔註6〕儒、道兩家的美學思想即是最鮮明的例子，雖無以「美學」爲名，然如顏崑陽所論：

> 並不就真的說先秦的思想家未曾思考到有關「美」的問題，只是他們對「美」的思考，乃是以人的生命存有爲入路，而不是直接以藝術自身爲入路。〔註7〕

〔註5〕 「循實以責實」，實際上是筆者對「循名以責實」一詞的轉化自鑄，爲指思想上某特定階段「名無」、內容卻「實存」的特殊思想存在現象而擬定。雖是「循實以責實」，然首「實」所指是爲：『『名無』、內容卻『實存』的整體而言，故仍不離「名」「實」關係而論。

〔註6〕 魏晉以後出現的「名教」一詞亦是如此。張蓓蓓指出：「嵇、阮所作文章，常有批駁儒家禮法教化之處；雖然未及用『名教』，而在其字裡行間，常可感覺『名教』二字已經呼之欲出。」「名教」一詞經張蓓蓓綜合定義爲：「泛指一切『有名之教』，凡名相、名號、名分、名譽、名數以及由此而生的一切規矩法度都應包括在內。」嵇、阮以後才出現「名教」之名目，並非代表儒家名教之名相、名號、名分、名譽、名數、一切規矩法度等內容，亦直至嵇康拈出「名教」一詞後方實際存在。參張蓓蓓：《中古學術論略》（台北：大安出版社，1991 年），頁 28。另余英時論「道統」時亦指出：「中國歷史上的『道統』觀念遠在古代『哲學的分裂』之際已露其端倪，雖則當時尚沒有『道統』這個名詞。」余英時：《中國知識份子階層史論》（台北：聯經出版社，1980年），頁 39。

〔註7〕 顏崑陽：〈先秦儒家美學的中心觀念與衍生意義〉，收入於《文學與美學》第

這種「名無」、內容卻「實存」的特殊思想存在現象，可以幫助我們由「名」「實」關係推擴出詮解儒家「無爲而治」義涵的諸多可能，因爲儒家典籍中直接論及「無爲而治」的文獻紀錄數量有限，然文獻材料於「量」上的缺乏，是否即可代表孔子思想中不具有這個觀念？抑或者此觀念必爲援借他家思想以成說？

　　以《論語・公冶長》「夫子論性與天道」一條爲例：「子貢曰：『夫子之文章，可得而聞也；夫子之言性與天道，不可得而聞也。』」其中「不可得而聞」之「性與天道」在謝大寧看來：

> 可見天命這一觀念在孔子心目中的關鍵性地位。……孔子重視天命，並強調它對天下的意義，但另一方面卻顯然是以「六合之外，聖人存而不論」的方式來面對它。或說不可得聞，或曰不知，都表示了孔子的特殊態度。〔註8〕

孔子因相對強調「知人」、「知生」，故對未知之死亡、性與天道等既超越又玄虛的概念存而不論；然不可否認，孔子看待性與天道及天命的態度是「特殊」的，因此若由「量」上之「不聞」予以籠括孔子看待「性與天道」的態度，則勢必會將孔子的思想平面化、片面化而無法窺見其思想的立體深度。亦即如謝大寧論道：「孔子談到禘，就和他談到天道是一樣的。」因爲「禘」正指「對天之德命的崇拜而言」。〔註9〕由此同理可證，孔子對於「無爲而治」思想的陳說或可由其他關鍵性思想的發揮處窺見，而非必侷限在「無爲而治」的直接文獻中枯索。

　　另此「名」「實」關係，亦與孔子所謂「正名」有關。由政治、倫理的層面來看，孔子極度強調「正名」，因「正名」背後實際隱涵了一套秩序規則於其中。此「名」與前文所說之單純指涉一事、一物的概念名詞不同，此指名分、名位的正當性問題；然若由知識論、語意學的入路進行分析，孔子所謂的「正名」亦或如譚宇權所謂：

> 對孔子而言，「正名」並非叫人隨著世俗之人去承認既存的事實，或隨大家的意見，去稱呼某物爲「什麼」。反之，他當時發現許多名詞，

　　　　　三集，（台北：文史哲出版社，1992 年），頁 407。
〔註8〕　謝大寧：〈儒學的基源問題——「德」的哲學史義涵〉，收入於《鵝湖學誌》
　　　　　第 16 期，1996 年 6 月，頁 33。
〔註9〕　謝大寧：〈儒學的基源問題——「德」的哲學史義涵〉，頁 33。

已失去了原有的意義，所以希望大家重新去認知，以建立一種合理的觀念。……孔子哲學並非以追求知識爲目的，而是以行動爲目的，換言之，如孝順之人並非指建立正確觀念之人，而是以行動來表現眞誠謹敬的人。〔註10〕

從政治、倫理上來說，孔子強調「正名」是爲了建立一個「當有之教」，要人通過對「名」的認知，以行動「實有」此「名」之內容。〔註11〕唐君毅言：「謂『有某名者當有某實德實事』，是言；求有此實德實事，是行。依言以有行，即所以使有實以合于其名。」〔註12〕以「無爲而治」論，孔子就此「名」處打開一政治「當有」之理想藍圖，然由《論語》中的記錄卻不難發現，在實有其行的要求處，孔子選擇將「政」與「仁」、「德」、「道」、「孝」、「信」、「忠」、「正」、「中」等通貫爲一。〔註13〕這或許是因爲孔子所面對的是「天下無道，則禮樂征伐自諸侯出」之價值崩潰的多故時代，「政」其實暗示一具體而微的社會倫常狀態，以「名」之「當有」的「無爲而治」變成一價值理想上的存有，其「實有」乃轉而由種種德之「名」／「實」處顯。故欲研究原始儒家「無爲而治」思想之內在義涵，若僅由「無爲而治」中「名」之「當有」處觀，而忽略「實有」的多向作用；亦即僅關注「無爲而治」在儒家文獻材料中出現次數的多寡，卻無視「無爲而治」涵攝於其他工夫處行實之實際，則恐怕無法有效勾勒出原始儒家「無爲而治」思想之立體全貌，亦無從發掘其內在宗趣之所存！

〔註10〕譚宇權：《孔子思辯方法評論》（台北：臺灣商務印書館，1990 年），頁 71～72。

〔註11〕唐君毅：「此所謂正名，實即教人由顧念其在倫理關係中有何名即當求有其德，以合于其名。然此中人之有其名者，未必實有其德。則此德爲當有，而非實有。此孔子之正名之教，亦即教人知其既有此名，便依此名，而自命令其自己，以實有此德之教。」參唐君毅：《中國哲學原論・原道篇（二）——中國哲學中之「道」之建立及其發展》，收入於《唐君毅全集》卷十五，（台北：學生書局，1991 年），頁 6。

〔註12〕同上注，頁 7。

〔註13〕如《論語・爲政》：「道之以德，齊之以禮，有恥且格。」、「子曰：『《書》云：『孝乎！惟孝，友于兄弟，施於有政。』是亦爲政，奚其爲爲政？』」、「子曰：『爲政以德，譬如北辰，居其所而眾星共之。』」；〈顏淵〉：「政者，正也。子帥以正，孰敢不正？」、「子張問政。子曰：『居之無倦，行之以忠。』」……等。《論語》中尚有許多例證可見「政」與諸德的關聯，足見在實有其行的要求處，孔子選擇將「政」與諸德通貫爲一，非單純「行政」而已矣。

第二節　孔子「罕言」態度與「無爲而治」關係之 詮釋限定

　　直接文獻記錄於「量」上的缺乏，一直被視爲是儒家「無爲而治」思想研究理所當然的困境。爲突破研究材料的瓶頸，學者普遍轉向以思想互濟詮釋的進路來理解儒家「無爲而治」的相關問題，因此出現如「援道釋儒」、「援儒釋儒」、「儒道同源」等不同詮釋路向。各種研究成果眾聲喧嘩的同時，不僅豐富了此議題的研究觸角，也一步步逼顯出此議題研究之困結與限制所在。然相對來說，本文樂觀以爲，材料的限制或許暗示了理解此議題的諸多可能，亦於無形中規劃出此議題研究的範圍及界限，因此此「有限」反而成爲一種合理、合宜的詮釋限定，而非純然是消極的研究限制。以下試分述之：

　　一、若進一步與道家「無爲」之文獻材料相較，「量」的多寡正可顯示出一「根源性問題」與「衍生性問題」的基本差別，亦突顯儒道思想內容的不同色彩。如此，在「根源性」與「衍生性」基本區別之認知框架下，對於儒家「無爲」義涵的研究反而不易無限上綱，亦有利於其內在義涵的充實與重構。

　　二、《論語》中並非完全不見「無爲而治」的相關記錄，文獻紀錄數量短缺的原因有很多，可能是記錄者選擇的問題、可能是孔子「罕言」的緣故、亦有可能與整個時代環境或儒家整體思想走向有關。

　　前文已論定「無爲而治」思想的生成，非僅是諸子家派間的思想論爭，它是諸子面對時代環境與文化問題後所表現出來的對治態度與治世方針，因此這是一個諸子所共同面對的時代議題。儒、道思想所呈現出關於「無爲而治」的不同思考，除肇因於各家思想本質根本上的差異之外，或可由記錄者擇選的原則與孔子「罕言」的態度進一步尋繹出可能的原因。以前者來說，記錄者擇選的依據已經失落不可尋，因此我們無法由此提出任何的預設或立論的理據，僅能把材料短缺的現象看成是一種歷史文化上的「現實」，而這樣的「現實」可以幫助我們裁劃出重釋原始儒家「無爲而治」思想之畛域，至少可由有限的文獻材料中分析、歸納出一特屬於此議題的基礎詮釋框架。此部份將留待下章直接透過文獻詳細再論，於此暫不贅述。本文此節將先以孔子「罕言」態度之考察爲進路，通過對孔子態度的釐清與掌握，或可由此另闢蹊徑，開啓不同的詮釋路向。

　　關於周秦諸子的「名言」指涉之道，唐君毅曾詳論曰：

人用名言以指種種事物，表種種之義，以說種種人生、人德、人倫、政治等之道，則人亦同時自有其如何用名言、對名言之道。……吾人之觀周秦諸子之用名言、對名言之道之不同，亦復可證其論人生、人倫、政治等道之不同。由人無不用名言，周秦諸子亦無不用名言，以說其所見之人生、人倫、政治等道，而亦皆有其用名言、對名言之道。〔註14〕

唐君毅由周秦諸子對名言「用不同」與「無不用」兩端，靈活照見先秦諸家思想論人生、人倫、政治等道之必然不同，亦清楚提示通過此「用名言、對名言之道」，是得以見各家思想之學說要旨的進路之一。若由此切入思考原始儒家「無爲而治」思想研究的相關問題，則「說」／「不說」之間與「如何說」的問題便顯得重要許多。《論語》中對於孔子「罕言」或「不語」的部份有明確的記載，如《論語・子罕》：

子罕言利，與命，與仁。〔註15〕

又《論語・述而》：

子不語：怪、力、亂、神。〔註16〕

另《論語・公冶長》：

夫子之文章，可得而聞也；夫子之言性與天道，不可得而聞也。

〔註17〕

以下進一步羅列後儒疏解或《語類》中的相關說法，以作爲分析比較所用。邢昺疏曰：

以此三者，中知以下寡能及知，故孔子希言也。〔註18〕

〔註14〕 唐君毅：《中國哲學原論・原道篇（二）——中國哲學中之「道」之建立及其發展》，頁3。

〔註15〕 〔魏〕何晏注，〔宋〕邢昺疏：《論語注疏》，四部要籍注疏叢刊，（北京：中華書局，1998年），頁380。「子罕言利」一條歷來詮解爭議極多。傳統《注疏》或《正義》多將「利」、「命」、「仁」同釋爲孔子「罕言」的對象，如此則所謂「利」乃爲「義之和」，是言「君子利益萬物，使物各得其宜，足以和合於義，法天之利也。」近代學者不認同此說者所在多有，因此將「利」與「命」、「仁」劃開，將「罕言」及「與」視爲是孔子排拒、相與的兩種不同態度。有鑑於各種陳說多元紛呈且尚未能定於一尊，筆者不欲涉入「利」與「命」、「仁」的相對關係或角色層級上著墨，轉而將焦點凝聚於孔子「罕言」的動機，希冀可以歸納出孔子「罕言」的基本態度，進一步照應孔子的「罕言」之教。

〔註16〕 同上注，頁366。

〔註17〕 同上注，頁347。

朱子答弟子問時言道：

> 罕言者，不是不言，又不可多言，特罕言之耳。〔註19〕

又有曰：

> 孔子亦非不說，如云『不知命』之類。只是都不說著，便又使人都
> 不知箇限量；若只說著時，便又使人百事都放倒了，不去做。〔註20〕

王夫之引程子說法：

> 計利則害義。命之理微。仁之道大。皆夫子所罕言也。〔註21〕

後又自陳己說：

> 夫子偶一言之，而不頻著其說，則所罕言者也。……吾黨即所罕言
> 者而思之，以正義而遠利，以修身而立命，以默識而存仁，庶不虛
> 夫子罕言之教哉！〔註22〕

總歸以上說法，邢昺認為孔子之所以「罕言」，乃因顧慮「中知以下寡能及知」，因此在邢昺的理解中已寓含了孔子對「知／行」的雙重考量。儒家思想自來講究個人的立行修德，因此特別看重修養實踐的工夫與歷程，一般人自與道全德備的聖人不同，若未能明瞭此「德知」，便無從於切己處作工夫，因此邢昺認為孔子之所以「罕言」乃由「行」處著想，一如程子之說，所謂「理微」、「道大」者，無從於工夫處著眼，多說亦無益於窮其理，故夫子「罕言」。

程子之論中又言明「計利害義」者，孔子罕言。〔註23〕姑且不論此「利」所指為何，所謂「害義」者已為孔子所不取，此處所謂「害」，應可釋為「悖」、「廢」之意，一切悖義之行皆不可取。因此《論語・述而》：「子不語：怪、力、亂、神」下之疏語有言：

> 此章記夫子為教，不道無益之事。……鬼神之事或無益於教化，或

〔註18〕同上注。
〔註19〕〔宋〕黎靖德編：《朱子語類》（北京：中華書局，1986年），頁948。
〔註20〕同上注，頁949。
〔註21〕〔明〕王夫之：《船山全書・四書訓義（上）》，第七冊，（長沙市：嶽麓書社，1988年），頁559。
〔註22〕同上注，頁559～560。
〔註23〕此正如王夫之言：「以正義而遠利」，或猶朱子曰：「罕言利者，蓋凡做事只循這道理做去，利自在其中矣。如『利涉大川』，『利用行師』，聖人豈不言利。但所以罕言者，正恐人求之則害義矣。」君子之於天下，「義之與比」，不能為逐利而害義，《孟子》中所謂「義利之辨」亦已將立場陳述得十分清楚。以上參《朱子語類》，頁948。

所不忍言也。〔註24〕

由此乃知，無益於教化、悖義、廢義者皆列孔子所「罕言」或「不語」之屬，且此「無益」、「悖」、「廢」的考量乃來自於道德價值上應然的取捨，非一般世俗價值的衡定。

另朱子所謂「不是不言，又不可多言」之論，實饒富深意。在「言」與「不言」之間，非特僅是說得清與說不清的考量，朱子「說著」與「說不著」的翻轉，正如實豁顯出「言說」在儒家思想中所展現之價值上的「應然」。「說著」，是「教」之應然；然一說到點上，「都使人不去窮其理是如何」，〔註25〕如此則「教」與「學」之間反而形成一個無法彌縫的鴻溝，故孔子從不爲「仁」設下定說。「說不著」，仿似不知限量、沒有依循的準則，然若在上位者或有德者自持其身，以仁「化」下，則「雖不言仁，而所言者無非仁也」；〔註26〕如此一來，正契應《論語·泰伯》中所謂：

民可使由之，不可使知之。〔註27〕

歷來各家詮解此條文獻，因斷句曖昧難明，故衍申出諸多南轅北轍的說法。本文系統內的詮釋，則傾向於將「可使由之」、「不可使知之」視爲是原始儒家「無爲而治」思想中的德化與模習進路。因天命理微、仁義道大，中知以下者難以確實掌握、理解內在深意，此亦同時影響實踐道德的可能，故就其「可知」而言，民自可「學」而有得；然就其「不可使知之」的部份，〔註28〕絕非權威性的禁止，而是積極在「行」的部份「使由之」。使民「由之」如何可能？此便待有德者以德盛化，興民以模習，興發一種上行下效、風行草偃的德化風潮，如此即便一般人民無法掌握「上知」、理解「上知」，然透過「行」的模習，仍能自然潛移默化，形成一股向上提升的力量。

總結來說，孔子之所以「罕言」有幾種主要的態度：一是理微道大者，如性與天道幽微難明，故孔子採取「君子於其所不知，蓋闕如也」〔註29〕的

〔註24〕 《論語注疏》，頁366。
〔註25〕 《朱子語類》，頁949。
〔註26〕 同上注，頁948。
〔註27〕 《論語注疏》，頁374。
〔註28〕 「不可使知之」之「不可」實非禁制之意，而應釋如〈雍也〉中所記：「中人以上，可以語上也；中人以下，不可以語上也。」或〈里仁〉：「不仁者，不可以久處約。」此二例之「不可」，均指消極的否定之意，亦即明指「無法」或「難以」如何，而非權威性的禁止。
〔註29〕 同上注，頁417。

態度，將性與天道存而不論；二是孔子罕言無益於教化、悖義、廢義之事；三則是扣著「知」／「行」實踐的可能性來說，考慮道德實踐對中知以下者如何可能的問題。若將道德內容切實「說著」，則必不免會限定了道德的範圍，致使行德成為一種僵化的策略與教條；若是「說不著」，行德即「如人飲水，冷暖自知」，此對於中知以下者來說，恐又會產生不知如何措其手足的焦慮與困境，因此孔子乃進一步以「使民由之」為民解套，如此一來，民之所「由」的對象便成為關鍵性的存在，儒家思想至此，乃發展出一套以聖賢為模習典型的踐德形式。〔註30〕

　　孔子之所以「罕言」的態度與動機，既如上文所論，可以分析出三種不同的可能因素，若將儒家「無為而治」文獻材料短缺的狀況以之相對照應，或可豁顯出不同的觀照面向與文獻材料在詮釋上的客觀限定。

　　由以上三點進行檢視，則儒家「無為而治」的相關文獻材料雖少，然從僅有的記錄來看，《論語》〈衛靈公〉與〈為政〉的兩則思想內容絕非是無益

〔註30〕《論語》中孔子所謂「使民由之」，明顯指向「民」對當代人君的模習而言；而在「無為而治」思想實現的體系中，當代人君又是指向已實踐堯舜之「典型」的人君來說，因此產生了一個「典型」的轉化及再現。順此思考，將會衍申出幾個重要的關鍵問題，一是當代人君通過模習古代聖王，進而將聖王「典型」轉化、再現於當代如何可能？二是「民」如何回應當代人君之「無為而治」而模習之，能因此受到「德化」，以實現「無為而治」的效果？這兩個關鍵性問題，後文將通過「無為而治」的總體動態架構作出詳細的疏解，此處僅先導出問題以自明之。不過，孔子所謂「使民由之」，在此必須先行提出說明的是，《論語》中確實預設了一套教民、使民的方法，而在教民、使民的過程中，雖似佛家考慮受教者根器利、鈍之別，故有「中人以上，可以語上；中人以下，不可以語上也」的說法，然所謂「可以」、「不可以」之顧慮，乃在因材施教之難為，顯然並非是「民」之能踐德與否的必要條件。因此若從「民」之「學」去說，便無法避免有個人根器利、鈍之別；然就民之踐德如何可能去思考，儒家傾向從「引導」的方式介入，故言使民「由」之。孔子亦曾言：「誰能出不由戶？何莫由斯道也？」所謂「由戶」意即「由道而行」。另外，從「舉直錯諸枉」去使「民服」、從「臨之以莊則敬，孝慈則忠，舉善而教不能則勸」去「使民敬、忠以勸」等，這些都不是從民之個人內在的根器利、鈍去討論，而是強調外在政教對民的感染力與薰化作用。不過，儒家雖然傾向以「使民由之」的引導方式，去達到民之日常踐德的效果，但亦未放棄民通過模習或引導進而達到個人「道德自覺」的可能性，因此才有「道之以德，齊之以禮，有恥且格」的說法，「有恥」與「格」均是個人在德、禮的引導下，進一步主動觸發的內在道德覺知作用，亦是個人道德自覺的具體展現。參〔日〕竹添光鴻會箋，〔宋〕朱熹集註：《論語會箋》（上）（台北：廣文書局，1999 年），頁 381～382：387。

於教化或悖義、廢義之事，故孔子未可能因此而罕言之。再由是否「存而不論」的因素來進行檢視，性與天道的問題是孔子極少進行申論的；且聖王則天之德巍巍蕩蕩，故聖王德之廣遠乃與天運行之理同，均煥然而「無能名焉」。〔註31〕以此觀之，若能實際尋繹出儒家「無爲而治」之內涵實與天道或者聖王則天之德相關，則自可呈顯「無爲而治」之文獻材料於儒家典籍中「量」缺之必然，而於此可先揭明之處乃在：堯舜君德之周遍廣遠早已爲孔、孟等所肯認，堯舜與天而不與己，形塑出一直契天道的聖賢典型，此中「德」與「天」的關聯已不證自明，故此處雖尚未能明釋儒家「無爲而治」與天道的聯繫內容，然「無爲而治」之與「德」、「天道」的關係已昭然若揭，成爲研究時重要的詮釋鎖鑰。

接著由第三點來論，所謂「無爲而治」，是就一領導者與被領導者之間的關係來進行立論，因此「無爲而治」實現之可能，除仰賴領導者與被領導者之相對關係的均衡與和諧外，亦包括一自然的模習工夫及回饋效應。從「知」／「行」實踐的可能性來說，欲完成「無爲而治」的政治理想，有待盛德之聖王臨世而行代天理物之職，有德者順天應物，自然能夠垂拱無爲而天下治，這是首要層次的思考；然除「無爲而治」如何可能的問題外，於此仍須進一步集中提問：「治」如何可能？這當中就必須考慮被領導者如何回應領導者的態度與效果問題。

既然超越的道德智慧對於一般的中知者來說，涵括了許多「不可使知之」的部份，就一般人「可知」的道德內容而論，乃「依其天賦之氣質之清濁，而有其自然的限度」，〔註32〕一般人依隨天賦之道德理性以實踐，最終必須面對個體天賦不同所裁劃成的限度範圍，這是個人道德實踐能力的客觀限制。儒家面對這種根本限制，並不消極地畫地自限，否決個人道德實踐的普遍意義，反而在此困結點上，藉由道德修養工夫的實踐與疏通，開出「德慧」之路向。唐君毅有論：

〔註31〕《論語・泰伯》：「大哉，堯之爲君也！巍巍乎！唯天爲大，唯堯則之。蕩蕩乎！民無能名焉。」同上注，頁375。

〔註32〕唐君毅：「在一般人智慧，初乃自然的分散的表現於其生活之各方面，恆隨境而轉，不集中於一特殊方面，而其智慧之表現於各方面，亦依其天賦之氣質之清濁，而有其自然的限度。……至於人特感有道德修養之必要者，則大率初皆爲『其原始心力之所注乃兼在多方面，而非專在一定事物之一特殊的方面』之一般人，而又恆欣羨或嚮往天才之能專注其心力，於一特殊方面者。」唐君毅：《道德自我之建立》（台北：學生書局，1991年），頁102～103。

> 一切由道德之實踐，而成就的智慧之增進，皆可稱爲德慧。此德慧，
> 乃不同於一般人之智慧，及天才之智慧者。……由道德之實踐而成之
> 德慧，則不同於上述二種智慧之純恃天賦，而由人自己之努力而來；
> 遂在原則上，可隨此努力之日進，而亦日進，以至無疆者。〔註33〕

「德慧」之實現，端賴工夫之努力，由此行之，便可突破個人基礎道德理性
之限制，在道德實踐歷程中向上提升。就「無爲而治」政治理想的完成來說，
在上位者除了承天命、循天理以行外，其積極面乃在以盛德煥發民之「德慧」
開啓的可能，因此首重以「使民由之」的工夫實踐策略引導人民的模習，在
自然而然的情況下突破個人天賦之「知」的拘限，薰化人民以超越的道德心
靈回饋、回應聖王之治。「德慧」的實現與否，必須同時仰賴在上位者以德化
之的薰習，與被領導者之個體工夫模習的成全。在這種情況下，超越、抽象
的道德知識反而成爲「不可使知之」的部份，因爲只要「存乎德行」，人民自
然「默而成之」，無待名言或知識的強勢詮說以成。如此，則一切名言所屬抽
象道德之「知」的傳達，反不若道德之「行」具有優位性；同時，此中道德
實踐──「行」之所以可能，必得依賴一明德善化的聖賢典型，此聖賢典型
表面上看似無所作爲，卻得以在道德的「知」／「行」關鍵處充分展現一道
德理想路向，引導一般人民能夠透過自然的道德模習，成全個人的道德自我、
培養自覺的道德心靈，而後方能以實際的道德實踐行動回饋、回應聖賢之治，
實現儒家「無爲而治」的政治理想。

依此而論，儒家「無爲而治」思想實欲兼顧個人道德實踐的普遍意義與
聖王垂拱無爲而天下治的理想，卻無可避免必須面對中知以下的一般人「知」
／「行」如何合一、如何向上提升的問題。在這個思想系統中，聖王以其德
化育人民，人民則自然將聖王視爲個人道德實踐的模習對象，透過模習的工
夫以化除「知」的不足及缺憾，由「行」處實際契應聖王之「治」。既然相對
於「行」來說，「知」在儒家「無爲而治」的思考中較不具優位，亦非道德養
成的絕對必要條件，則多言便顯得餘贅，故儒家「無爲而治」相關文獻材料
短缺之狀況，實可由孔子之所以「罕言」的態度與動機中窺得箇中緣由；如
此一來，「無爲而治」相關論述材料之短缺，在儒家或孔子的思想體系中，反
而成爲勢之必然，儒家「無爲而治」也因此具有開放性詮釋的可能，非必得
窒泥於有限的文獻材料中苦索。

〔註33〕同上注，頁 102～103。

第三節　儒、道思想關係的基本區判

一、「德化」與「自化」的儒、道辯證關係

　　道家與儒家最大的不同，即其所採取對「道」〔註34〕之形上認知與對「超越」之「無」的把握，故道家面對「無爲」，乃先初步否定造作「有爲」的束縛，輔以從道體超越處展現「無」的價值，而後開發「無爲」符合道家「自然」的觀念高度，成全道家「無爲」超越之境界。本論文因研究主軸鎖定在原始儒家「無爲而治」思想發展譜系與中心意義重構的深度詮釋上，故雖無意於主論中綜述道家「無爲而治」思想的特定義涵內容，然通過道家「無爲而治」思想主要義涵的掌握與發言情境的限定，適可對比照應出儒家「無爲而治」思想研究的最大外延範疇，由彼端襯托出儒家思想與道家有別的重要思想本質。下節所論之儒、法對比亦如是，希冀能由此相對豁顯儒家「無爲而治」與道、法主張之有別處，同時亦意在避免於研究進行之初即糾纏於各家主要內容的異同區辨中，陷在比較的思考裡而無法自拔。

　　關於道家「無爲」超越之境界，牟宗三詳曰：

　　　　大家要由縱貫線的文化背景來了解老子的無爲何在戰國時代出
　　　　現。……假定你了解了老子的文化背景，就該知道無是簡單化地總
　　　　持的說法，他直接提出的原是「無爲」。「無爲」對著「有爲」而發，

〔註34〕在先秦儒、道兩家的思想論述中，均十分重視「道」、「德」內容的把握與詮釋，關於儒、道思想之「道」、「德」義指的異同問題，目前學界中已有許多學者以學術專文進行詳實的討論，並提出相當多值得參考的說法。在本文的論述系統中，雖認爲儒、道思想有其本質上的基本差別，故欲以儒、道對比的方式，相對照應出儒家「無爲而治」思想「德化」與道家「自化」間的辯證關係，然關於儒、道兩家「道」、「德」之義指，則大致認同林安梧之主張，其指出：『『道』是就其『總體的根源義』、『根源的總體義』說，『德』是就其『内在的本性義』、『本性的内具義』說。『道生之、德蓄之』，此是由存有之根源的總體之彰顯呈現，涵蓄之、具成之，方成此内在之本性。『志於道，據於德』，此是由主體之自覺邁向那存有之根源總體，參而贊之，使之開啓，並繼善成性，據以爲德，發爲實踐也。』林安梧由「志於道，據於德」及「道生之、德蓄之」兩端探見儒、道之「道」、「德」的互補意義，本文則繼之在儒家「繼善成性，據以爲德，發爲實踐」的基礎上，進一步討論原始儒家「無爲而治」據德以參贊、迎契「道」的工夫進路及其如何可能的問題。參林安梧：〈「道」「德」釋義：儒道同源互補的義理闡述──以《老子道德經》「道生之、德蓄之」暨《論語》「志於道、據於德」爲核心的展開〉，刊載於《鵝湖》第 28 卷第 10 期（總號 334），2003 年 4 月，頁 23～29。

老子反對有爲，爲什麼呢？這就由於他的特殊機緣(particular occasion)而然，要扣緊「對周文疲弊而發」這句話來了解。有爲就是造作。照道家看，一有造作就不自然、不自在，就有虛僞。

無首先當動詞看，它所否定的就是有依待、虛僞、造作、外在、形式的東西，而往上反顯出一個無爲的境界來。〔註35〕

通過牟宗三的說法已清楚可知，道家的「無爲」是相對「有爲」而發，通過「無」之超越性義涵的開展，建構道家「自然無爲」之玄理，將「無爲」提升至一「高度精神生活的境界」。〔註36〕徐復觀亦論曰：

老子說「爲無爲，則無不治」；所謂「爲無爲」，應當解釋作「爲而無爲」；其眞實内容，乃是「輔萬物之自然而不敢爲」；「自化」，「自正」，「自富」，「自樸」即係「自然」，自然是「自己如此」……。〔註37〕

歸納牟、徐二人之論點，可知道家的「無爲」乃是形上之「無」發用、下貫的結果，針對「有爲造作」而發論，若即於具體政治實踐來看，則講究「自然」之「自化」，在「人法地，地法天，天法道，道法自然」的整體脈絡中，探見一由人道回應「自然」的進路。故老子有曰：「道常無爲而無不爲。侯王若能守之，萬物將自化。化而欲作，吾將鎮之以無名之樸。」〔註38〕老子此處所謂「自化」，應即如《莊子・天下》所引關尹、老聃之道：「在己無居，形物自著，其動若水，其靜若鏡，其應若響。」〔註39〕侯王不伐其功、不勞於行，而以「無名之樸」渾然照應，自然無爲而萬物各自彰著。若由此說，則反對「有爲」乃道家「無爲」思想提出的「原因動機」(because motive)；回應道之「自然」則爲其「目的動機」(in-order-to motive)。〔註40〕

〔註35〕 牟宗三：《中國哲學十九講》（台北：學生書局，1999 年），頁 88～91。

〔註36〕 牟宗三：「無爲是高度精神生活的境界，不是不動。西方人或一般譯者把它譯成 inaction（不動），這是完全失指的。」同上注，頁 89～90。

〔註37〕 徐復觀：《儒家政治思想與民主自由人權》（台北：八十年代出版社，1979 年），頁 105。

〔註38〕 〔晉〕王弼注：《老子道德經注》，武英殿聚珍版，四部要籍注疏叢刊，（北京：中華書局，1998 年），頁 101。

〔註39〕 郭慶藩：《莊子集釋》（台北：華正書局，1994 年），頁 1094。

〔註40〕 舒兹（Alfred Schutz）在其理論中指出，所有的社會行爲都有其「動機」。若此「動機」指向「目的」，則爲此行爲之「目的動機」；假使此「動機」表現的是導致過去已發生行爲的原因，則爲「原因動機」。參盧嵐蘭譯，舒兹：《舒兹論文集・社會現實的問題》（台北：桂冠出版，1992 年），頁 91～94。

　　再就儒家而言，從《論語・衛靈公》所謂：「無爲而治者，其舜也與！」與〈爲政〉中：「爲政以德，譬如北辰」〔註41〕之直接文獻可知，孔子傾向於通過「舜」之形象與「北辰」的意象化，內造建構出儒家「無爲而治」的基本性格，亦即「聖王典型」與歸向、「模習」的思想實踐範式，且此「聖王典型」與「模習」兩端於政治上的具體實踐，亦必以「德」爲關鍵，成全一「德化」之「德政」。孫廣德討論舜之「無爲而治」時曾謂：

　　　　所謂無爲而治，實即「爲政以德」，換言之，是依德爲治，也就是德

　　　　治。所謂德治，就是由有道德的人，依循道德的法則，實行合於道

　　　　德的統治，不能違背道德法則，於道德法則之外有所作爲。〔註42〕

孫廣德此論有其可議之處，因依孫氏的說法，則所謂「德治」，變成僅是治道上的一種策略原則，因而成爲「以道德法則統治」的實踐與運作；然儒家所謂「爲政以德」、「以德爲治」，講究的是由人君自身蘊養之內在道德性所煥發的德治流行，此德治流行方能具有其普遍意義進而傳之廣遠，而不僅止是以德爲法則、爲手段策略去達到「治」的目的。不過孫氏所強調儒家「無爲而治」需是有道德的人依循道德法則以治，在以「德」爲關鍵的總體理解下，的確若干符合儒家「無爲而治」思想的主張，此乃如《禮記・鄉飲酒義》中所謂：「德也者，得於身也。」〔註43〕儒家所說的「道德人君」，正是從此「得於身」的成己之德向外擴衍，在存有論的意義上將此「道德人君」的形象昇華爲一普遍的道德價值。若回到「無爲而治」的直接文獻來看，「舜」是爲儒家理想道德人君典範之地位乃是無庸置疑的，暫且不論舜是以什麼樣的道德內涵在儒家思想中具有典範性意義，就一「聖王典型」的形塑來說，不管是對堯、舜或大禹的治道肯定，皆意在直接給定一正面的普遍道德價值，此正如牟宗三論及儒家義理之圓教時所說：「它由道德意識入手，有一『敬以直內，義以方外』之道德創造之縱貫的骨幹——豎立的宗骨。」〔註44〕從概念上去說，所謂「敬以直內，義以方外」即是道德價值內容之一，而整體道德意識在儒家思想中具體而微的展現，則必依恃「典型」而存在，故「立典型」正

〔註41〕　《論語注疏》，頁 320。

〔註42〕　孫廣德：《中國政治思想專題研究集》（台北：桂冠圖書股份有限公司，1999 年），頁 440。

〔註43〕　〔漢〕鄭玄注，〔唐〕孔穎達疏：《禮記注疏》，重刊宋本，（台北：藝文印書館，2001 年），頁 1005。

〔註44〕　牟宗三：《圓善論》（台北：學生書局，1996 年），頁 305。

是將此概念化的道德內容通過聖王之爲的實踐進一步朗現出來，因此儒家聖王典型之形塑，是即個殊、即普遍的，每一個「典型」在歷史上的存在雖是殊相，但往往能通過個人踐德之爲將普遍的價值完滿地顯現，因此內在自涵蘊有一個具普遍意義的必然理則，也就是牟氏所強調的：

> 凡聖人之所說爲教。凡能啓發人之理性，使人運用其理性從事於道德的實踐，或解脫的實踐，或純淨化或聖潔化其生命的實踐，以達至最高理想之境者爲教。〔註45〕

牟氏所說的儒聖之教，亦即儒家「立典型」之用心所在，此用心一展現在對道德典範人君的期待式書寫與形塑上；另一則針對煥發個人道德實踐的普遍意義而言。針對人君的典範意義來說，林啓屏曾言道：

> 儒家理想中的人君，不會是安立於超越界的靜觀者。儒家所論之君是在人間世中，爲人民承擔一切的理想人物。人君是要展現聞聲救苦的宗教情懷，才能配稱爲君。〔註46〕

儒家的理想人君「典型」，必實際入於世、苦民之所苦，展現如宗教家般聞聲救苦的宗教情懷，因此與所有宗教家一樣，其典型意義皆是即個殊即普遍的，個體雖殊，然其所展現的人類存在價值卻能夠普遍的、完滿的顯現。即因如此，儒家從政治與道德上「立典型」的意義，正針對煥發個人道德實踐的普遍意義而言，所以儒家「無爲而治」的特殊義涵，無法從存有論的路數全面朗現，而必須即「用」以求「體」，由實際踐德之行爲性語言的描述進一步統整轉換成具系統性的思想理論。

儒家「無爲而治」的意義既由道德實踐處顯，且意在通過典範人物的形塑正面給定一普遍的道德價值，則顯示其內在必欲由「立典型」與「模習」兩端於治道上的運作，規劃出儒家的理想政治型態，此理想政治型態以「德」爲體，以「立典型」與「模習」爲策略，以「德化」爲進路，講究由道德實踐處即用見體。若以此逕與道家「無爲」之治進行初步的比較區判，則已明顯可見：道家「無爲」乃是「無」之形上義的下貫、發用，落實到具體政治環境中時，強調物物各在其自己的「自然」狀態，萬物生生化化的歷程是自然如此，並無普遍之道德價值的預設，亦即道家欲解消、遮撥政治上的一切

〔註45〕同上注，頁306。
〔註46〕林啓屏：《從古典到正典：中國古代儒學意識之形成》（台北：國立臺灣大學出版中心，2007年），頁321。

「有爲」，使其回復到自樸、自化的「自然」狀態，因此道家「無爲」之治思想乃是以「無」爲體，以「無爲」爲策略，以解消、遮撥爲進路，講究「與物反」的「大順」玄德。〔註47〕

即此，已可初步廓清儒家「無爲而治」與道家「無爲」之治的基本主張，實即爲「德化」與「自化」的根本性差異，〔註48〕且儒家講究以「立典範」與「模習」爲踐德策略，道家則欲反轉回歸道之「自然」。從預期效果來看，儒家是從實際踐德的「有爲」處顯「無爲而治」的理念存有意義；道家則始終堅持由超越作爲的「無爲」路向，探見「人法地，地法天，天法道，道法自然」的治道理想。

二、原始思想中的「無」與儒道思想關係衡定

在中國思想的研究上，關於「無」的討論，一般都會被歸入道家的思想範疇。當中的原因，除了「無」是道家思想的典型話語之外，因爲學術研究上的需要，「家」或「派」的嚴密區隔成爲僵化的研究定式，阻斷了思想概念間融通交會或相互影響的可能。在這樣的思考點上，「無」的義涵發揮必以道家思想爲勝場。然不可否認的，道家思想雖然賦予「無」以「形上」的境界義，同時成爲一個重要的思想性「符號」，但是「無」這個字卻非是道家的獨創。道家對於「無」義的轉化，更多的是在哲學範疇的深化上，故道家「無」義及境界的生成，是對「無」之原義涵承繼與轉化的結果。即此，若能同步檢尋並還原「無」的原始字義及其內在多重義涵，抑或可由此語文學進路進一步與歷史淵頭的巫文化觀察進路相合，直接由儒家思想的發生處觸及其與「無」的關係，同步衡定儒、道的思想關係。

此外，林安梧曾指出，儒、道兩家之「道」義的理解與詮釋，乃是「隨『巫祝』，轉而『氣化』成一哲理，是從『帝』而『天』，再轉而爲『道』義。」

〔註47〕《老子》第六十五章：「古之善爲道者，非以明民，將以愚之。民之難治，以其智多。故以智治國，國之賊；不以智治國，國之福。知此兩者，亦稽式。常知稽式，是謂玄德。玄德深矣、遠矣，與物反矣，然後乃至大順。」〔晉〕王弼注：《老子道德經注》，頁116～117。

〔註48〕廣義來說，儒家「無爲而治」之「德化」思想強調百姓的主動模習與風行草偃的順化之功，此似亦是某種程度的「自化」表現而與道家無別；然本文所謂「德化」與「自化」的儒、道差異，乃就一統治者對百姓的態度而言，非是從一般百姓的行動結果以論。

且「『帝』取其『神聖威權義』，而『天』取其『普遍廣攝義』」。〔註49〕由此而成全「道」的總體根源義。準此，通過「巫祝」的轉介與溝通，儒、道之「道」義皆兼攝了「帝」的神聖威權與「天」的普遍廣攝，躍升而成一超越的總體根源，這般對「道」的理解與詮釋一旦下貫落實於人間治道中，由「帝」逐漸轉向「天」之「普遍廣攝」便更顯重要與珍貴。「天」之「普遍廣攝」在道家看來，便是迎向自然之常道；從政治上來說，則是無行無名、無事無政的「無爲」之治。就原始儒家而言，「天」之「普遍廣攝」則轉化爲雨露均霑的德治理念，通過理想聖王典型之順天、應天，實際對天道「普遍廣攝」之德有所承轉並應世運作，同步凝聚、轉化此超越的主宰與信仰而爲儒家聖王「應天由道」與「德化」之「無爲而治」型態。

中國古代思想中的巫祝文化，除了「敬神」、「樂人」之外，本來就與政治多所關連，如傳說禹即是一位隆祭祀、好鬼神的大巫；〔註50〕若再加上「帝」與「天」的關係聯繫，則中國古代的巫祝文化便極可能與儒、道兩家政治思想的成形有所關涉，因爲儒、道兩家就其時代文化思潮所直接承接、面對的超越主宰，便是在政治上由天帝之絕對權威，轉向對天命之可知、可畏的信仰，因此前文所假定之「無」與「巫」文化之相關內容的聯繫，除可與儒家起源並觀外，尚可從「巫」與「天」及人間「聖王」的轉介關係脈絡，涉入儒家「無爲而治」之政治思想的內在理路中進行理解；如此，原始儒家「無爲而治」思想之發生如何可能的相關思考，便不僅是字源學考索與儒家起源論的單一聯繫，而亦可能是古代巫祝文化所彰顯之「帝」與「天」的主宰與信仰影響之所及；同時，孔子所謂「知天」、「畏天」及孟子強調盡心養性以「事天」中對「天德」的信賴與信仰，均可能被吸納下貫而爲儒家「無爲而治」中的「德化」內容，進而形成有別於道家的儒式觀點。

下文將依此進路分層進行論述。若然，則在解決儒家「無爲」思想之實質內涵時，乃自然增加一值得參考的研究切入點，進而可望建構出儒家「無爲」思想的發展譜系。

（一）「無」、「巫」、「舞」的聯繫關係

針對「無」而論，龐樸曾考索甲骨文與金文中的「無」字，並歸結提出：

〔註49〕林安梧：〈「道」「德」釋義：儒道同源互補的義理闡述——以《老子道德經》「道生之、德蓄之」暨《論語》「志於道、據於德」爲核心的展開〉，頁24。
〔註50〕周冰：《巫・舞・八卦》（北京：中央編譯出版社，2008年），頁61。

在甲骨文中，無字是一個舞蹈者的形象，象人執牛尾或茅草而舞。無和舞本是一個字。……舞蹈本非爲了娛樂，而是事奉神靈的一種動作。而神靈是看不到摸不著的，無從得其形象和與之晤談的，人們通常在舞蹈時想像其存在，並只有利用舞蹈的模擬動作或者叫舞蹈語言去與之交談。因之，象徵舞蹈動作的這個圖形文字——無，就有了兩層意思，既用以表示舞蹈的可見動作本身，也用以表示動作的那個不可見的對象。〔註51〕

「無」在甲骨文中象人執牛尾或茅草之舞，到了金文時則更強調足蹈的動作，因此「無」與「舞」乃在事奉神靈的神聖性與神秘性上產生關聯。且從甲骨文、金文的「無」字衍義已可探得，「無」字在原始思想中是以「舞蹈」爲內容、以「事奉神靈」爲目的，而事奉之神靈又具有「不可見」的「神秘性」與須以舞蹈取悅事奉的「神聖性」。因此不能否認這些基本義涵均是在儒道思想成形之前就已內具在「無」的原始字義當中了。

另，「無」既是象人以舞事神，則跳舞之「人」應當有特殊的條件限制。龐樸謂：

以「舞」事「無」，最初是全體從事人員一起參加的。漸漸的，這種被認爲是關係到成敗得失的神聖舉動，分工到某些「精爽不攜貳者」成員身上，至少是由他率領大家來舉行，這種人，「在男曰覡，在女曰巫」，或統稱爲「巫」。〔註52〕

陳夢家贊同龐樸「『巫』以『舞』事『無』」的說法，同時指出：「卜辭『舞』象人兩袖舞形，即『無』字。巫祝之『巫』乃『無』字所演變，這個說法是有根據的。」〔註53〕龐樸與陳夢家的說法均是考量古文字與文化的密切關係，進而直陳「巫」、「無」、「舞」這三個字，「不僅發一個音，原本也是一個形」，因此是「一件事的三個方面」。〔註54〕至此，「巫」、「無」、「舞」在原始思想中三種字義的特殊交涉，透過甲骨文、金文等材料的考究被尋繹出來，同時也成爲重新討論儒道「無爲」議題時不可或缺的重要線索之一。〔註55〕

〔註51〕龐樸：《稂莠集——中國文化與哲學論集》（上海：人民出版社，1988年），頁285～286。
〔註52〕同前注，頁325～326。
〔註53〕陳夢家：《殷墟卜辭綜述》（北京：中華書局，2004年），頁600。
〔註54〕龐樸：《稂莠集——中國文化與哲學論集》，頁326。
〔註55〕中國的巫俗文化多元紛雜，目前學界對於「巫」本義之解釋亦未有定論。此

（二）「無」之內在義涵發微及其與「原儒」的關係

《說文》段注訓「無」，由「亡」之古字隸變將「無」釋爲「豐也」，並引《尚書・洪範》「庶草蕃蕪」來表現「無」的「豐」意。〔註56〕徐灝《說文解字注箋》由小篆訓「無」字，亦曰：「大而眾多之茂林爲無，其本義作『豐』解。」〔註57〕「無」之有「豐大」的義涵，正與一般的常識理解相反。龐樸解釋爲：

> 「巫」以「舞」所事之「無」，在我們今天看來，有些並非空無，而在他們和當時人看來，全部都是實有，只是看不見、摸不著，因而謂之「無」罷了。這種到處瀰漫、主宰一切而又「實有」的無，自然可以謂之爲「豐」。……「無」而有「大」義，頗使一些小學家費解。……奇怪的是，他們都承認「膴」爲肥大，「廡」爲大屋，竟不悟這些「大」義從何而來。〔註58〕

「巫」以「舞」所事之「無」，實際上是以祈願、祝禱之舞來敬事「不可見」的「神秘」與「神聖」。正因此「神秘」與「神聖」對象之形象不可擬，就其形象而言，因爲「不可擬」而爲「無所有」之「無」；然就其內在顯發的「神秘性」與「神聖性」來看，其能力卻是實有而至大的「無限」之「無」。此時對「無」的認知重點，雖非從一抽象思維的模式來展現此概念的哲學高度，但亦不可忽略，「無」的概念本身在未知之「神秘性」與「神聖性」的發揮下，已隱涵有獨特的辯證性色彩，而這種辯證性色彩極有可能分別被先秦諸子吸收轉化，成爲各家思想中的一環。

「巫」、「無」、「舞」在原始思想中三義互涉的特殊關係，使這三者既互相聯繫，同時亦相互辯證。事實上，「無」之神秘性、神聖性與辯證性在儒、道思想中兼而有之，只不過因思想本質之根本差異，儒、道於此各自有所取擇偏重。以道家思想之內容爲論，「神秘性」是被特別強調的，因爲由「無」

取龐樸、陳夢家等「巫」、「無」、「舞」三位一體的說法，除了基於字源學與古文化歷史二者兼攝之考量外，「巫」以「舞」事奉看不見之神靈（無）之說法，與儒、道兩家「無爲」概念特質之成形均有若干關聯，適可爲此議題研究時的參考線索之一，故本文此處乃引龐樸的說法，希冀能透過各種線索的綜合考量，較全面性地觀照「無爲」內在義涵之整體。

〔註56〕〔漢〕許慎，〔清〕段玉裁：《說文解字注》（台北：黎明文化事業，1996年），頁640。

〔註57〕〔清〕段玉裁注，徐灝箋：《說文解字注箋》（台北：廣文書局，1972年），頁4430～4431。

〔註58〕龐樸：《稂莠集——中國文化與哲學論集》，頁330。

之不可擬的「神秘性」所顯發有無渾化之「玄」，正是道性的妙處；而儒家思想相對來說，更徹底貫通的是「無」之「神聖性」。因此，「天」雖無何言，然透過四時運行、萬物化育之自然展現，其神聖性不斷被顯題化。「垂拱以臨天下」之「無爲而治」，更是聖王迎契天道所照見之理想政治型態！

「無」之辯證性與神秘、神聖性相互交涉的內在義涵，儒、道思想在鎔鑄與完成的過程中各有所偏重，故究其實際，「無」所蘊神秘性、神聖性、辯證性的義涵與「巫」、「無」、「舞」之交涉，對於儒、道「無爲而治」或「無爲」思想的發展，必具有一定的作用與關聯。

欲從原始思想中的「無」義衍化進行考察儒、道「無爲」在治道上的發揮，除了「無」的內在義涵需要被注意，「巫」所扮演的身份、角色亦有幾個可討論的方向——首先，是「無」與政治的關聯。歷史研究學者多認爲，中國上古時代曾有一段「巫官合一」的時代。如李宗侗即謂上古時代：「君及官吏皆出於巫。」〔註 59〕陳夢家也於商代巫術討論到「由巫而史而爲王者的行政官吏」，並指出：「王者自己雖爲政治領袖，同時仍爲群巫之長。」〔註 60〕陳來亦從「湯禱」求雨的傳說推論，主張：「上古中國社會的君王兼行某些巫術性質的活動，在文獻上有跡可見。」〔註 61〕由此可見，中國古代「君」與「巫」的身份其實存在著曖昧的相關性，姑且不論此「相關」之內容爲何，既然在原始思想中「巫」、「無」、「舞」是爲三義互涉的概念，「巫」與「君」之間又有一定程度的相關，則日後「無」這樣透過「巫」行「舞」以事降神的觀念若被運用在政治之治道或祭祀活動上，亦有前跡可循。

其次，以原儒、原道的線索進行考察。目前學界已有爲數眾多的學者針對此議題進行陳說，各種說法間有其相類處亦有別異點。有一派學者如章太炎、郭沫若、楊向奎、徐中舒等，皆同意儒家、道家的起源與「巫」脫離不了關係。陳來於「原儒」的議題討論上引傅劍平的主張作爲一說，其言：

> 他（傅劍平）自己由 1961 年陝西出土的一件銘文中「無需」二字出
> 發，將其中的「無」字解釋爲「巫」，即巫需，認爲「儒」由「需」
> 來，其含義是一種「舞」（巫）在操作巫術時所戴的禮冠，繼而被轉

〔註 59〕李宗侗：《中國古代社會史》（台北：中華文化出版，1954 年），頁 118。
〔註 60〕陳夢家：〈商代的神話與巫術〉，《燕京學報》第 20 期，1936 年 12 月，頁535。
〔註 61〕陳來：《古代宗教與倫理——儒家思想的根源》（北京：三聯書店，1996 年），頁 31～32。

稱戴這種冠而操其巫術的人爲「儒」，也即「術士」，進而又成爲一
種先秦諸子百家的思想學術流派即儒家。〔註62〕
傅劍平的主張很明顯是由「巫」、「無」、「舞」三義互涉的觀念作爲立論根據。
若就前文所論，「無」的概念本身已涵有神秘、神聖性及辯證性格，其中神秘、
神聖性自然與儒家起源之「巫」的「舞」與「祭」有關，此無庸贅述；而所
謂「辯證性」，正如顏崑陽所言：

> 中國人自古以來多用辯證性思維而少用形式邏輯思維去觀看事物、處
> 理問題。……而辯證性思維卻是將事物置入實際存在的狀態中，去看
> 待各種對立的因素之間，如何在動態的時間歷程或結構關係中，進行
> 變化、統合。所以陰──陽、剛──柔、乾──坤、男──女等等，
> 彼此看似對立，實是相互辯證、生成和合而爲一。這種辯證性思維比
> 較相應於中國古人詮釋宇宙、人生諸事物的思維。〔註63〕

中國古人詮釋宇宙、人生諸事物的思維即是一種「辯證性思維」，在看似對立中，
相互辯證、生成和合而爲一的可能，故「無」的「辯證性」在儒家思想中的發
揮雖然隱微，然透過儒家典籍中的紀錄，亦仍有蛛絲馬跡可探尋。〔註64〕

《論語·公冶長》中記子貢言：「夫子之言性與天道，不可得而聞。」
〔註65〕《論語·陽貨》亦載有孔子之言：「天何言哉？四時行焉，百物生焉，
天何言哉？」〔註66〕孔子對於「天道」的闡發，基本上是採取一種「默識」
的態度。因此劉述先有謂：

> 孔子對子貢所說的無言之教恰正是孔子之言天道不可得而聞的答
> 覆，天道之默運是不可以通過言語來表達的。正因爲子貢在言語方
> 面有天賦，乃不免事事期望都能得到清楚明白的答覆，獨獨在對天
> 的理解，孔子是以一種不答覆的方式──所謂「遮詮」──來答覆

〔註62〕同前注，頁339。
〔註63〕顏崑陽、蔡英俊「百年論學」學術對談記錄稿：《中國古典文學研究的現代視
域與方法》，刊載於《政大中文學報》第9期，2008年6月，頁14。
〔註64〕盧瑞容亦言：「我們如果以『正／反』概念爲例，便可以這麼說：道家於『正／
反』中追求『合』，儒家於『正／反』中提倡『中』，而法家則認定『正／反』
永遠對立衝突。」由盧瑞容此言，足見辯證性思維確實普遍存在於諸子思想中，
有所差異的是如何辯證的問題。盧瑞容：《中國古代「相對關係」思維探討──
「勢」「和」「權」「屈曲」概念溯源分析》（台北：商鼎文化，2004年），頁11。
〔註65〕《論語注疏》，頁347。
〔註66〕同前注，頁459。

了子貢的問題。〔註67〕

天道「無言」，卻能行四時、生百物。劉述先認爲孔子是用一種「不答覆」的方式來答覆子貢，然在「不答覆／答覆」、「何言哉／四時行、百物生」的陳述關係中，除了孔子提供給子貢的答案是一種辯證性的理解之外，亦可知孔子所認知的「天道」，是隨著一自然的辯證規律運行，故天無「何言」，卻能「行」四時、能「生」百物。孔子思想中隱微呈現的辯證性思考，不是從形式邏輯的語言符號系統去進行理解，而是回置天道自然的運作規律去觀察。

若從「巫」、「無」、「舞」三義互涉的觀念與儒家思想在文字語脈上的聯繫切入討論，則儒家思想中的辯證性格雖然隱微，亦非全然捨棄不論。在「巫」、「無」、「舞」的義涵序列中，或許儒、道兩家各有所存續與發揮，這不僅成全了儒、道兩家思想的異趣，同時也使得儒、道兩家「無爲」義涵內容有所同異的理解成爲可能，亦可證儒家思想內容與「無」的概念間絕非是斷裂而毫無相涉的。

（三）「無」／「巫」與原始儒家「無爲而治」思想的發生性考察

總結前文所論，大致可歸納成三點：一是「無」之神秘性、神聖性與辯證性思維，在儒、道思想成形之前即已存在，因此「無」與原始儒家的關係並非是全然斷裂無涉的；二是「無」與「巫」、「舞」間實際存在著義涵互涉的微妙關係；三則是在「無」／「巫」／「舞」三義互涉的序列考量下，「巫」與儒家起源及其政治思想的成形，可能存在有若干聯繫。必須說明的是，本文所指出「無」與儒家「無爲而治」的「非斷裂無涉」關係，並非是緊扣在「無爲」去說，亦即「無」／「巫」／「舞」三義互涉之「無」的意義，並不是直接等同於儒家「無爲而治」中的「無」義，而欲逕由此建立原始儒家「無爲而治」的發生意義。本文是希冀能夠另闢蹊徑，通過「無」與「巫」／「舞」的聯繫，輔以「巫祝」與「帝」／「天」關係的轉化，在「無──巫──天道──無爲而治」的序列中對原始儒家「無爲而治」的發生意義進行嘗試性的考察。

從「無──巫──天道──無爲而治」的序列來看，「無──巫」的關係已在前文證成；「巫──天道」的聯繫，除可由「巫」之特殊神職角色窺見外，林安梧所指出「巫祝」的行動與從「帝」而「天」所轉化之「道」義的過程，亦可探見「巫──天」的互動。另揚雄《法言‧重黎》中有：「昔者姒氏治水

〔註67〕劉述先：〈論孔子思想中隱涵的「天人合一」一貫之道〉，載《儒家思想意涵之現代詮釋論集》（台北：中央研究院中國文哲研究所，2003 年），頁 16。

土，而巫步多禹」〔註 68〕之說法。據說夏禹當時以大巫身分，爲祭祀天地，故以陰陽爲綱紀，並以八卦的方位規範出一種特殊的舞步，因爲舞步是禹所發明，故稱之爲「禹步」，被歷代的巫覡所沿用。〔註 69〕此外，《墨子》中亦曾載商湯在旱災時向上天罪己求雨，並以自身爲犧牲，以祭祀、取悅天地鬼神。張光直綜合諸多人類學家的看法後指出，商湯在當時其實就是一個大巫的身份。〔註70〕由此可見，古代以人君身份兼而爲「巫」，同時藉此以各種方式與天相通、相應的例子並非少數。

至於孔、老所處春秋時代「天道」觀的發展，陳來指出其時有兩種不同的觀念進路，一是人文主義的，另一則爲自然主義的；且「人文主義的發展體現爲對天的道德秩序的意義的重視，而自然主義的發展則向自然法則的意義延伸。」〔註71〕傅佩榮在其《儒道天論發微》的系統論述中亦已揭明：

> 古代中國的思想家對於源遠流長的「天」概念是不可能一筆抹煞的。
>
> 老子的作法毋寧是：由自然主義的觀點來解釋「天」，同時把原屬於
>
> 「天」的某些重要特質歸諸「道」。〔註72〕

老子既由自然主義的進路來理解天之道，天之道融貫於老子之「道」義，則道即是自然、即是普遍廣攝的總體根源，且道必內在於萬物之中，而道之「用」便是因應自然萬物的規律而作用，故「無爲」是爲道的本色，不因道德上人之道的變遷而改變作用。即此，道家「無爲」之治的發生與「天道」的關聯被牽繫起來；老子對於天道的理解與回應，已然成爲道家「無爲」之治產生的關鍵因素之一。

回到原始儒家來看，「無——巫——天道」的關係序列應是孔、老所共同承接的文化傳統；不過，對於「天道」內容理解與發揮之相歧，正透顯出儒、道兩家思想之別異。因此，若能切實掌握周代以來或孔子思想中的「天道」內容，若可進一步由此思考其與「無爲而治」思想的發生是否有所關聯？抑或可由此探見原始儒家「無爲而治」與道家「無爲」之治的不共之處。

〔註68〕〔漢〕揚雄著，朱榮智校釋：《新編法言》（台北：台灣書房出版有限公司，2000 年），頁 314～315。

〔註69〕周冰著：《巫‧舞‧八卦》，頁 60。

〔註70〕張光直：《中國青銅時代二集》（台北：聯經出版公司，1990 年），頁 45。

〔註71〕陳來：《古代思想文化的世界》（北京：生活‧讀書‧新知三聯書局，2002 年），頁 61。

〔註72〕傅佩榮：《儒道天論發微》（台北：學生書局，1988 年），頁 216。

余英時爲傅佩榮《儒道天論發微》一書撰寫序言時，即言簡意賅地指出：

中國古代「天」的觀念發生重大變化當在子產、孔子的時代，其事與「哲學的突破」相隨以來。子產和孔子一方面似乎把「天」推遠了一步，但另一方面則使「天」的觀念和「道」的觀念更緊密地綰合在一起，而賦之以莊嚴的超越性格。……孔子以後的「天道」始具有超越的意義，成爲人間道德價值的最後根源。〔註73〕

如余氏所言，孔子將「天道」的意義理解以莊嚴的超越性格，並使之成爲人間道德價值的最後根源，足見孔子所理解與對天道的詮釋，雖一樣肯認「天」的普遍廣攝，其思想中亦未實質否認自然天的存在，然原則上已與老子側重「自然」的理解進路有所不同，而轉由道德價值之進路去進行深層的人文性思考，因此「天」的普遍廣攝便不由人與自然的關係去說，轉以天人關係之「天人合德」等觀念去強調「天」的道德義涵與普遍的德化意義。此種天帝的道德意識作用在周代已可見端倪，如《詩經・大雅・皇矣》中即載曰：

帝謂文王：「『予懷明德，不大聲以色，不長夏以革。』不識不知，順帝之則。」〔註74〕

另如孔子亦自言「天生德於予」、「五十知天命」等，或曰「巍巍乎，唯天爲大，唯堯則之」以進一步評價堯之君德。蔡仁厚更認爲孔子所知之「天命」，即是一種「下學上達，與天合德」之「與天相知」的境界。〔註75〕由此可見，原始儒家之天道觀，自周代以來便不離道德的正當性基礎，並以此作爲立政之張本。

既然原始儒家對於「天道」的理解與詮釋，實際上與道德、德化間存在著密不可分的關係，則此「天道」義涵與「無爲而治」中聖王典型的存在是否亦有某種程度上的關聯？在原始儒家「無爲而治」的思想中，聖王典型的存在扮演著極爲關鍵性的角色，故孔子直言曰：「無爲而治者，其舜也與！」「舜」之形象所具的典型意義正是「無爲而治」之所以可能的重要因素之一。唯，堯舜等古代聖王之所以成爲一種「典型」而具有使民模習的地位，除聖

〔註73〕 余英時此段論述，乃收載於傅佩榮：《儒道天論發微》一書之序言中。同上注，頁 1～2。

〔註74〕 〔漢〕鄭玄箋，〔唐〕孔穎達疏：《毛詩正義》，重刊宋版十三經注疏本，（台北：藝文印書館，2001 年），頁 561。

〔註75〕 蔡仁厚：《孔子的生命境界——儒學的反思與開展》（台北：學生書局，1998 年），頁 6。

王自我德性之圓善完滿外，主要亦是因爲聖王乃承天之曆數而在位，故孔子有言：「是故夫政必本於天，殽以降命。」〔註76〕孟子亦謂：「昔者堯薦舜於天而天受之，暴之於民而民受之。」〔註77〕天接受堯之薦，並願將舜推及於民使民受之，主要原因乃在舜之行與事經天意肯定且皆順應天道而行，故自然受擁戴而在普世人道中具有主祭、主政、主事之正當性。即此，舜既受民之擁戴，則其所順應之天道便不會是一種苛民、虐民之刑政的建立，而應是以一普遍廣攝的德化意義，通過聖王的順應運作，進而具顯於人間世中。

原始儒家「無爲而治」思想之於「天道」的關係，不僅是一發生意義的影響，其亦與「無爲而治」的整體動態結構有所關聯。關於這部份的論述，本文將會於後文的相關章節中進行更深入的詮釋，在此暫且先輕輕帶過。不過筆者欲於此先行突顯者，乃在澄清孔子思想「從周」與繼創後，對於天道理解與詮釋之內容的承轉，及其影響原始儒家「無爲而治」思想發生的關聯，因此從「無」／「巫」的相涉進路輔以對古代文化的考察，進一步去考慮原始儒家「無爲而治」思想的發生因素。

若在此基點上綜合前文所論，則可見原始儒家思想中實際可尋繹出「無──巫──天道──無爲而治」的關係序列。「無」在古代思想中本具有神秘性、神聖性與辯證性等原初義涵，這些原初義涵被原始儒家思想適度吸納；加上「無」與「巫」、「舞」間三義互涉的微妙關係，與儒家起源於「巫」之說法間具有互文性的參照價值；即便不從儒家起源於「巫」去說，夏禹、商湯等古代聖王特殊的「大巫」身份，亦可作爲儒家思想與「巫」相關的輔證。另原始儒家對於「無──巫──天道」的發展與認知，一方面促使某種特殊政治觀與政治型態通過儒家思想理念的形塑而被建構，加上儒家的「天」不僅僅是一超然的獨立存在，「天」會主動回應人間的需要，而與「天」相順、相應的代表人物，多是具純然德善的政治人君。這一類人君承天之曆數而在位，亦必發顯「天」普遍廣攝的道德義涵與德化意義於人間世中，進而在一道德應然的考量下，引導這種特殊政治型態朝向一德化〔註78〕、順化、保民、有序的方向，去展開一種理

〔註76〕《禮記注疏》，頁421。

〔註77〕〔漢〕趙岐注，〔宋〕孫奭疏：《孟子正義》，重刊宋版十三經注疏本，（台北：藝文印書館，2001年），頁164。

〔註78〕關於儒家「德化」之治的討論，另可補充林安梧的說法，以從「智」的面向對儒家「德化之治」進行不同層次的反省與思考。林安梧有言：「所謂『德化之治』乃透過血緣的倫理之情與宗法的社會結構去成就的。」其又於後曰：「吾

想性的建構；這種理想性的建構，便被儒家寄託在「無爲而治」的思想中，成全原始儒家理想政治觀之德化精神與對人間治道的終極關懷。

第四節 「導之以德」與「齊之以刑」的儒、法對觀

唯名而言，原始儒家「無爲而治」思想與道家「無爲」之治似無不同，然通過思想外緣梳理的比較廓清，已可初步箴定儒、道之於「無爲而治」乃有「德化」與「自化」的顯著差別。儒家由實際踐德的「有爲」處顯「無爲而治」的理念存有意義，此踐德之「有爲」，涵融治道與個人道德修養之「法」爲一體，儒家所謂的「法」，是道德價值至上的修養工夫論，是共同歸向、進一步模習的向上提升；法家以韓非爲代表所提出的「無爲」之治，亦在治道上講論法的要義。儒、法兩家所說不管是踐德抑或法治，相對於道家「自化」來說皆是一種「有爲」法，然則原始儒家此踐德之「有爲」與法家強調刑法之「有爲」究有何差別？若能先行廓清，則自能相對照應出儒家主張的殊異性與獨特性。因此本節主要將討論焦點集中在儒家「導之以德」與法家「齊之以刑」之兩種治道型態的比較對觀上，而非在詮解法家「無爲」之治的實質內容，希冀通過儒、法的對比，回返映證原始儒家「無爲而治」之思想性格及治道型態，同時揭示其與道、法「無爲」之治的迥異處。

人可說儒家給予了倫理間架與社會結構一道德的實質內涵，並且給予了天地萬物這展現出來的龐大形式一實質的道德內涵。另一方面也增強了道德之情本身，同時也增強了其倫理間架與社會結構裡上下尊卑長幼的次序觀念，於是很自然的形成『德化的一元政治模式』。子曰『爲政以德，譬如北辰，居其所而眾星共之』，又『無爲而治者，其舜也與』，皆透露此精神。」林安梧以爲，「無爲而治」正象儒家倫理間架與社會結構中道德的實質內涵，因此在政治上呈顯爲「德化的一元政治模式」。此說筆者深表同意。比較值得注意的是，林安梧進一步又從「超智」、「主智」及「反智」的面向，對此種「德化的一元政治模式」進行深層的檢視與反省，同時指出：儒家「德化之治」由原先的「德性的主智論」，進乎具主體義與超越義之「超智」，亦即「智的直覺」；而後在荀子將孔、孟的「民本德化政治」一變爲「君主的德化政治」時，則再變爲政治上的「反智論」。這種將儒家德化政治的走向與「主智」、「超智」、「反智」糾結的狀況，可以提供一與原始儒家「無爲而治」研究相關的反省路向，惟本文的研究主題暫且鎖定在原始儒家「無爲而治」思想發展譜系與中心意義的重構上，故未能從反省的角度去進行總體性的檢視，故於此且先提出爲一說，以資參考與補充。參林安梧：〈中國政治傳統中主智、超智與反智的糾結〉，收入於《道的錯置——中國政治思想的根本困結》（台北：學生書局，2003 年），頁 315～340。

《論語‧爲政》中「道之以德」一則，適可援引對觀，以明儒、法治道進路與觀點之異：

> 子曰：「道之以政，齊之以刑，民免而無恥；道之以德，齊之以禮，有恥且格。」〔註79〕

〈爲政〉此則雖非孔子針對法家而發，然由「齊之以刑」與「導之以德」正可概括儒、法兩家於治道上的迥異型態。法家自來講究充分伸張君勢以富國強兵，因此法家之「政」，即如《商君書‧畫策》中言：

> 聖人自知必然之理，必爲之時勢；故爲必治之政，戰必勇之民，行必聽之令。……聖人見本然之政，知必然之理，故其制民也，如以高下制水，如以燥溼制火。故曰：仁者能仁於人，而不能使人仁；義者能愛於人，而不能使人愛。是以知仁義之不足以治天下也。聖人有必信之性，又有使天下不得不信之法。所謂義者，爲人臣忠，爲人子孝，少長有禮，男女有別；非其義也，餓不苟食，死不苟生。此乃有法之常也。聖王者，不貴義而貴法，法必明，令必行，則已矣。〔註80〕

法家聖人所欲貫徹的，乃在「必治之政」，故不從「化」的路向去考慮仁義興發的可能，轉而由治術著眼，通過法的賞罰與術之實效以確保治世的實現，因此法家講究有效的「制民」之道，而非同儒家由仁義治天下起念。另所謂「義」者，除了由個人處煥發一合宜的倫序之理外，法家強調還得通過客觀法制的規範，壓制、厭勝「不義」的可能，保障「義」之所成，「義」方可能合理展現。因此「法」相對「義」來說反成爲理想治道之確保，是法家聖人之所貴重者。《愼子‧君人》曰：

> 君人者，舍法而以身治，則誅賞予奪，從君心出矣。然則受賞者雖當，望多無窮，受罰者雖當，望輕無已，君舍法，而以心裁輕重，則同功殊賞，同罪殊罰矣，怨之所由生也，是以分馬者之用策，分田者之用鉤，非以鉤策爲過於人智也。所以去私塞怨也，故曰：大君任法而弗躬，則事斷於法矣。法之所加，各以其分，蒙其賞罰而無望於君也。是以怨不生而上下和矣。〔註81〕

〔註79〕《論語注疏》，頁 16。
〔註80〕〔秦〕商鞅：《商君書箋正》（台北：廣文書局，1975 年），頁 147～148。
〔註81〕〔戰國〕愼到：《愼子三種合帙附逸文》（台北：廣文書局，1975 年），頁 38～39。

法家認爲必須定法以明功過，「法之所加，各以其分」，乃謂依法而行，如此個人名分自正、令事亦自定，故人君乃是「任法而弗躬」，把自己智巧、心裁之展現退至「法」後，則人君雖然「弗躬」無爲，卻自然能夠依法而無不爲。《韓非子·定法》中即說明得很清楚：

> 術者，因任而授官，循名而責實，操殺生之柄，課群臣之能者也，此人主之所執也。法者，憲令著於官府，刑罰必於民心，賞存乎愼法，而罰加乎姦令者也，此臣之所師也。君無術則弊於上，臣無法則亂於下，此不可一無，皆帝王之具也。〔註82〕

在韓非的政治認知中，君主正是依藉「法」之令命、賞罰權力以要求臣下、人民，同時通過「術」的輔佐，落實任人授官、循名責實之效。高柏園針對韓非所提之主張進一步指出：

> 唯有人君虛靜，才不會以私智去破壞法的客觀性與一致性，進而能由法的客觀而一致的結構性，掌握一切臣民。蓋韓非子乃是通過法而將一切納入此法的結構中，此所以力斥顯學、拔除五蠹，而以法爲教，以吏爲師，此中即在貫徹法的結構性與一致性。同時，法的賞罰也是根據人性的內容而加以訂定，是以由人性趨利避害的普遍要求，而使法的賞罰也能像人性一樣的普遍展開。〔註83〕

總結法家治道上的主張，則可發現在刑名法術充分伸張的情況底下，個人主觀情感之心裁與主體內在仁心憤啓之可能逐漸被忽略，轉而形成一種實用、客觀的「道之以政，齊之以刑」的治道型態，因此孫廣德歸納法家「無爲」思想主張爲二：一爲「法治」；另一則是以「無爲」作爲一種「術」，用以統御臣民。〔註84〕若由此說，則法家所謂「無爲」乃是人君治道的策略，也是爲了切實貫徹法的執行而存在，故韓非有謂：「事在四方，要在中央。聖人執要，四方來效。虛而待之，彼自以之。」〔註85〕高柏園與陳啓天一致認爲此十六字乃法家君主「無爲」的確當解釋，〔註86〕因聖人所執之「要」，即是法

〔註82〕〔清〕王先愼：《韓非子集解》（台北：藝文印書館，2004年），頁618。
〔註83〕高柏園：《韓非哲學研究》（台北：文津出版社，1994年），頁266。
〔註84〕孫廣德：「法家講無爲而治的眞義有二：其一，所謂無爲，是依法而行，不在法的規定之外有所作爲，因爲所謂無爲而治，其實就是法治。……其二，所謂無爲，是以無爲作爲一種術，用以統御臣民，尤其統御臣下。」孫廣德：《中國政治思想專題研究集》，頁451～453。
〔註85〕《韓非子集解》，頁89。
〔註86〕陳啓天：「『事在四方，要在中央。聖人執要，四方來效。虛而待之，彼自以

理上的客觀正確，故聖人自身必須先虛以待之，方可能通過無爲虛靜的心態洞悉臣、民的欲與意，亦才能根據人性的普遍內容訂定賞罰的標準。法家在「法」的貫徹中，並非全然擺落「政德」的可能，而是轉從「抱法以爲君德」落實護民爲國的治道理念。黃信彰於《韓非子》君德思想研究的相關論述中說明得很清楚，其謂：

> 基於「法者王之本」的強烈意識感，《韓非子》視「抱法以爲君德」
> 爲其君德論述中之主體訴求。……在法、術、勢與君德的綜合運用
> 裡，藉著「君德」的節制與「術治」之技巧，便能使法律所未盡善
> 之處不再容人玩法；而「勢治」的權威又可用以強化「法治」與「術
> 治」之正當性。然「術治」的權謀性，得以由「君德」給予規範；
> 而且「術治」之運作亦需符合「法治」的律訂與其精神。然則，經
> 由法、術與君德的充分合作，則可同時拱衛「勢治」之穩固；最後，
> 經由「君德」之君主德性調和，方得以使法、術、勢三者免於過度
> 擴張之權力膨脹。〔註87〕

法治與術治嚴格說來便是刑政的內容之一，雖有君德居中調和，然法家之君德終究是以「抱法」爲基調，講究由「治紀」以明政治「善敗之端」，〔註88〕類於「道之以政，齊之以刑」之以外在法政權威爲主的治道形式，而不若儒家「道之以德，齊之以禮」之重內在德性自覺的政治型態；另通過「民免而無恥」與「有恥且格」的兩端對照，更可顯示儒家對於圓滿德性人格之追求亦內化於治道的內容中，是故政與德涵融相扣，在治道上展現爲德化之無爲，從治國、平天下處迴環辯證個人修身中「有恥且格」之可能，而不僅僅將「政」視爲是一種外在、客觀的社會刑政結構。

　　儒家從踐德之「有爲」透顯「無爲而治」的存有意義；法家以「法」的貫徹爲主軸，兼攝「勢」之威與「術」之用。儒家「無爲而治」與法家的「無爲」之治相對於道家來說，雖都是偏向「有爲」的治道進路，然儒家講究由

之。』十六字，是法家所說君主無爲的正確解釋。」高柏園文中曾回應陳啓天的說法：「誠爲的論」。陳啓天：《韓非子校釋》（臺北：臺灣商務印書館，1974 年），頁 961。高柏園：《韓非哲學研究》，頁 267。

〔註87〕黃信彰：《專制君王的德性論——《韓非子》君德思想研究》（臺北：秀威資訊科技，2006 年），頁 383、389。

〔註88〕《韓非子·主道》：「道者，萬物之始，是非之紀也。是以明君守始，以知萬物之源；治紀，以知善敗之端。」《韓非子集解》，頁 64。

「道之以德，齊之以禮」的德、禮要求去規劃政治的理想，通過個人內在德性的興發與肯認，在「有爲」的踐德歷程中朗現自然而然的德禮之效，是故人人皆可以在這樣的踐德氛圍中依仁行義而無所勉強，進一步達到孔子所說「一日克己復禮，天下歸仁爲」的理想境界。「克己復禮」，即是從個人修身踐德出發的「有爲」；「天下歸仁」，則是在「克己復禮」的基礎上，肯認德性人格的價值與意義，故得以由此展現德禮之效果，在德治的理念中直觸「無爲而治」的可能。因此，儒家「無爲而治」狀態中的理想人君，雖看似空虛無爲，其內在德性人格之存在卻是飽滿完整的，故是以沛然道德與德性人格之「實」普遍推擴出一無遠弗屆的無形之「化」，此「化」抑或如「虛」，因無從得見「化」之刻意，然實際是以化之「虛」責德之「實」，亦相對以德之「實」昇華、圓滿而成化之「虛」的「無爲而治」境界，故原始儒家的「無爲而治」即是此「實」／「虛」辯證後的結果，是兼攝內聖外王、仁心成物之終極關懷的全體朗現。

第五節　小　結

　　總前所論，已知儒家「無爲而治」思想實欲兼顧聖王垂拱無爲而天下治與煥發個人道德實踐的普遍意義，且此踐德普遍意義之成立，乃緣因於聖王以盛德煥發民之「德慧」開啓的可能。此外，透過孔子「罕言」態度與動機的外緣考察，亦足以部份提供儒家「無爲而治」思想詮釋上的客觀限定——首先，「無爲而治」思想的生成發展可能與儒家或孔子對天道的思考有關，且「無爲而治」逐與「天道」、「德」之間產生緊密的義涵關連；其次，「無爲而治」之政治理想的提出，就儒家思想本身而言，具有絕對正面同時有益於教化的道德價值；再者，從道德之「知」／「行」的相對優位性來看，儒家「無爲而治」文獻紀錄數量的短缺乃勢之必然，因爲「無爲而治」的完成非由「知」顯，而由「行」處履踐以成，故相關文獻材料的蒐羅不應在「無爲而治」的直接記錄中自限，始可能整體掌握儒家「無爲而治」思想的明德至善義涵！

　　另通過儒、道、法思想外緣相關內容的廓清，適可經由比較進而限定規劃出原始儒家「無爲而治」的思想面目。以第一序的儒、道照應而觀，適可確認儒家此理想政治型態乃是以「德」爲體，以「立典型」與「模習」爲策略，以「德化」爲進路，講究由道德實踐處即「用」見「體」；而此與道家「無

爲」之治思想以「無」爲體，以「無爲」爲策略，以解消、遮撥爲進路，講究「與物反」的「大順」玄德實有本質上的出入。第二序的儒、法廓清，則是在儒、道辯證的基礎上，從道家「無爲」處相對突顯儒家乃是由實際踐德的「有爲」處顯「無爲而治」的存有意義。儒家踐德之「有爲」，內在涵融治道與個人道德修養之「法」爲一體；法家以韓非爲代表所提出的「無爲」之治，亦在治道上講論「法」的要義與實際施爲。儒家德治之「法」與法家的法治之「法」，相對於道家超越作爲的主張來說均屬是一種「有爲」，然儒家此踐德之爲乃在「導之以德，齊之以禮」的德禮氛圍中，實際與法家強調治道上的法之效、術之用、勢之威有所不同，故通過此兩端比較照應，乃可自然透顯儒家「無爲而治」思想的基本原則與符合儒家思想性格之所重所求處。

思想外緣之比較與廓清，主要用意雖在先行對觀照應出原始儒家「無爲而治」的基本主張與思想實踐進路，然此作法畢竟仍屬外部事理之疏通，故僅可概括說明儒、道、法三家治道主張之性質，而未能明原始儒家「無爲而治」思想內容之要義，此即如牟宗三以「德化的治道」、「道化的治道」、「物化的治道」〔註89〕概括說明儒、道、法三家的治道本質，然僅通過「德化」、「道化」與「物化」的掌握仍難顯明此中的內容意義與思想價值，故爲明原始儒家「無爲而治」思想的時代意義與義涵內容，本文下章將以《論語》中〈衛靈公〉、〈爲政〉之第一手文本爲據，通過細緻的文本分析，進行相關文獻紀錄之深層詮釋與思想絪合，而後方能綜合此研究成果，從內、外兩進路建構出此議題研究的基礎詮釋框架，客觀展現原始儒家「無爲而治」思想的中心意義與時代風貌！

〔註89〕牟宗三《政道與治道》一書中曾就中國的治道進行論述，拈出：「儒家的德化的治道」、「道家的道化的治道」以及「法家的物化的治道」三目。高柏園在討論儒、道、法三家「無爲而治」的意義時，即援引牟說之分判，將此三家的「無爲而治」區判爲：「儒家德化治道的無爲」、「道家道化治道的無爲」與「法家物化治道的無爲」。牟宗三：《政道與治道》（台北：學生書局，1991年增訂新版），頁 26～43。高柏園：《韓非哲學研究》，頁 257。

第三章　明其統要——儒家「無爲而治」
相關文獻暨基礎框架之詮釋

前文通過孔子「罕言」態度的考察，兼與儒、道、法三家思想的初步比較，已可闡明「無爲而治」思想詮釋時的基本限定，亦先行初步框設出儒家「無爲而治」的思想性格與義理生成條件，以下將進一步由《論語》中與之直接相關的兩條文獻記錄切入，進行文字與思想內容的深層詮釋，希冀經由細緻的文本分析進一步提舉儒家思想體系中與「無爲而治」切合的相關概念，即此統整、綰合內在的思想詮釋與外緣的客觀事理，進而建構出原始儒家「無爲而治」的基礎詮釋框架，確保本研究的客觀性詮釋。

第一節　《論語·衛靈公》「無爲而治」章之內在義涵分析

一、「無爲而治者，其舜也與！」

《論語·衛靈公》有謂：

> 無爲而治者，其舜也與！夫何爲哉？恭己正南面而已矣。〔註1〕

〈衛靈公〉這則記錄是《論語》中唯一直接論及「無爲而治」的文獻，因此特別受到重視。若由此則文獻中抽絲剝繭，不難從語脈中釐析出一些與儒家「無爲而治」主張直接相關的重要基本概念。

〔註1〕　〔魏〕何晏注，〔宋〕邢昺疏：《論語注疏》，四部要籍注疏叢刊，（北京：中華書局，1998年），頁439。

　　所謂「無爲而治者，其舜也與！」若就「體／用」關係來衡定「無爲而治」之整體內在關聯，則此是以儒家對道德的終極關懷爲「體」，「無爲」即是「用」，所指乃是實踐原則，政治本就是必須經過實踐而後方能實現其終極理想；「治」則爲實施「無爲」之預期結果。所謂「治」，於此又可析分爲二：一是指實際作爲之治理、管理，如《孟子・滕文公上》：「勞心者治人，勞力者治於人。」〔註2〕另一則是強調和平昌盛之「治世」，如《禮記・樂記》：「聲音之道與政通。治世之音，安以樂，其政和；亂世之音，怨以怒，其政乖。」〔註3〕因此「無爲而治」的實際義涵乃依隨著「治」之所指而產生兩種不同的理解內容。當「治」直指一政教上實際的統治或領導行爲，則「無爲而治」相對是在上位者自覺的「爲無爲」之模式，也就是以「無爲」去治理的型態；但是如何不通過實際施用於政教的行動策略而達到「無爲而治」的效果？此便必須回到統治者本身之「能」來說，意即實現「無爲而治」的理想主體除「藝」之能外，更需講究從自身蘊發德性與智性的有爲力量，從應然與實然兩端挺立具積極意義之「爲」，而正因此有爲乃反求諸己的自我實現，對於治道世用來說自然是「無爲」；然主體德性與智性的挺立，卻在無形中成爲百姓模習與踐跡的對象，因而使得無所施用的「無爲」型態，反而相對辯證成就「爲」的意義。孔子「無爲而治者，其舜也與」之論，其實正是從舜的形象正面肯定其「爲無爲」之反求諸己與治道理想的雙重實現，故儒家於政教、治道所論之「無爲」，其實預設了一套儒家特殊的「『爲』的哲學」於其中，唯有通過此「『爲』的哲學」之展示，方得以辯證理解儒家「無爲」之型態，亦才能以此爲據進一步勾顯出原始儒家「無爲而治」思想之底蘊。

　　就儒家思想性格來說，所謂「無爲」絕非等同於道家所指的超越作爲義，而是講究從「如何爲」的原則以彰顯「無爲」的效果，故應理解如《孟子・離婁下》：

　　　人有不爲也，而後可以有爲。〔註4〕

抑或《孟子・盡心下》謂曰：

　　　人皆有所不爲，達之於其所爲，義也。〔註5〕

〔註2〕　〔漢〕趙岐注，〔宋〕孫奭疏：《孟子正義》，重刊宋版十三經注疏本，（台北：藝文印書館，2001年），頁97。

〔註3〕　〔漢〕鄭元注，〔唐〕孔穎達疏：《禮記注疏》，重刊宋版十三經注疏本，（台北：藝文印書館，2001年），頁663。

〔註4〕　《孟子正義》，頁143。

《孟子》中所謂之「不爲」，顯然以儒家所重所求之道德價值爲判準，強調個人必須在道德價值行爲的形式規範下「有所不爲」，方得以同質具現「有爲」的價值，並在實踐意義上照見其內在的道德根據——「義」。〔註6〕由此而言，從儒家「無爲而治」思想理解的「爲無爲」之治，非僅止於道德價值行爲的「有所不爲」，亦非單純是暴虎馮河、死而無悔式的積極「有爲」，而應是「不爲」與「有爲」經有機辯證後的「無爲」模式，且此「無爲」必以儒家道德理念爲內容。接續前文所論「知」／「行」關係與孟子「有所不爲」態度以論：就個人天賦智慧或道德實踐能力的限制來說，或有力有未逮者以至於「不爲」；就個人實踐行爲的道德價值判斷來看，或有因不屑不潔而「有所不爲」者，此兩種情況之「不爲」，若能經德慧之開啓，以其不能而推其所能，便得以突破天賦能力的拘限，朗現自我道德覺知的精進力量，同時亦能保守「不爲」的行德原則，而爲積極的進取行德模式，如此則消極「不爲」不僅可以轉出一條活路，亦可以翻轉出相對積極面向——「有爲」。「不爲」以至「爲」的轉進，必以「義」之爲比，因無論是「有所不爲」或「進取有爲」，皆僅是不得已之下退而求其次的權宜安頓，故孟子在「不爲」與「爲」的落差間提出「義」作爲解蔽的根據。此又亦如孔子所說「狷者」與「狂者」的差別：「狂者進取，狷者有所不爲也」，〔註7〕孔子亦以「與中行」權衡之。由此觀之，

〔註5〕　同上注，頁260。

〔註6〕　通過語言學進路的考索，最早以「無爲」二字並用者乃爲《詩經》中：「寢昧無爲」、「尚無爲」之紀錄，〈大雅〉中亦有：「天之方懠，無爲夸毗」的用法。此二處所謂「無爲」是指「無所作爲」或「尚未發生」之義，未涵有超越性的「無爲」之指。《尚書》卷十一〈周書・武成〉中有：「惟爾有神，尚克相予。以濟兆民，無作神羞。」此處「無作」，據漢代孔安國傳曰：「神庶幾助我渡民危害，無爲神羞辱。」其中之「無作」、「無爲」，均是「不爲」的意思；《尚書》卷八〈太甲中〉亦有：「王懋乃德，視乃厥祖，無時豫怠。」孔安國傳曰：「言當勉修其德，法視其祖而行之，無爲是逸豫怠惰。」此處強調君王個人之勉修己德、法視其祖。「無爲」是針對前此修德法祖之事而言。因此，孔安國所說的「無爲」明顯是「無所作爲」的一般用法，有消極、不爲的意思。除此之外，到了唐代孔穎達撰寫〈毛詩正義序〉時有云：「夫詩者，論功頌德之歌，止僻防邪之訓，雖無爲而自發，乃有益於生靈。」此「無爲而自發」，亦爲「無所作爲」而自然透顯之指。故泛指「無所作爲」、或由「無」的否定義出發，將「無爲」理解爲「不爲」的義涵，是「無爲」最原始、也最穩定的基礎本義，且至少從《詩經》以至唐代未嘗有所更易。由此足證「無爲」與儒家「不爲」之關聯其來有自，實非斷裂無涉之兩端。

〔註7〕　《論語・子路》：「子曰：『不得中行而與之，必也狂狷乎！狂者進取，狷者有所不爲也。』」《論語注疏》，頁420。

孔、孟所重乃在終極的「與中行」及「義」的掌握,「不為」與「有為」僅是行中道抑或踐仁行義之道德實踐歷程中的一環,是「行中」與踐仁行義得以實現的辯證過程。蔡仁厚《儒學的常與變》一書中曾討論儒家是否也講「無為」的問題,其言道:

> 孔子所謂「惟仁者能好人能惡人」,也表示仁者好一個人、惡一個人,都是順由仁義而行,即沒有「作意」,也沒有「利害計較」,所以其好人惡人皆能得其正。能得真正的好惡,也就是「無為」的好惡。
> 〔註8〕

一般人好人、惡人是「作意」的結果,仁者最終要追求的是順由仁義而行之「正」,亦即真正的好惡,此終極之「正」一旦挺立,則所謂好惡的表現自然順隨「正」之德而不偏不倚,成為一種「無為」之「正」。勞思光言:

> 當孔子考慮「正當如何可能」一問題時,孔子不就知識之正確講,而就居心講;這已經透出重德精神。〔註9〕

從居心講,則仁者好人、惡人必無有作意,行「正」是「為」,然順由仁義、無所作意的結果,使得「好人」、「惡人」經辯證而得其正,反而開放了「為」的狹隘作用,昇華為「無不為」的積極展現。在這開放的過程中,仁者並未實際有為,僅是依隨仁義以化成真正的「正」德,即如《孟子·離婁下》所說:「由仁義行,非行仁義也。」〔註10〕故此中可釐析出幾個重要階段的衍化發展:一是「不為」。個人必須在道德價值行為的形式規範要求中做到如「沒有作意」、「沒有利害計較」,抑或「有所不為」的自我進德要求,而後方得以在此基點上進一步同質具現「有為」;第二階段的「有為」,是實際從事好人、惡人的表現,不過此表現並非因個人主觀性情之躁動而顯發,而是個人主動依仁恃義以行的結果,故雖「有為」,仍不悖離個人進德之要求;第三個階段是「不為」與「有為」經相對辯證後所昇華之「無為」階段。此階段的「無為」在儒家思想系統中來說,並不特指某些固定的道德要求,雖似無所作為,卻因儒家特殊「『為』的哲學」之作用,轉進第一、二階段「有所不為」與「有為」的實質內容而成就此階段的「無為」意義,故此「無為」乃指儒家「止於至善」的終極理想。此中「有所不為」或「進取有為」最終所成全的,是

〔註8〕 蔡仁厚:《儒學的常與變》(台北:東大圖書公司,1990年),頁159~160。
〔註9〕 勞思光:《哲學問題源流論》(香港:中文大學出版社,2001年),頁32。
〔註10〕《孟子正義》,頁145。

對眞正、純粹、專一的道德至善之追求，是一種「無善弗爲」的「無爲」型態，此與道家「無爲」已有根本上的差異。

　　儒家思想中「有所不爲」——「有爲」——「無爲」的關係序列，其實是一遞進且相互扣連的鎖鍊關係。從其衍化昇華的發展來看，「『有所不爲』→『有爲』→『無爲』」呈現的是一個遞進發展的歷程；可是從三者的實際關係來說，依仁恃義之「有爲」是「有所不爲」的向上提升，「有所不爲」則是「有爲」在道德實踐過程中的原則確保；「無爲」是「有爲」進一步昇華之「止於至善」的理想，受「有所不爲」確保之「有爲」則爲「止於至善」的行動實踐；「有所不爲」是儒家「無善弗爲」之所以可能的基礎道德理據，「無善弗爲」之道德理想境界的呈顯，亦實有賴於「有所不爲」之進一步積極與進取，提升無所作爲之消極而爲「無善弗爲」的積極道德實踐。其中「止於至善」與「無善弗爲」便是儒家「爲無爲」的終極理想，亦是儒家「無爲而治」在思想作用層的主要發揮。

　　前文所論，乃是「無爲而治」之「治」指一政治或教化上的實際治理、領導行爲時，由在上位者通過「有所不爲」與「有爲」的相對辯證而申衍出來的「無爲」義涵，是統治者主體經反求諸己後所煥發個人內在對於「無善弗爲」理想的實質追求，故「爲無爲」乃是通過德業上的反身自求，將「無爲」轉化辯證而成具影響作用的有爲意義，如此則「無爲而治」便基本具備有一對內的修己要求，一如舜「恭己正南面」之謂；另有一種情況，是當「治」所指爲「治世」之義時，則「無爲而治」便必須被當成一個政治理想的整體來看待，此時的「無爲而治」具有「價值存有」〔註11〕的本質，從儒家思想的實有層產生作用。不過必須進一步說明的是，此處所說「無爲而治」在儒家思想實有層產生作用，並非指儒家思想是以「無爲」爲本質，而是不離儒家第一序「仁」體之展現，在道德、政教實踐意義與個人主體性掌握的觀照下，進一步將儒家實有層與作用層通而爲　。在牟宗三的著作中，曾論及思想型態之「實有層」與「作用層」的區別，其明白指出：

　　　　儒家則有實有層和作用層的分別，仁是實有層上的觀念，不論是就
　　　　著道德實踐上講，或是就著天地萬物的生化講。照儒家看道德秩序

〔註11〕顏崑陽：「一切存有物，不就其『物質構造性』去認知其存有的本質，而由其『價值創造性』或『實用性』去肯斷存有的本質，這種存有的形態，我們可以稱它爲『價值存有』。」顏崑陽：〈論先秦儒家美學的中心觀念與衍生意義〉，頁409。

就是宇宙秩序，宇宙秩序就是道德秩序。仁本來是道德的，是道德
實踐之所以可能的最高根據，這是道德的秩序。但是仁無外，心亦
無外，心外無物，仁外也不能有物。萬物都涵蓋在仁這個道德心靈
之下，仁具有絕對的普遍性，當它達到絕對的普遍性時，仁就是宇
宙秩序，從這裡可以說一個道德的形而上學。〔註12〕

就牟氏所言，儒家的「道德形而上學」（moral metaphysics）絕不離仁體的實
有意義，並由此圓滿成立一應世且具普遍性的道德秩序、宇宙秩序。儒家「無
爲而治」之究極仍爲倫常、政教秩序而說，故無法脫離第一序「仁」體之展
現而存在。蔡仁厚在牟氏的理論基礎上，進一步由「實有層」與「作用層」
處對孔子之「體無」做出補充：

說孔子「體無」是可以的。……但孔子卻並不必然要「以無爲道，
以無爲體」。「無」作爲體來看，也是從體現上說，是屬於第二序的
體。孔子講的是「仁」，仁之爲體，才是實有層上第一序的體。在孔
子，實有層和作用層可以通而爲一。而且聖人之所以能「體無」，也
正是在於仁體的自然呈現，順勢流行。……儒家在實有層上一定肯
定仁，然後在工夫論上表現作用的無。〔註13〕

蔡仁厚之論點，是就個體「德性我」的明覺來說，因此掌握第一序的仁體，
便可以從「仁」來體現「無」的作用，故以孔子來說，其「體無」便展現在
無適無莫、無意必固我、隨心所欲不踰矩等行爲或心境表現上。然從仁體之
實有來說，儒家之「仁」並非僅關注個別「德性我」展現的成果，而是欲在
道德、政治、教化、人倫等各個面向建立起一具普遍性的儒家思想價值，因
此有修身、齊家、治國、平天下等內聖外王之工夫歷程。「仁」作爲儒家思想
第一序的存有，「無爲而治」便是「仁」於政教方面所展現的圓滿理境，因此
它是一價值創造上的存有，同時也是一實用性的存有，這個價值存有的完成，
《論語》中將之依託於舜，故有言：「無爲而治者，其舜也與！」《孟子》中
亦強調：「惟仁者宜在高位」〔註14〕、「君仁莫不仁；君義莫不義；君正莫不
正。一正君而國定矣。」〔註15〕仁者如舜之聖賢典型，確保了儒家「無爲而

〔註12〕牟宗三：《中國哲學十九講》（台北：學生書局，1999年），頁136。
〔註13〕蔡仁厚：《儒學的常與變》，頁161～163。
〔註14〕《孟子正義》，頁123。
〔註15〕《孟子正義》，頁136。

治」的完成；孟子所謂：「一正君而國定」的說法，亦暗示了「無為而治」的可能。由此可知，在孔、孟的思想中確實共同嚮往一「無為而治」的理想政治，而如此之理想政治的型態，乃來自於儒家對「太平治世」的一貫想望與憧憬，因而表現為儒家思想內部「價值存有」的理想。

　　從「治」的兩種涵義來理解儒家「無為而治」的基本內容，顯示儒家的「無為而治」有兩種不同層級上的意義。一是實質之價值存有的意義；另一則是「為無為」的道德實踐辯證歷程。前者之價值存有乃展現在對「無為之治世」的嚮往與理想性的追求，《論語・八佾》：

　　　　子曰：周監于二代，郁郁乎文哉！吾從周。〔註16〕
〈學而〉亦有：

　　　　先王之道，斯為美，小大由之。〔註17〕
從儒家講求對先王之道與上古三代禮文「從」之、「由」之看來，「無為而治」所展現的「治世」，實質上是儒家對於周文與先王之道的契應，故若能「從」之、「由」之，「無為之治世」自然可能被具體實現，因此「無為而治」乃成為儒家政治思想中的一種理想範型。

　　後者「為無為」的道德實踐辯證，則是為個人尋找一踐德的形式與根據，把對治世的嚮往與想像轉化為實踐性的道德原則，而不僅僅是架空在談抽象之概念或境界。如此，則在「仁」的實有觀照下，「無為而治」一顯為政治上的理想存有；另一則以「為無為」的作用展現實踐的成果。實有層與作用層通而為一，更可見「無為而治」的儒家色彩與思想理念。

二、「夫何為哉？恭己正南面而已矣」

（一）「恭己」

　　以「無為而治者，其舜也與」之陳述來看，能通過「為無為」的實踐原則，進而達到天下大治之效果的典範性政治人物，即為舜。舜之被推崇，主要緣因於其能夠「恭己正南面」。整體來說，「恭己」，主在能修其德，屬一內在修養工夫；「南面」，表其實踐了天子治理的權力，可見此非離開個人實際之名分權位去討論「無為而治」；而「無為而治」之所以可能，除了「恭己」的修養工夫，名分權位之「正」亦不可丟失。「恭己」，是「內聖」之修養進程；「南面」，是

─────────────

〔註16〕《論語注疏》，頁332。
〔註17〕同上注，頁313。

「外王」的政治理想;「正」,則相對是由內聖到外王所應有的原則。

　　「恭」,从共从心,許愼《說文解字》釋爲:「肅也。」段玉裁注曰:「持事振敬也。」〔註18〕是端正敬謹之意。《論語・子路》中有:「居處恭,執事敬」〔註19〕之說,〈公冶長〉亦有言:「其行己也恭,其事上也敬」,〔註20〕故南宋陳淳《北溪字義》中即明道:

　　　　誠與敬字不相關,恭與敬字卻相關。〔註21〕

「恭」與「敬」的關聯,由《說文解字》中訓「敬」之字義自可窺見梗概。《說文解字》云:「敬,肅也。」段玉裁注曰:「肅者,持事振敬也。」〔註22〕「恭」、「敬」、「肅」三字義在《說文》中同訓,顯見這三者的關聯早就其來有自。《尚書・洪範》:

　　　　二,五事。一曰貌,二曰言,三曰視,四曰聽,五曰思。貌曰恭,
　　　　言曰從,視曰明,聽曰聰,思曰睿。恭作肅,從作乂,明作哲,聰
　　　　作謀,睿作聖。〔註23〕

孔穎達《正義》曰:「此一重言敬用之事。貌戒惰容,故『恭』爲儼恪。《曲禮》曰:『儼若思。』『儼』是嚴正之貌也。『恪』,敬也,貌當嚴正而莊敬也。」〔註24〕由孔穎達之疏解可知,所謂「恭」,乃敬內儼外之意,心以敬直內,外則肅然而嚴正。孔穎達《正義》疏《詩・小雅・小旻》:「國雖靡止,或聖或否。民雖靡膴,或哲或謀,或肅或艾。」其於後兼述《尚書・洪範》「五事」曰:

　　　　叡、明、聰、恭、從,是君德也。聖、哲、謀、肅、乂,是臣事也。
　　〔註25〕

孔穎達將「恭」釋爲古代君德之一,「肅」釋爲臣事。姑且不論「恭」與「肅」

〔註18〕 〔漢〕許愼著,〔清〕段玉裁注:《說文解字注》(台北:黎明文化事業公司,1996 年),頁 508。

〔註19〕 《論語注疏》,頁 420。

〔註20〕 同上注,頁 347。

〔註21〕 南〔宋〕陳淳著,熊國禎、高流水點校:《北溪字義》(北京:中華書局,1983 年),頁 34。

〔註22〕 《說文解字》,頁 439。

〔註23〕 〔漢〕孔安國傳,〔唐〕孔穎達疏:《尚書注疏》,重刊宋版十三經注疏本,(台北:藝文印書館,2001 年),頁 170。

〔註24〕 同上注。

〔註25〕 〔漢〕毛亨傳,〔唐〕孔穎達疏:《毛詩正義》,重刊宋版十三經注疏本,(台北:藝文印書館,2001 年),頁 413～414。

是否眞如「君德」、「臣事」有著截然的差別，從《尙書・洪範》「貌曰恭」來看，「恭」應表一種內在心理狀態的安於合理之收斂與節制，「肅」即是「恭」展現於外的舉止情態。再由「敬」而言，劉翔《中國傳統價値觀詮釋學》中透過文字研究提出：

> 周代金文記錄的敬字，絕大多數用於表示恭敬謹愼，但又分兩種情況，一種是恭敬君王之命，勤勉王事。……另一種情況，敬字語義表示敬懼自身之行爲。……對自身行爲的敬愼，是主動的。這種自我敬愼的語義，引伸出警惕、戒備之意思。〔註26〕

「敬」之表敬懼自身的行爲，乃如周初金文《大盂鼎銘》所記之：「敬雍德經」，〔註27〕此便是周康王自我要求的行事座右銘。這種對自我外在行爲與心態的敬愼要求，一如「恭己」的表現，皆是從內心自發敬愼，故《周易・坤・文言》有：

> 君子敬以直內，義以方外，敬義立而德不孤。〔註28〕

孔穎達於下疏曰：「內謂心也，用此恭敬以直內；理義以方外者，用此義事以方正外物。」以恭敬而直內，對外則有義有方，此乃相應於前文孔穎達所疏之「恭」，是爲「敬內儀外」之要求；且所謂「義以方外」，講究的既是「用此義事以方正外物」，則「事」之所指旣爲已發生的事實，故「義事」乃是已有某種特定行爲、思維出現的實踐行動，而非僅只攸關個人「存心」的問題，此必特顯爲外在行爲之正當有義，始可能產生由「己」之「義」立，進而「方正外物」的無遠弗屆之效。若回到《論語・衛靈公》「恭己正南面」的說法來看，此中所謂「恭己」，本身已涵有敬以直內、義以方外的「敬」、「肅」之意，是對個人道德修養的內外要求，此工夫雖是人君「內聖」之所必然，然敬內義外的結果，除對外展現爲肅正莊敬之貌，在治道策略上亦同時要求人君之外在行爲與具體行動思維必須正當有義，才能成此有「方」於外之「義事」的內容，而此中「義事」的內容，卽如人君「正南面」所當行之事，因此儒家理想人君「恭己」內聖之成全，實際上無法脫離「正南面」來說，而唯有

〔註26〕劉翔：《中國傳統價値觀詮釋學》（上海：上海三聯書店，1996年），頁125～127。

〔註27〕華東師範大學中國文字研究與應用中心編：《金文引得・殷商西周卷》，《大盂鼎銘文》，周康王二十三年，4024條，（南寧市：廣西教育出版社，2001年）。

〔註28〕〔魏〕王弼、〔晉〕韓康伯注，〔唐〕孔穎達正義：《周易正義》，重刊宋版十三經注疏本，（台北：藝文印書館，2001年），頁20。

通過「敬內義外」之相濟，始可能成就「德不孤」之理念人君。誠如孔子之言：「德不孤，必有鄰。」此中「必有鄰」，正象道德作用之周遍廣遠，而適爲人君「恭己正南面」如何可能的正面寫照。

　　《論語》中的「恭」意，大致上是對君子的修養要求，不離「仁」與「禮」而存在。如子張問仁於孔子，孔子以「恭、寬、信、敏、惠」五者回應之，並明言：「恭則不侮」，此即如〈泰伯〉中孔子曰：「恭而無禮則勞」〔註29〕、〈學而〉中有子之言：「恭近於禮，遠恥辱也。」〔註30〕「恭」卻無禮以節，就是「足恭」，「足恭」之人是孔子不恥的對象，故《論語・公冶長》：

> 巧言、令色、足恭，左丘明恥之，丘亦恥之。匿怨而友其人，左丘
> 明恥之，丘亦恥之。〔註31〕

「足恭」，是超乎禮的諂媚對待，一旦超出禮的規範，則容易流爲「鄉人皆好之」的「鄉愿」，孔子明指「鄉愿」乃「德之賊」，〔註32〕《孟子・盡心下》亦補充說明：

> 居之似忠信，行之似廉潔，眾皆悅之，自以爲是，而不可與入堯舜
> 之道，故曰「德之賊」也。〔註33〕

悖禮之「足恭」，一如賊德之「鄉愿」，均是堯舜之道的「拒絕往來戶」，自然爲孔、孟所不恥。孔子所認定、強調的「恭」，乃是依循《尚書・洪範》中講究建國敬用「五事」而來，孔子將其進一步轉化爲君子修養之道，故有：

> 孔子曰：「君子有九思：視思明，聽思聰，色思溫，貌思恭，言思忠，
> 事思敬，疑思問，忿思難，見得思義。」〔註34〕

「貌思恭」，是君子「九思」之一；孔子所謂「君子之道四」中亦有「行己也恭」的要求。由此可知，「恭」在孔子的心目中，是作爲君子克己、行己之道，講究君子與世應對或退而居處時的正當合宜，〔註35〕故必以「禮」爲其內在本質，且其外在表現亦自然隨順禮之儀而「安」，展現「恭而安」的儒家君子

〔註29〕《論語注疏》，頁373。
〔註30〕同上注，頁313。
〔註31〕同上注，頁349。
〔註32〕《論語・陽貨》：「子曰：『鄉愿，德之賊也。』」同上注，頁458。
〔註33〕《孟子正義》，頁263。
〔註34〕《論語注疏》，頁451。
〔註35〕《論語・顏淵》：「君子敬而無失，與人恭而有禮；四海之內，皆兄弟也。」《論語・子路》：「居處恭，執事敬，與人忠；雖之夷狄，不可棄也。」同上注，頁409、420。

典型。〔註36〕由此言之，儒家所謂「恭己」，非僅是外在行爲的收斂要求，亦非無所差別地逕以恭敬示人；儒家「恭己」之內容，是敬以直內、義以方外的「敬」、「肅」表現，其以「仁」爲宗旨，以「禮」爲本質，從容自然地展現「恭而安」的君子之道，是儒家內聖的修養進程之一。

（二）「正南面」

「恭己正南面而已矣」，是孔子描述舜「無爲而治」治道之內容。「恭己」，即如前文所論，是對君子內聖的要求；「南面」一詞，《論語·雍也》中有：

> 子曰：「雍也，可使南面。」〔註37〕

黃俊傑曾就此論道：

> 孔子說「雍也，可使南面」這句話時，身處政治多元化的春秋時代（公元前722～前404年），大一統帝國尚未出現，孔子所說的「南面」明指南面爲王之意。〔註38〕

儘管「南面」一詞所指義涵，在歷來詮釋者不同空間與特定立場的詮釋下，衍生出許多不同的意見，因此有天子、諸侯、大夫卿相等相異的指涉，然黃俊傑經分析眾說後，已綜合指出此中說法之相異皆來自傳統政治權力滲透經典詮釋的結果，〔註39〕無涉於詮釋結果的眞假是非問題；且因「恭己正南面」明確直指舜之「無爲而治」，故本文仍將「南面」理解爲天子之事，以明「正南面」與儒家「無爲而治」的關聯。觀《易·說卦》中有言：

> 聖人南面而聽天下，嚮明而治。〔註40〕

聖人南面嚮明，正象離卦之炎亮明物，使物物皆相見，故聖人法天道南面而治，自有以天道耀明人道之意。又《禮記·大傳》中有聖人南面而治的實質內容：

〔註36〕《論語·述而》：「子溫而厲，威而不猛，恭而安。」同上注，頁368。
〔註37〕同上注，頁354。
〔註38〕黃俊傑：《中國孟學詮釋史論》（北京：社會科學文獻出版社，2004年），頁58～59。
〔註39〕黃俊傑曾於〈論東亞儒家經典詮釋傳統中的兩種張力〉一文，明白揭示因經典中承載的普世價值，與解經者身處的時間與空間特性之間存有緊張性，所以「南面」一詞會依隨詮釋者的不同詮釋立場產生意義上的變化，這是「在帝制中國大一統政治權力對知識活動的滲透作用」。黃俊傑：〈論東亞儒家經典詮釋傳統中的兩種張力〉，收入於《臺大歷史學報》第28期，2001年12月，頁1～22。
〔註40〕《周易正義》，頁184。

> 聖人南面而聽天下，所且先者五，民不與焉。一曰治親，二曰報功，
> 三曰舉賢，四曰使能，五曰存愛。五者一得於天下，民無不足、無
> 不贍者；五者一物紕繆，民莫得其死。聖人南面而治天下，必自人
> 道始矣。立權度量，考文章，改正朔，易服色，殊徽號，異器械，
> 別衣服，此其所得與民變革者也；其不可得變革者則有矣，親親也，
> 尊尊也，長長也，男女有別，此其不可得與民變革者也。〔註41〕

依《禮記》的說法，「治親」、「報功」、「舉賢」、「使能」、「存愛」乃聖人南面
最迫切的五項行政施爲。觀此五者，皆君事之屬，而其中用意不離安民與舉
賢任能，故「五者一得於天下，民無不足、無不贍者」，此是強調聖人南面治
世於人道處的關懷。另從制度面來說，聖人南面而治天下有其可變革與不可
變革之處，可變者乃制度服色，不可變者乃人倫禮法之內在精神。〔註42〕可
變之制度服色，是爲改故用新，重現禮制儀器所能作用之社會秩序；不可變
的人倫禮法精神，乃是文化的根本，是人道的固有秩序。《禮記・哀公問》中
有一段孔子與哀公的對話可作爲引證：

> 孔子侍坐於哀公。哀公曰：「敢問人道誰爲大？」孔子愀然作色而對
> 曰：「君之及此言也，百姓之德也，固臣敢無辭而對？人道政爲大。」
> 公曰：「敢問何謂爲政？」孔子對曰：「政者正也。君爲正，則百姓
> 從政矣。君之所爲，百姓之所從也。君所不爲，百姓何從？」公曰：
> 「敢問爲政如之何？」孔子對曰：「夫婦別，父子親，君臣嚴，三者
> 正，則庶物從之矣。……古之爲政，愛人爲大。所以治愛人，禮爲
> 大。所以治禮，敬爲大。……是故君子興敬爲親，舍敬是遺親也。
> 弗愛不親，弗敬不正。愛與敬，其政之本與！」〔註43〕

總結前兩段文字所言，不難發現儒家的「政治」與「人道」實爲一體之兩面，
因此政「必自人道始」，且「人道政爲大」；而此政治與人道又以不可變革之
固有的人倫禮法精神爲其內在本質，同時以此爲「體」，開展改故用新的制度
服色之「用」。所謂「人道」，以「治親」、「報功」、「舉賢」、「使能」、「存愛」
爲內容；所謂「政」，又以「愛」與「敬」爲依據，展現興敬爲親、禮敬爲正

〔註41〕 〔漢〕鄭元注，〔唐〕孔穎達疏：《禮記注疏》，重刊宋版十三經注疏本，（台
　　　　 北：藝文印書館，2001年），頁617。
〔註42〕 本文此處所謂人倫禮法之「不可變」者，乃依「禮」與「法」的內在精神與
　　　　 原理原則而言，而非由禮法制度之外在形式去認同一固定不變的行儀禮節。
〔註43〕 《禮記注疏》，頁849。

的政治型態。蕭公權討論孔子對於「政」的看法時，曾言道：

> 孔子思想中之「政」，不僅與近代學者所論者不同，且與古希臘柏拉圖之說亦有區別。近代論政治之功用者不外治人與治事之兩端。孔子則持「政者正也」之主張，認定政治之主要工作乃在化人。非以治人，更非治事。……柏拉圖之哲君爲一尚智之哲人，孔子之君師爲一尚德之仁者。君師以德化人，哲君以智治國。其爲人與權術俱不相同。〔註44〕

昔者「聖人南面而聽天下」的政治型態，經由孔子政治主張的轉化，致使儒家思想中的「南面而治」，涵攝了更多的政治智慧於其中。「南面」，是一政治權力的標誌，宣示政治主權的正統性與合理性，因此孔子主張「政者正也」，此「正」不僅是就有道之「正」，亦是權力分位的正當性；「南面」之「正」亦是，「正」乃指施政與分位之正。即如前言，人道之政是爲儒家施政之正，因此「南面」者必以「治親」、「報功」、「舉賢」、「使能」、「存愛」爲內容，以禮爲本質，以敬、愛爲根據，由此正父子、夫婦、君臣等人倫之序，自然能夠行德化而「庶物從之」、風行草偃！

第二節　《論語・爲政》「爲政以德」章之內在義涵分析

一、「爲政以德」

歷來討論到儒家「無爲而治」之主張，《論語・爲政》的「爲政以德」一篇多被援引來作爲互證：

> 爲政以德，譬如北辰，居其所而眾星共之。〔註45〕

其中「爲政以德」一句，多被視爲是儒家「無爲而治」理想足以實現的重要理據。前文言「無爲」是爲「無爲而治」之「用」，則此處之「德」乃是「無爲而治」之「體」與內在基本依據，是「德化」之身教。因此，「德」的觀念乃爲理解儒家「無爲而治」思想的關鍵樞紐，若能釐析出孔子理解「德」的

〔註44〕蕭公權：《中國政治思想史》（台北：華岡出版有限公司，1971 年再版），頁62～63。

〔註45〕《論語注疏》，頁320。

態度，則可進一步逆溯「爲政以德」之「無爲而治」與周代「疾敬德」之政德觀念間的聯繫。

此外，「居其所」，則爲「君其君」、「臣其臣」之道德倫理的分位，所有的名位必須有其「名」才能夠行其「權」，因此「不在其位，不謀其政」。在儒家思想體系中，「名」、「位」、「權」與「正」無法割裂來說，因爲唯有「正」，方能保證一切恰如其份、不逾越該有之分際。

現今專對「德」的研究討論，引用材料範圍極廣，研究成果亦十分豐富。諸家詳細考究「德」字之甲骨取象與相關字源的字義對比，論著成果斐然，推論、演繹亦甚詳，故本文乃酌引重要的相關說法以資參考，於此便不再重頭細索之。

郭沫若在三〇年代時，曾根據西周青銅器銘文推導出儒家「德」的相關內容：

> 德字始見於周文，於文以省心爲德。故明德在乎明心。明心之道欲其謙沖，欲在荏染，欲其虔敬，欲其果毅，此得之於內者也。其得之於外，則在祭祀鬼神，帥型祖德，敦篤孝友，敬慎將事，而益之以無逸。有德者得其壽，得其祿，得延其福澤於子孫。德以齊家，德以治國，德以平天下。德大者配天，所謂大德者必在位也。〔註46〕

郭沫若藉由彝銘之出土文獻，從內、外之得分析儒家「德」義，十分詳盡透徹，同時亦標舉出「德大者配天」、「大德者必在位」之原則。由郭沫若的討論可以發現，其認定「德」可分從內、外而觀其得。若析言之，「謙沖」、「荏染」、「虔敬」、「果毅」等，皆是個人內省其心的修德表現，象「德」字之從「心」爲意符；所謂「外」得，則由祭鬼神、帥祖德、孝友、敬事等處展現，此明顯講究一由個體而放射出去的人際敬德關係。《論語》中關於孝友、敬事之德說得很多；另有所謂：「慎終追遠，民德歸厚矣。」〔註47〕即類郭氏所言之「帥祖德」。此外，孔子雖對鬼神敬而遠之，其亦曾主張：「南人有言曰：『人而無恆，不可以作巫醫。』善夫！不恆其德，或承之羞。」〔註48〕孔子少數針對鬼神之事而發的言論，也不離德的原則要求。馮時討論儒家道德思想淵

〔註46〕 郭沫若：《金文叢考》，收入於《郭沫若全集・考古編》第五卷，（北京：科學出版社，2002 年），頁 67～80。
〔註47〕 《論語注疏》，頁 312。
〔註48〕 同上注，頁 421。

源的相關論文中提出：

> 內省其心，使心正爲德，這種思想直至西周才最終完善起來，這一
> 點透過「德」字由商代之「值」至西周之「德」的轉變便已反映得
> 很清楚。換句話説，周人將「值」字增加「心」符爲「德」，並作爲
> 道德的規範表述，正是他們所建構的獨特道德觀的體現，而這恰恰
> 爲晚起之儒家所繼承。〔註49〕

儒家承繼了周代「心正爲德」的觀念，並將之內化爲儒家道德規範表述的一
部份，此乃就「德」之得於「內」者言。春秋時期開始，周王室權力衰微，
諸侯各自爭雄，《左傳‧成公十六年》中即記有：「德刑詳義禮信，戰之器也。」
〔註50〕顯見爲顧及民心向背，在上位者除了「修己以敬」外，如何「恤民爲
德」〔註51〕、「德以施惠」〔註52〕乃成爲當務之急。《左傳‧文公元年》：

> 凡君即位，卿出并聘，踐修舊好，要結外援，好事鄰國，以衛社稷，
> 忠、信，卑讓之道也。忠，德之正也；信，德之固也；卑讓，德之
> 基也。〔註53〕

此言「忠」〔註54〕、「信」、「卑讓」之道，均指向是治國、平天下之「外王」
的政治原則，故《左傳‧僖公七年》有：「君以禮與信屬諸侯。」。〔註55〕另
《禮記‧緇衣》中亦記：「子曰：『故君民者，子以愛之，則民親之；信以結
之，則民不倍。』」；〔註56〕《左傳‧桓公十三年》：「君撫小民以信，訓諸司
以德。」〔註57〕「禮」與「信」，是「外王」不可丟失之德；而君民之間，「治
親」、「存愛」、「撫信」、「行忠」、「卑讓」亦是必要內容，此又與前文聖人南
面而治天下之「人道」五事、孔子：「愛與敬，其政之本」的說法相契應，故

〔註49〕馮時：《古文字與古史新論》（台北：臺灣書房，2007年），頁530。

〔註50〕〔周〕左丘明傳，〔晉〕杜預注，〔唐〕孔穎達疏：《春秋左傳正義》，重刊宋
版十三經注疏本，（台北：藝文印書館，2001年），頁472。

〔註51〕《左傳‧襄公七年》：「恤民爲德，正直爲正，正曲爲直，參和爲仁。如此則
神聽之，介福降之，立之不亦可乎？」《春秋左傳正義》，頁518～519。

〔註52〕《春秋左傳正義》，頁472。

〔註53〕同上注，頁299～300。

〔註54〕劉翔：「忠字，從心從中會意，造字的本義，就是在內心把握適中的原則。內
心適中才能處事公正，處事公正才能秉公無私而盡心盡力。許慎所説『盡心
曰忠』，這已是忠字後起的引伸語義了。」《中國傳統價值觀詮釋學》，頁131。

〔註55〕《春秋左傳正義》，頁215。

〔註56〕《禮記注疏》，頁927。

〔註57〕《春秋左傳正義》，頁125。

聖人「正南面」看似無所作爲,然其內在乃以「爲政以德」作爲理想預設。「恭己」與「正南面」,恰如行「德」之得於內、外者,內以「謙沖」、「荏染」、「虔敬」、「果毅」爲恭正自我的內容,正是「恭己」的展現;舜之「無爲而治」表面上雖是「恭己正南面而已矣」,看來似乎無何爲,然大德者配天而在位,需由祭、由祖德、由孝友、由敬事以篤民情,這是所謂「正南面」的治天下原則。故「爲政以德」之內容,實際指向一政治原理原則的合理運作,是聖人「正南面」而天下治的道德理據。

二、「譬如北辰,居其所而衆星共之」

「爲政以德」是聖人「正南面」而治的施行理據,「譬如北辰,居其所而衆星共之」則象聖王居所正位而「安其位」、「行其分」與衆人對德政的自然歸向。是故,從聖王之正位以觀,「北辰」之「居其所」便有進一步討論的價值。

「所」字,《說文》指出其本義爲「伐木聲也」,段注則進一步從「所」之假借義提出說明,並曰:「伐木聲,乃此字本義。用爲處所者,假借爲处字也,若王所、行在所之類是也。」〔註 58〕段注所謂之「王所」其實與「行在所」類義,是指古代帝王休息安寢的處所或指王之行宮。〔註 59〕由「处」與「所」的相互假借,及王之「居」抑或「處」位於行宮以觀,「所」字實可引申爲帝王之「居」或「王所定處之位」等義,故「所」乃同時具有「居」抑或「位」之義指。依此而言,此則文獻中所謂北辰、亦即人君之「居其所」,便是指其居於所當居之處,或者是處於所當處之位,而此即是孔子「正名」之論於德化之治中的具體展現。

東周自齊桓公以後,周天子已逐漸失去了發號施令的力量,孔子處於齊簡公爲其相陳恆所殺之亂世中,更親見晉文公稱霸後六卿專權的亂象,其實

〔註 58〕《說文解字注》,頁 724。

〔註 59〕《周禮‧天官‧九嬪》:「九嬪:掌婦學之法,以教九御婦德、婦言、婦容、婦功,各帥其屬而以時御敍于王所。凡祭祀,贊玉齍,贊后薦、徹豆籩。若有賓客,則從后。大喪,帥敍哭者亦如之。」此處之「王所」,鄭玄於其下注曰:「王所息之燕寢。」另《穀梁傳‧僖公二十八年》解釋「公朝于王所」一句時述曰:「公朝于王所。朝不言所,言所者,非其所也。」惠棟《九經古義‧穀梁傳》即釋:「王所者,猶漢時所謂行在所也。」亦即指王之「行宮」而言。以上參〔漢〕鄭玄注,〔唐〕賈公彥疏:《周禮注疏》,四部要籍注疏叢刊,(北京:中華書局,1998 年),頁 116。〔晉〕范甯集解,〔唐〕楊士勛疏:《春秋穀梁傳注疏》,四部要籍注疏叢刊,(北京:中華書局,1998 年),頁 93。

際面對春秋末期以來各種制度的崩壞潰亂，時時感到痛心疾首，於是從歷史經驗事實的反省中指出：

> 天下有道，則禮樂征伐自天子出；天下無道，則禮樂征伐自諸侯出。自諸侯出，蓋十世希不失矣；自大夫出，五世希不失矣；陪臣執國命，三世希不失矣。天下有道，則政不在大夫。天下有道，則庶人不議。〔註60〕

所謂「天下有道，則禮樂征伐自天子出」，正如天子「正南面」之論。天子承天之曆數而在位，以其天薦民受的正當性及其恭己自持之道德內蘊蒞位，同時就其「位」而擁有制定禮樂與主導國家征伐等大事之「權」。因此在孔子的認知中，「權」乃依恃「位」之「正」始得以擁有其正當性，是故孔子頻言：「不在其位，不謀其政。」曾子亦隨之而言道：「君子思不出其位。」〔註61〕此皆是儒家名實觀與「正名」思想的應世發揮。當天下無道、國君無法「正」於「南面」之位，則家國的命運便開始走向衰微之途。孔子曾以魯國爲例，反省陳曰：

> 祿之去公室，五世矣。政逮於大夫，四世矣。故夫三桓之子孫，微矣。〔註62〕

「祿之去公室」，便指魯國國君已失去「止南山」以治家國的力量，而政權落入名不正、言不順的大夫手中，這便是國君與大夫均未處於所當處之位所造成之名實與權力關係的錯位失序；此即如《左傳・哀公十六年》，子贛曾引孔子的話論道：「夫子之言曰：『禮失則昏，名失則愆。』失志爲昏，失所爲愆。」〔註63〕「失所」與「名失」之所喻，便是指當時「君不君，臣不臣，父不父，子不子」的錯位與罪愆，故在政治上出現臣弒其君或國君受諸侯挾制等亂象。由此看來，《論語》「爲政以德」一章雖似僅在強調德治之用可使百姓心嚮往之而主動歸向，然其中實寓示「爲政以德」之所以能夠合理施展的根據，乃在君臣皆能夠「居其所」而「安其位」、「行其分」，以此與德治相濡相成，自然能在一政治倫理分位的穩定與合理結構中，實現「眾星共之」的理想。

前文已論，北辰之「居其所」具有使民心主動「歸向」與對客觀面之倫

〔註60〕《論語注疏》，頁146。
〔註61〕同上注，頁128。
〔註62〕同上注，頁147。
〔註63〕《春秋左傳正義》，頁1041。

理「分位」秩序的深層思考。除此之外,《論語正義》有曰:

> 案《爾雅》釋文云:「北極,謂之北辰。」郭璞曰:「北極,天之中,
> 以正四時。然則極中也。」〔註64〕

就劉寶楠所引郭璞的說法,「北極」是天之「中」,其效用在「正」四時,故可知「中」與「正」乃「北辰」之特殊性格。同樣的說法可見於朱熹《四書章句集注》:「北辰,北極。天之樞也。」〔註65〕宋代陳祥道《論語全解》中亦有言:

> 天運無窮,三光迭耀。其中正而不移者,北辰而已。故天之樞則北
> 辰。〔註66〕

根據這些說法,可知「北辰」的「中」、「正」性格應爲歷代學者之共識。「爲政以德」一章以「爲政以德」與「譬如北辰,居其所而眾星共之」相對應,除了展現以德行政的順化之功,「北辰」的「中」、「正」原則恐怕亦是「眾星共之」之所以可能的根據。針對「爲政以德」與「眾星共之」的討論,漢學家安樂哲於此論道:

> 「政」,《定州論語》作「正」。用同源字「正」代替「政」,表達「正
> 確地統治」的喻意,是中國經典的慣用筆法。……這就是儒家的「無
> 爲」。統治的威信淵源於眾望所歸的權威,而不是高壓控制下的獨
> 裁。〔註67〕

「政」與「北辰」之「正」、「中」及儒家「無爲而治」的關係被聯繫起來,安樂哲的說法並非空穴來風。《論語·堯曰》即有:

> 堯曰:「諮!爾舜!天之歷數在爾躬,允執其中,四海困窮,天祿永
> 終。」〔註68〕

堯對舜的勉勵落在「行中道」上,故言「允執其中」;而舜同時又是孔子認爲得以行「無爲之治」的聖王典範。另《尚書·洪範》述武王克殷後,訪於箕子,箕子所陳治國之大法曰:

> 無偏無陂,遵王之義。無有作好,遵王之道。無有作惡,遵王之路。

〔註64〕 〔清〕劉寶楠:《論語正義》,四部要籍注疏叢刊,(北京:中華書局,1998年),頁762。

〔註65〕 〔宋〕朱熹:《四書章句集注》(北京:中華書局,1983年),頁53。

〔註66〕 嚴靈峰編:《無求備齋論語集成》第五函,(台北:藝文印書館,1966年)。

〔註67〕 〔美〕安樂哲、羅思文:《論語的哲學詮釋》,頁72~73。

〔註68〕 《論語注疏》,頁478。

> 無偏無黨，王道蕩蕩。無黨無偏，王道平平。無反無側，王道正直。
> 會其有極，歸其有極。〔註69〕

〈洪範〉這一則史料，一方面因其爲周代治國觀點，適可與孔子「從周」之「政德」相對照應；另一方面，〈洪範〉雖重點在錄禹之事，然箕子的論說由舜處死禹父鯀起始，鯀因堵塞水源，使洪水橫決亂流，因而被舜處死，後禹順水之性，終使地平天成。〈洪範〉中可見舜之怒殺與禪位的抉擇。禹順天下之常理，行不偏不頗之王道，所謂「無偏無陂」、「無有作好／無有作惡」、「無偏無黨／無黨無偏」、「無反無側」，已有儒家「中道」之色彩，故後言：「會其有極，歸其有極」，即謂歸於「中道」而治天下之意，而這樣的「中道」政治正是堯舜強調「允執其中」的終極理想。

欲有聖王臨天下以行「無爲而治」是可遇不可求的，如果孔子的「無爲而治」高懸在聖王理想之上，則其主張勢必得面對等待聖王的困境，而無絲毫施展的空間；然觀察《論語》中孔子的言論，可發現孔子並未放棄遙契聖王的理想，而是選擇由政德之「順化」與「民之所由」來會合「無爲而治」實踐之可能，並權宜將聖王臨天下「無爲而治」之理想性「大化」，承轉爲以「中」、「正」爲根據的「小化」型態。此「大」、「小」的差距並非是價值上的差別，而是範疇的差異。這樣的例子在《論語》中相當的多，如《論語·子路》：「苟正其身矣，于從政乎何有？不能正其身，如正人何？」又：「其身正，不令而行；其身不正，雖令不從。」另《論語·顏淵》：「季康子問政於孔子。孔子對曰：『政者，正也。子帥以正，孰敢不正？』」諸如上述，這一類例子中「正」所產生的影響，意味的都是一種「化」的型態，相對於「無爲而治」之順化天下來說，《論語》中「正」之「化」的範疇、格局較小，然二者對於「順化」的肯定是相同的。

〈中庸〉中有記，子曰：

> 舜其大知也與！舜好問而好察邇言：隱惡而揚善，執其兩端，用其中於民，其斯以爲舜乎！〔註70〕

堯舜強調「允執厥中」，亦實際「用中於民」。「中」與政治的關聯早有前跡可循，而「中」與「德」的關係亦牽動儒家「無爲而治」內容的詮釋。董根洪《儒家中和哲學概論》明白指出，周人之「德」是「中」之理性精神的張揚

〔註69〕《尚書正義》，頁173。
〔註70〕勞思光：《大學中庸譯註新編》（香港：中文大學，2000年），頁49。

與發展，其言：

> 德的本義是正見於心。因此德包含著人的中正之心。這時的「中」
>
> 已開始以中正不偏的觀念性的「正見」出現。〔註71〕

成中英又從儒家中庸哲學觀點指出：

> 從普遍性的中道的實現來講，中就是正；所以在行爲上，何者爲正，
>
> 正也就是中。〔註72〕

儒家「無爲而治」的關鍵，扣合舜之「允執其中」、「用中於民」的「中道」，又同步涵攝「爲政以德」的德化觀，且「德」同時又爲普遍「中道」、「正道」之實現。因此總結而言，孔子所謂「無爲而治」，重點非在實際作爲之「有」或「無」，其是爲實現儒家一貫之「中道」理想而存在，故以行中道爲依據，超越表現爲「中道無爲」的境界；而此「中道無爲」又有兩種不同面向的意義：一是「爲中道而後無爲」，此乃實際行中道而後民自從之，所以「無爲」。「行中道」之「行」，似是「有爲」，然其實是爲了擺落偏執兩端之「有」，因此以「有爲」成就「無爲」；亦即前文所言，此乃「有所不爲」與「進取有爲」經相對辯證後循中道而行所昇華之「無爲」；二是就「境界」來說，若可達至以「中道」治天下，則自然「無爲」而百姓自化，呈顯「無善弗爲」之理想道德境界。

第三節　原始儒家「無爲而治」基礎詮釋框架之確立

　　總前文所論，原始儒家「無爲而治」思想雖以「爲政」作爲直接思考的對象，然其與個人道德修養、聖賢典型模習的歷程卻形成密切的關係。狹義來說，「無爲而治」在儒家思想中乃直指一政治上的施爲策略，目的在維持一個穩定的政治倫理結構秩序；然透過「爲政以德」與舜「恭己正南面」的文獻分析，不難發現「無爲而治」中的爲政主張「必自人道始」，同時以人倫禮法爲其內在本質，故所謂儒家的「無爲而治」，根本上是建立在儒家整體對道德實踐的關懷上，相應於其肯定的仁德價值中，已約略可見「立典型」、「執中道」、「察倫序」的德化內容。

　　原始儒家「無爲而治」之「立典型」、「執中道」與「察倫序」等實質內

〔註71〕 董根洪：《儒家中和哲學概論》（山東：齊魯書社，2001 年），頁 37。

〔註72〕 〔美〕成中英：《合外內之道──儒家哲學論》（北京：中國社會科學出版社，2001 年），頁 130。

容須待進一步的詮釋以定論，然通過前引文獻的深層解讀，已可得見約略之內容雛形。概括來說，「立典型」的目的乃在追求潛移默化之道德薰習的推擴效應，經由對聖賢典型的道德欣慕，使人民在自然而然的情況下心悅由之，集體形成一股向上提升的力量。「執中道」，則在「有所不爲」──進取「有爲」──「無爲」的關係序列辯證中，開顯「無爲而治」之價值存有的本質意義，透過「無善弗爲」之非善不爲、無善不爲的積極道德實踐，發揮「無爲而治」之「中道無爲」的中心思想，進而成全儒家「止於至善」的終極關懷。「察倫序」，正是進一步把對治世的嚮往轉化爲實踐性道德原則的過程，由仁、恭、敬、肅、正、禮、信、行中、敬德等處具體實踐，確保「治」之可能性與正當合宜性，以明政治上的倫理結構及整個社會之人倫禮法的合理價值分位。由此觀之，「無爲而治」之理想政治型態在儒家思想中實現之可能，主要關鍵乃來自於「立典型」、「執中道」、「察倫序」三者同時俱是「無爲而治」思想內容的內在質料；而其外在形式正展現爲垂拱無爲而治之特殊政治型態；其目的則在行堯舜德政之教，使人民優遊、無所勉強而同時治定功成；最重要的踐德動力則肇源於聖王的「以身作則」與百姓受薰習後之自然「風行草偃」。通過這種對於儒家「無爲而治」思想之多面向與立體性視域的考察，已有別於以往「單一進行式」的平面理解。如孫瑋騂〈淺談孔、老的無爲政治觀〉一文中，曾以簡圖而示孔子「無爲思想」的內容──「上位者（正其身）→居敬行簡→百姓（不令而行）→無爲而治」。〔註73〕這樣的簡圖雖可以適度傳達詮釋者的詮釋意向，但卻可能單薄了儒家「無爲而治」本身的思想意向，使得儒家「無爲而治」僅鎖定在上位者「以正服眾」、「以爲化無」的單一型態中，切斷了其與歷史、時代環境的種種關涉，故爲了更清楚釐析出原始儒家「無爲而治」的思想內容與義理生成，本文於此首先建立起一立體性的詮釋視域與詮釋框架，希冀可以更整全地觀照儒家「無爲而治」思想之全面，進一步完成主客視域融合的深度詮釋！

　　綜合以上第一、二章的分析討論，原始儒家「無爲而治」基礎詮釋框架已隱然成形，下文將嘗試分項提舉之，以爲進一步深論之依據──

　　一、原始儒家並未系統性地以「無爲而治」爲獨立對象進行思考或建構出自成體系的一套政治哲學，而是在具體實踐的原理原則考量下，從儒家特殊的

────────────

〔註73〕孫瑋騂：〈淺談孔、老的無爲政治觀〉，《孔孟月刊》第 45 卷第 3、4 期，2006 年 12 月，頁 3。

「『爲』的哲學」思考修身、齊家之「私領域」與治國、平天下「公領域」並治的多元可能，〔註74〕回過頭來形成對「無爲而治」之理想政治型態的保障。依此而言，則「無爲而治」就其承繼堯舜之道的目的而論，乃是儒家理想道德價值中的第一序；然由儒家整體思想意義的完成來看，「無爲而治」於原始儒家之內在義理的理念實現與行動程序，反而來自於「衍生性」思考的結果。

二、從孔子「罕言」的態度與動機進行考察，原始儒家「無爲而治」的內在義涵或與天道有所關聯，且其同時扣緊「知」／「行」實踐的可能性來說，考慮道德實踐對中知以下者如何可能的問題。因此，原始儒家之「無爲而治」思想與天道、德、政間有著微妙的牽引關係，是進行詮釋時的重要研究鎖鑰。

三、經由儒、道、法三家思想之基本要義的外延界定，可比較對顯出原始儒家「無爲而治」之理想政治型態乃是以「德」爲體，以「立典型」與「模習」爲策略，以「德化」爲進路，講究由道德實踐處即「用」見「體」，故必觀照儒家踐德原則與工夫方得以顯「無爲而治」理念之要；另儒家踐德之「有爲」，乃是爲了成全「無爲而治」的理念存有意義，以「道之以德，齊之以禮」的理念爲依據，與法家「導之以政，齊之以刑」的趨向有所不同。

四、透過《論語・衛靈公》與〈爲政〉之相關篇章的深層分析，原始儒家「無爲而治」思想的展現，應有兩重不同的意向性（intentions）：一顯爲政治上的理想存有；另一則講究從「爲無爲」的作用檢驗道德實踐的成果。從原始儒家思想理解之「爲無爲」，與道家之「無爲」已有根本上的差異。儒家最終所肯認的「無爲」，是經過「有所不爲」與「進取有爲」有機辯證後的「無爲」模式，是一種「無善弗爲」的思想呈現，且必以儒家道德理念爲內容，以人道爲主要關懷進路，以行中道爲主要依據，超越表現爲「中道無爲」的特殊型態。

五、從一多面向與立體性視域爲進路，進行考察原始儒家「無爲而治」思想之內在義涵，則「立典型」、「執中道」、「察倫序」可視爲其內在質料；垂拱無爲而治之特殊政治型態乃爲其外在形式之表現；繼堯舜聖王之道以治

〔註74〕 余英時：「用現代的語言說，修身、齊家屬於『私領域』，治國、平天下則屬於『公領域』。『公』和『私』之間雖然在實際人生中有著千絲萬縷的關涉，但同時又存在著一道明確的界線。」余英時：〈現代儒學的回顧與展望〉，收入於《中國思想傳統及其現代變遷》，《余英時文集》第二卷，（桂林：廣西師範大學出版社，2004 年），頁 249。

定功成是爲目的；踐德動力則是在周文疲弊的反省與重建基礎上，肯認、正視聖王以身作則的順化之功與百姓自然而然「從之」、「由之」的修養呼應。

　　此基礎詮釋框架的確立，已初步裁劃出原始儒家「無爲而治」的角色定位、思想意向、思想型態、相關概念及基本之內容、形式、目的與踐德動力的煥發等，有助於從中揭示「無爲而治」深蘊而未發之內在義涵。

　　通過比較、分析、歸納、綜合等各種一般方法之妥善配套運用，本文已確立與原始儒家「無爲而治」思想研究直接相關的基礎詮釋框架。爲更突顯此基礎詮釋框架所能發揮的詮釋效用與詮釋框架的構設意義，本文雖未以土要研究方法視之，然此處仍欲進一步借用傅偉勳「創造的詮釋學」之五個辯證層次——「實謂」、「意謂」、「蘊謂」、「當謂」、「必謂」，〔註75〕來檢視此基礎詮釋框架於實際詮釋時所能發揮之的詮釋效用與詮釋價值。以這五個辯證層次來說，本文此階段所著力者便是在「實謂」與「意謂」的澄清與分析，通過原始資料的蒐集、詮釋效力的檢證等，確立史料的客觀性與正確性，同時進一步透過客觀的語意耙梳，設法發現相關史料中的脈絡意義。脈絡意義的確立，可以提供詮釋者更明確的詮釋方向與詮解線索，然若此脈絡意義無法關照歷史的積澱性及深度，無法聯繫思想的整體生成及義理發展關係，則此亦將流於是一種表象的、平面的語意說明，而非詮釋性的「深層義蘊」（deeper meanings and implications）。有鑑於此，本研究之下一章節乃亟欲通過「沿其流極而溯之」的進路，從歷時的角度切入理解原始儒家「無爲而治」思想的源流發展，以「史」的眼光去觀看、去反省、去檢證，進而在歷史的縱深中，尋繹出原始儒家「無爲而治」思想之發展譜系，進一步規劃出此研究議題內在的歷史意義！

〔註75〕傅偉勳把一般方法論的創造的詮釋學，分爲五個辯證的層次，分別爲：「實謂」、「意謂」、「蘊謂」、「當謂」、「必謂」等五個階段。一、「實謂」：「基本上關涉到原典校勘、版本考證與比較」；二、「意謂」：「通過語意澄清、脈絡分析、前後文表面矛盾的邏輯解消、原思想家時代背景的考察等等工夫，盡量『客觀忠實地』了解並詮釋原典或原思想家的意思或意向。」三、「蘊謂」：「關涉種種思想史的理路線索、原思想家與後代繼承者之間的前後思維聯貫性的多面探討、歷史上已經存在的（較爲重要的）種種原典詮釋等等。」四、「當謂」：「詮釋學者設法在原思想家教義的表面結構以下掘發深層結構，……從中發現最有詮釋理據或強度的深層義蘊或根本義理出來。」五、「必謂」：「批判地超克原思想家的教義侷限性或內在難題」。傅偉勳以爲，若要完成一個有效的創造性詮釋，則「五個辯證的層次，不得隨意越等跳級。」傅偉勳：《從創造的詮釋學到大乘佛學》（台北：東大圖書公司，1990年），頁10～11。

第四章　綱紀源流——儒家「無爲而治」思想發展譜系之建構

　　原始儒家「無爲而治」基礎詮釋框架確立後，以下章節乃可通過「史」的觀點與視域，在思想歷時性與連續性〔註1〕的理路線索中，進一步考索原始儒家「無爲而治」的發展譜系。此階段所作的詮釋亦正是傅偉勳所說「蘊謂」〔註2〕的掘發，講究從「史」的理路線索、主要思想家與後代思想承繼者間的前後思維聯貫性之探討、歷史上已經存在的種種原典詮釋等面向切入，穿透語言文字的平面描述，進入「史」的縱深中擘畫出此研究議題的深層意蘊與發展架構。

　　以往針對此議題的研究討論，多將「無爲而治」由動態的歷史脈絡中抽離，逕行平面且靜態性的概念訓釋。在這種詮釋進路中，「無爲而治」便僅能依各家思想之差異被概括理解爲「德化」、「道化」或「物化」之單一面目，而如高柏園所說：

> 筆者以爲，中國政治哲學中的『無爲而治』，基本上是隸屬於個人主體的一種境界，它缺乏一種客觀化結構的支持，也因此總是人存政存，人亡政息。〔註3〕

〔註1〕思想發展的連續性常常因主觀詮釋而被割裂成不連續的片段，此如葛兆光在《思想史的寫法》一書中反省所言：「當思想史的結構被寫作中的《思想史》著作安排爲若干章節時，前一『思想史』即眞正存在於歷史中的思想的歷史就被隱沒，而代之以後一《思想史》即寫作者理解視野中的思想的歷史，於是，章節就把歷史切割開來，連續性在這些章節中消失了，而思想則被思想史家分塊包裝起來供讀者任意採擷和閱讀。」參葛兆光：《思想史的寫法——中國思想史導論》（上海：復旦大學出版社，2004年），頁60。

〔註2〕傅偉勳：《從創造的詮釋學到大乘佛學》（台北：東大圖書公司，1990年），頁10～11。

〔註3〕高柏園：《韓非哲學研究》（台北：文津出版社，1994年），頁256。

高柏園認爲儒、道、法三家所謂的「無爲而治」基本上都是屬於主觀的、人治的治道型態，而「無爲而治」也就是聖人的境界，〔註4〕因此缺乏客觀化結構的支持，故總是人存政存，人亡政息。但是我們亦不能忽略，孔子主張「恭己正南面」之「無爲而治」雖懸繫在「舜」身上，然其並非認同「舜亡政息」的歷史結果，故孔子不僅僅單從緬懷的、喟嘆的消極態度去遙想「無爲而治」之美好，而是正視周代以來禮崩樂壞的文化隳壞狀況，企圖召喚聖王精神於當世再現，因此「舜亡政息」只是一個靜態歷史時間中的假命題，孔子所欲重示的是聖王「無爲而治」之跨時空、歷時空的「永恆價值」，〔註5〕自然必

〔註4〕 高柏園：「無論三家治道之異同如何，三家基本上都是屬於主觀的、人治的治道型態。此乃因爲三家之無爲皆隸屬於一主體之境界，因而重視聖人，而『無爲而治』也就是聖人的境界。」同上注，頁270。從概念上來說，「無爲而治」確實可指爲「聖人的境界」；然若將「無爲而治」置入歷史動態脈絡中還原其時代意義與思想角色，以儒家來說，則不難發現孔子除了把「無爲而治」視爲一具存有意義的「聖人境界」外，其實已試圖通過對聖王理想與周文化的承繼，重新創造性詮釋出一客觀化的踐德結構，且此客觀化的結構經過孟、荀思想之流衍更顯其完備。本文此章即欲在這種「源」／「流」關係的動態流衍中，還原重塑出原始儒家「無爲而治」中的客觀化踐德結構。

〔註5〕 孔子對於前代文化傳統的迎契與欣慕，時常被視爲是一種「退化史觀」的觀點在進行作用。這種將秩序之圓滿與時間性結合的史觀，林安梧別開生面地提出「道的錯置」之說法以因應之。其言：「所謂『道的錯置』，大概有兩個類型，一是『時間性之錯置』，另一則是『結構性之錯置』。『時間性之錯置』是將道的邏輯開展和時間秩序結合起來，並認定愈久遠的古代（即愈接近所謂的時間起點）則道愈接近圓滿俱足，經由時間的衍展，道因之而逐漸衰頹萎縮，一般俗稱『世衰道微，人心不古』即顯示此錯置之情形。『結構性之錯置』特別指的是政治階層結構所導致之錯置情形，以爲階層愈高者，其所分受於道者愈多，帝皇專制體制下最高階位的國君則是道的具體代表，其所分受於道者獨多，甚至更進一步直將之視爲道。」林安梧的論述系統中以爲，自孔孟而荀子到韓非，便是「徹底的造就」了這種「道的錯置」。以上參《道的錯置——中國政治思想的根本困結》（台北：學生書局，2003年），頁68。基本上，本文並不認同孔子是以一「退化史觀」的觀點去緬懷前代，其即便在「無爲而治」思想中重述對於堯舜等理想聖王與前代禮樂制度文化之嚮往，然其所欲重示的乃是聖王「無爲而治」之跨時空、歷時空的永恆價值，而不是僅肯定那樣的價值只存在於堯舜的時代中，因此孔子並非因厭棄當代而欲退回古老的傳統中；相反的，其欲召喚聖王精神於當世再現，正是肯認當代之創造與承續的可能，故是一種「即世而爲」的創造性思維。至於林安梧在「道的錯置」中所論「時間性之錯置」，又與以「退化史觀」爲定調的進路有些許出入，因其論是就儒家對於「道」的追尋而言，非單純從時間性的倒退來論定。若以原始儒家「無爲而治」之直接與間接文獻爲範疇上的限定，則確實可能存在有林安梧所謂「時間性之錯置」；但是在原始儒家「無

須在儒家的思想體系中進行創造詮釋，客觀擘畫出一套可以具體實踐的治道原則。此治道原則就其外緣而言，正如前文所論，是以「立典型」與人民的歸向「模習」爲策略，然「典型」之人格內容與政治要求爲何？「模習」效應又該如何推擴？這些問題的解答皆必須在原始儒家「無爲而治」之「以『德』爲體，以『立典型』與『模習』爲策略，以『德化』爲進路，講究由道德實踐處即『用』見『體』」的基礎詮釋框架中，肯認儒家所謂「無爲而治」的模式乃以儒家道德理念爲內容，以人道爲主要關懷進路，以行中道爲主要依據，而後重新聯繫「無爲而治」思想承續的動態歷史觀點，在「源」／「流」關係的整體觀照中，始得以十字打開儒家「無爲而治」的治道要義。

準此，以下章節亟欲以原始儒家「無爲而治」爲對象「沿其流極而溯之」，針對原始儒家「無爲而治」思想之「歸源」與「分流」分別進行考察，因此首先便是回到孔子的思想主張中，以其「無爲而治」的說法爲觀察基點，而後從歷時性的脈絡嘗試向上「歸源」、向下「察流」，揭示「無爲而治」觀念在儒家思想系統中之醞釀生成與轉化流變的過程。此從思想承繼關係進路尋繹出「無爲而治」思想聯貫與轉化之焦點，不僅可據以建構原始儒家「無爲而治」思想之發展譜系，亦可由此開啓重新理解原始儒家「無爲」思想義涵之可能。

原始儒家「無爲而治」中心意義之建構，孔子思想之創造性詮發實居關鍵的樞紐地位；同是原始儒家代表人物之孟、荀，亦有繼起衍流之功，分從理念與實踐處直契孔子主張，因此重要性亦不容抹滅。《孟子》一書中雖從未論及「無爲而治」，然孟子實際從「爲民父母」之德政與「立典型」、「模習」效應的開展兩端立論，在理念與理論上呼應孔子所謂「無爲而治」之理想政治型態；荀子則於禮義的功能處轉化「無爲而治」的本體意義而爲更積極的「效用」政治，強化儒家「無爲而治」即「用」見「體」的色彩。以下試分別論之，希冀可以客觀重構原始儒家「無爲而治」思想之發展譜系，同時進一步聯繫基本詮釋框架內容，切實篾訂出此思想之大要！

爲而治」的整體思維中，孔、孟是否實際以「認定愈久遠的古代則道愈接近圓滿俱足」的理念爲各自持論之主調，則筆者亦不敢貿然遽下斷語，特別是孟子在「典型」模習效應之推擴上，實際於堯舜之外，又從禹、湯、文、武、周公之聖賢譜系的建立來具體擴大模習的內容及效應，此與「道的錯置」之關聯，筆者恐須另文再論，將這個衍生問題釐析清楚。不過，筆者同意在原始儒家「無爲而治」的思想譜系發展中，自孔孟而荀子，特別是荀子將「無爲而治」中人君特質之圓滿視爲必要條件，已隱然形成以君爲尊的「結構性之錯置」。

第一節 「無爲而治」之「歸源」考察

一、舜:「克諧,以孝烝烝」與「至天下之善教化者」

《論語·衛靈公》有謂:「無爲而治者,其舜也與!夫何爲哉?恭己正南面而已矣。」〔註6〕〈衛靈公〉這則記錄是《論語》中唯一直接論及「無爲而治」的文獻,因此特別受到重視。前文已針對此則文獻中的基本概念進行過詮發與申論,然筆者以爲,若要較全面且徹底地掌握儒家「無爲而治」的義涵內容,除了孔子本身思想義理的展衍詮發之外,舜之人物典型在儒家思想中所代表的「符號」意義亦應當被重新標舉,進而拓展一重新理解的管道,如此乃可見孔子「無爲而治」思想之於舜之聖王政治與理想道德人格的欣慕及承繼。

楊儒賓在詮釋堯舜之所以具有「無爲而治」的能力時,曾將之歸諸於「天神」的神聖身份,其言:

> 堯舜據説「無爲而治」、「恭己正南面而已」,舜「彈五弦之琴,歌南風之詩,而天下治」。這種力量如是神秘,如是神聖,因此,我們很難想像這樣的感化力如何運作,也不知道它從何而來。但我們既然知道帝堯的身份之一乃是天神,我們即可瞭解他爲什麼可無言而化。……初民時代人君的一言一行,就像蝴蝶翅膀的振動一樣,它很快就會波及到宇宙的每一角落。〔註7〕

由楊儒賓的詮釋可以發現,他透過神話材料將堯舜「無爲而治」的能力視爲是一種因神聖性而存續的神秘感化力量,而足以保證此「神聖性」成立的內在根據乃來自於其特殊的「天神」身份所與生俱來的神性。因此,「無爲而治」

〔註6〕 〔魏〕何晏注,〔宋〕邢昺疏:《論語注疏》,四部要籍注疏叢刊,(北京:中華書局,1998 年),頁 439。

〔註7〕 楊儒賓在文中指出:「論及儒家的人君典範時,或單言帝堯,或言堯舜——先秦典籍中的堯舜常是攜手共現的,兩人同樣是禪讓政治的體現者,同樣是以人間倫理爲核心的道德政治之典範,兩人所代表的文化意義其實很難劃分。」因此雖然楊儒賓未進一步考察舜在原始神話中是否亦具有天神身份,然其言:「黃帝與堯舜所以被視爲天子的原型,乃因他們成立的依據都被設想在邈遠的神話或準神話的年代,是『上古存有論』意義下的人君之典範。」因此舜之形象的神聖性與文化性,乃同樣獲得保證。楊儒賓:〈黃帝與堯舜——先秦思想的兩種天子觀〉,載《臺灣東亞文明研究學刊》第 2 卷第 2 期,(2005年 12 月),頁 109。

實與神聖性義涵脫離不了關係。再就堯、舜於神話中的形象進行觀察，帝堯帶有「日神」的太陽神話色彩，並進一步發展成「光明」的道德意象；〔註8〕相形之下，舜在神話中的形象已不如堯有著強烈的神格身份，儒家孔、孟、思、荀不斷演繹、推衍的「舜」之形象，已非傳說或歷史眞相的考察，而是針對《尙書》等人文化典籍中所錄「舜」之事蹟理解的結果，〔註9〕因此舜之聖王典型在文化意義上所展現的更大效用是在「以人間倫理爲核心的道德政治之典範」上，此亦適爲孔子思想之所重所求處，故「無爲而治者，其舜也與」實寓有孔子之價值評價，而非單純僅是溢美之辭。

　　依據《尙書・堯典》的記載，舜的德行表現在其：「父頑，母嚚，象傲，克諧，以孝烝烝，乂不格姦。」〔註10〕宋代司馬光對此有謂：

> 所貴於舜者，爲其能以孝和諧其親，使之進進以善。自治而不至於
> 惡也。〔註11〕

父母之頑嚚、從弟之昏傲是舜所面對的生命課題，然舜「以孝克諧」，努力安頓「父子有親」、「長幼有序」之倫序原則的作法，在孔子眼中卻更爲可貴。歷來討論「舜」與「無爲而治」的關係，多從舜能「知人」、「舉賢」或由「君君」的政治思考切入，如陳熙遠即言：

> 強調爲政者當以民心民意爲依歸來舉賢任才，無疑是儒家一貫堅持
> 的政治理念，而這也正是舜得以平治天下的關鍵。……如果我們將
> 孔子「恭己正南面」的描繪，或是「北辰居其所」的譬喻，扣合其
> 「君君」的正名思想，那麼孔子顯然意在凸顯：理想人君由於位居
> 特殊的社會地位，對天下具有一定的示範作用；舜居君位而能克盡
> 君職，「君君」名實一正，上行下效，自然風行草偃。〔註12〕

〔註8〕　楊儒賓：〈黃帝與堯舜——先秦思想的兩種天子觀〉，頁108。

〔註9〕　吳冠宏：「作爲三代聖王的典範——舜，向來是孟子援引其事以寄理託義的對象，至於其傳說事蹟是否爲歷史眞相反而並非措意所在，故舜事本身在孟子乃至整個戰國諸子而言，並無絕對獨立的歷史意義，而一直是在諸子暢『理』的脈絡下來各展其貌的現象。」參吳冠宏：〈舜之兩難的抉擇：情法・群己・性命〉，載《聖賢典型的儒道義蘊試詮》（台北：里仁書局，2000年），頁18。

〔註10〕〔漢〕孔安國傳，〔唐〕孔穎達正義，〔清〕阮元校勘：《尙書注疏》，重刊宋版十三經注疏本，（台北：藝文印書館，2001年），頁28。

〔註11〕〔宋〕司馬光：《疑孟》，景印文淵閣《四庫全書・經・四書類・尊孟辨》卷上，（台北：臺灣商務出版社，1983～1986年），頁17～18。

〔註12〕陳熙遠：〈聖王典範與儒家「內聖外王」的實質義涵——以孟子對舜的詮解爲基點〉，刊載於黃俊傑主編：《孟子思想的歷史發展》（台北：中央研究院中國

孔子強調德化之「風行草偃」雖亦可由「君君」的政道思想來展現其內在理據，然所謂「爲政」，除了政治上的實際發揮之外，孔子同時強調「孝悌」與「爲政」的結合，故《論語・爲政》有言：

> 或謂孔子曰：「子奚不爲政？」子曰：「書云：『孝乎惟孝，友于兄弟，施于有政』。是亦爲政，奚其爲爲政？」〔註13〕

孔子以爲，惟有孝悌之道能夠兼備倫序與政治之效，因此《正義》即之而言：「爲政之道，不外明倫故，但能明孝弟之義，即有政道。」〔註14〕由此或可推知，孔子標舉舜爲儒家「無爲而治」之聖王典型的代表，恐怕不僅僅只是著眼於舜在政道上能「知人」、「舉賢」，或者是其於「君君」之正名思想上的發揮；另一方面亦實際上繼承舜「以孝克諧」的「孝悌政治」觀，充實「無爲而治」在治化上的道德感召力量。〔註15〕

以「孝悌」與「爲政」相結合，是孔子在「無爲而治」思想中極爲特殊的發揮，然何以孔子如此強調爲政者的「孝悌」實踐與治道間的相即爲用？此間必蘊含有孔子個人的主張於其中，且可能依託於「無爲而治」思想進一步將其理念貫徹展現。孔子引藉舜之「典型」衍申出這種特殊的理想政治型態，並獲得孟子的承繼與推衍，表示儒家「爲政」的終極理想，並不僅在「政」之權力關係的穩定與正當性的維持，或是以如何使民足食、有富爲主的經濟性考量；而是從政治實有型態去進行考慮，在「尊尊」之權力結構與政治分位的切當思考中，相濡以「孝悌」實踐爲主的「親親」血緣關係。孔子所面

文哲研究所，1995 年），頁 51～52。

〔註13〕《論語注疏》，頁 323。

〔註14〕〔清〕劉寶楠：《論語正義》，四部要籍注疏叢刊，（北京：中華書局，1998年），頁 772。

〔註15〕〔梁〕皇侃《論語義疏》中引蔡謨的說法曰：「堯不得無爲者，所承非聖也，禹不得無爲者，所授非聖也，今三聖相係，舜居其中，承堯授禹，又何爲乎？夫道同而治異者，時也，自古以來承至治之世，接二聖之閒，唯舜而已，故特稱之焉。」以上參〔梁〕皇侃：《論語義疏》，四部要籍注疏叢刊，（北京：中華書局，1998 年），頁 269。因應孔子標舉舜爲儒家「無爲而治」之聖王典型的說法，皇侃、蔡謨皆有進一步的詮釋，但皇侃、蔡謨此種詮釋將儒家「無爲而治」之可能全然鎖定在「聖」之承授上，故儒家「無爲而治」自舜後已再無開展的可能，此雖顧及動態的聖王承授關係，然卻忽略孔子對於變化現世的實際考量，無形中取消了「無爲而治」經由踐德實踐的可能性，致使「無爲而治」僅存爲一種理想的存有，故此義疏內容實爲皇侃強調儒家「無爲而治」之根據在「授得人」之特殊發言立場以成論，無法成爲詮解「無爲而治」時的代表性說法。

對從周代封建中心以下的政治結構跟社會結構，皆是以血緣爲宗族聯繫的基調，所以孔子在治道上之所思所想，不可能脫離血緣的自然存在關係去單獨討論一個政治問題，因此「舜」以「孝悌」與「爲政」結合之典型的樹立，於此方能展現意義。牟宗三曾謂：「儒家的『德』是以親親，尊尊，倫常，性情，道德的心性（仁義禮智），來規定。」又說：「親親尊尊是維繫人群的普遍底子」、是倫常、是「綱維網」。〔註16〕因此，「無爲而治」既是一德化的治道型態，則「舜」之典型意義，便不會僅彰顯爲「尊尊」爲主的政治倫序權力結構，而必須輔以「親親」之血緣倫序關係，使個人與群體在社會人際的網絡中獲得安頓。林安梧在此部份有精闢的論述，其言：

> 儒家的德化之治是透過血緣的倫理之情與宗法的社會結構去成就的，此乃是透過一種「情的關係」去成就，而不是以「知的關係」去成就的。也就是說從情性的眞實去建立一德性的眞實，並以德性的眞實推廣於倫理間架與社會架構中，而使之成爲德性存在的眞實。〔註17〕

在這樣的整體架構中，「舜」之典型性更具有其指標性的意義，不僅十字打開倫理情性而爲德性的眞實存在，並一以貫之，將之擴充爲儒家治道處應然的價值之源。如此一來，對於「民」而言，人君之「無爲而治」便不只是上對下的「治」或「理」，而是通過治道的作用，使民得以安身立命，且同時煥發民以儒家特有的「孝悌」政治觀，在「尊尊」與「親親」的相濟脈絡中，相續迭構爲「無爲而治」之終極治道理想與應世實效，成就儒家「無爲而治」中德性存在之眞實。

　　除孔子之說，孟子繼孔之後以彰顯舜之處，亦直契孔子強調「孝悌」與「政治」結合的理念。吳冠宏於此有論：

> 《孟子》中彰顯舜之所以爲舜之處並不在其善政仁方的具體作爲，卻是在其「號泣于旻天」的大孝之悲，「五十而慕」的孺慕之心，以及「象憂亦憂，象喜亦喜」的同體之仁，反而是《書經》及《史記·五帝本紀》中對舜作爲一內聖外王之典範的描摹有一較具體完整的展現。〔註18〕

〔註16〕牟宗三：《政道與治道》（台北：學生書局，1996年增訂新版），頁27～28。

〔註17〕林安梧：《道的錯置——中國政治思想的根本困結》，頁320。

〔註18〕吳冠宏：《聖賢典型的儒道義蘊試詮》，頁47。

舜在儒家中的形象，一如楊儒賓所說，是「一位制訂並體現倫理秩序與政權轉移方式的理念人君。這樣的人君被經典固定化後，經由孔、思、孟、荀的推衍，他變成儒家政治傳統最重要的符號。」〔註19〕舜之「南面而聽天下」與「善教化」的超越能力是具有無遠弗屆之效的，若僅依憑政治上「知人」、「舉賢」的安排，所能收到的效益恐怕只限於客觀秩序面的安頓，而無法眞正深入一普遍道德情感中去興發、感化。因此孔子之所以在「無爲而治」論述中推崇舜「恭己正南面」之「無何爲」，除了表明儒家「無爲而治」的論述是遙契堯、舜理想聖王典型而發論之外，亦可見孔子雖對堯舜「禪讓」多所稱許，然其主張的「無爲而治」重點已不在堯、舜的禪讓事蹟上著墨，而是舜個人由聖君典範所進一步開展「以孝克諧」之「人倫之至」與政治相結合的特殊治道型態。透過舜「至天下之善教化者」〔註20〕的形象，在客觀社會秩序與主體道德興發上顯自然而然、風行草偃的「順化之功」！

二、「從周」：「疾敬德」之政德觀念

歷來討論到儒家「無爲而治」的主張，《論語·爲政》的「北辰」一篇多被援引來作爲互證：「爲政以德，譬如北辰，居其所而眾星共之。」〔註21〕其中「爲政以德」一句，多被視爲是儒家「無爲而治」理想足以實現的重要理據。因此，「德」的觀念乃爲理解儒家「無爲而治」思想的關鍵樞紐，若能釐析出孔子理解「德」的態度，則可進一步逆溯「爲政以德」之「無爲而治」與周代「疾敬德」之政德觀念間的聯繫，進而證明孔子主張「無爲而治」實是對前代文化精神的繼承與修正轉化，非必由道家「無爲」思想立場稼接以成。

關於儒家「德」之思想的討論，已經有許多學者進行過精闢的演繹與研究。謝大寧在儒家基源問題的相關檢討時明確指出，「德」這一概念實際上經過一由神話、宗教意義轉變到倫理道德意義的過程。其言：

> 春秋以後仁義忠信這些概念已經具有了明顯的倫理性義涵，然而也
> 很明確的是這些倫理性義涵仍然根源於由「德——禮樂」所形成的
> 宗教性結構。〔註22〕

〔註19〕楊儒賓：〈黃帝與堯舜——先秦思想的兩種天子觀〉，頁127。

〔註20〕梁啓雄：《荀子簡釋》（台北：木鐸出版社，1988年），頁245。

〔註21〕《論語注疏》，頁320。

〔註22〕謝大寧：〈儒學的基源問題——「德」的哲學史義涵〉，刊載於《鵝湖學誌》第16期，1996年6月，頁24。

謝大寧將「德」之由宗教、神話性義涵向倫理性意義轉化的過程視為是孔子思想的「前理解」階段。〔註 23〕「德」的倫理性意義同時在孔子的闡發詮釋下，逐漸壓過其原始的神話、宗教性格，而以倫理美德的義涵統攝之。此與前文所論孔子對舜之理想聖王人格的承繼有異曲同工之趣，因為不管是「德」的宗教、神話性或舜之神話傳說事蹟與理想人格的描述，皆可見孔子於思想上刻意承接轉化的痕跡；且孔子除了對前代文化的「創造性繼承」，其對未知之神秘性、宗教性觀念亦同步採取尊重的態度，而非全然揚棄，因此開啟了理解這些觀念的另一種可能。

　　周代由「憂患意識」所衍生出來的「敬德」觀念，〔註 24〕主要以「德」符應天意，力保政權之不墜。此處的「德」，非今日所謂「道德」之「德」，而應如謝大寧所言之「德命」，也就是「以德承天命」的仰懷上天、順從天命之義；〔註 25〕亦即大陸學者楊建祥所論孔、孟所承之周人對於「德」的發現：

> 周人給予「德」從「天」的方面拉近，有一種本體論證明的傾向。⋯⋯
> 這一連串的天德互應、德天互動，表達出的是一種本體論語境：「德」
> 始終與天、與天道相關聯。因此這裡就產生了一個從天與民向德政
> 觀念的轉化：天是德的根據，德是受命於天的；這在周人那裡叫「以
> 德配天命」。對於統治者來說，應該承擔的責任和應盡的義務就是周
> 公界定的：「敬德保民」和「明德慎罰」。〔註 26〕

周人「明德」與「敬德保民」的觀念將「德」與治道緊密地連結起來；在此之外，孔子主張的「無為而治」乃進一步「將『疾敬德』以『祈天永命』之王者受命之政規轉而為『踐仁以知天』之個人進德之道範」，〔註 27〕不僅同步鞏固統治者以個人進德行為應天的模式，並順勢在「德」的綰合下合理吸納了「保民」的治道思想，如此則孔子思想中的「德」，不僅僅是人格養成的「德

〔註 23〕同前注，頁 2。
〔註 24〕徐復觀：「在憂患意識躍動之下，人的信心的根據，漸由神而轉移向自己本身行為的謹慎與努力。這種謹慎與努力，在周初是表現在『敬』、『敬德』、『明德』等觀念裡面。尤其是一個敬字，實貫穿於周初人的一切生活之中，這是直承憂患意識的警惕性而來的精神斂抑、集中，及對事的謹慎、認真的心理狀態。」徐復觀：《中國人性論史・先秦篇》（台北：臺灣商務印書館，1999年），頁 22。
〔註 25〕謝大寧：〈儒學的基源問題──「德」的哲學史義涵〉，頁 10～11。
〔註 26〕楊建祥：《儒家官德論》（南昌：江西人民出版社，2007年），頁 93。
〔註 27〕牟宗三：《心體與性體》（上海：上海古籍出版社，1999年），頁 164。

性」義，另一方面乃化成「爲政之道」中的「行德保民」義，這是對周文傳統詮釋與轉化的具體成果。

總結前文所述，孔子「無爲而治」主張的提出，內涵助緣之一是來自於其對神話中舜之形象寄理託義的結果，強調舜之以「人倫至道」與治道結合的自然順化之功；其次是承繼、轉化自周代文化傳統的創造性發揮，特別是在「德」之義涵的延續與開展上，融攝道德「德性」與治道之「行德保民」兩端，陶鑄「無爲而治」以「德」行之的德化性格。因此，孔子所謂「無爲而治」思想，實際上乃兼容了「順化」與「德行」的治道理想於其中，與道家「『無爲』之治」所指有別，思想本質上亦有所不同。

第二節　「無爲而治」之「分流」尋繹

一、孟　子

原始儒家「無爲而治」思想之成立，孔子著實扮演了相當關鍵性的角色。因「無爲而治」內在義涵之確立，並非單純僅是一前行成果的羅列與統整。實際上，原始儒家的「無爲而治」思想，甚至可視爲是孔子個人思想綰合時代思潮與承繼周代思想的結果，不僅在儒家思想體系中具有一定的重要性，就其義涵內容的整體性來說，亦確實可與道家的「無爲」主張分庭抗禮。繼孔之後，原始儒家中的孟、荀思想與「無爲而治」主張亦有直接或間接的關涉，唯孟、荀所面對的時代與社會問題皆已與孔子有別，故在相關詮釋說法上勢必各有偏重，對治焦點亦已隨世局轉移，因此本文乃亟欲於「分流」的視域觀照下重新理解孟、荀思想之於「無爲而治」的態度與主張，以客觀尋繹出原始儒家「無爲而治」思想的發展譜系。

《孟子》一書中雖未直接論及「無爲而治」與「無爲」的相關內容，然仍可由以下幾方面重新觀察孟子對孔子「無爲而治」主張的時代性反轉與思想承繼處——

（一）「反之」、「身之」與模習效應的推擴

通過前文之演繹，已可歸納出孔子「無爲而治」思想是以「順化」與「德行」之治道理想爲核心，而此「順化」與「德行」於治道上的具體展現，則必懸繫於堯舜之聖王典型的臨世與周代以來「行德保民」思想的發揮。孔子

面對周文疲弊的文化隳敗，選擇從上古的堯舜聖王之治中標誌一政治典範的模習與回歸，從價值存有處擘畫了原始儒家「無為而治」的理想政治藍圖；孟子身處於戰亂頻仍的戰國晚期，其政治主張又能如何突破時代環境的拘限，以遙契「無為而治」的聖王之道？

考《史記‧孟子荀卿列傳》之所記：

> 當是之時，秦用商君，富國彊兵；楚、魏用吳起，戰勝弱敵；齊威
> 王、宣王用孫子、田忌之徒，而諸侯東面朝齊。天下方務於合從連
> 衡，以攻伐為賢，而孟軻乃述唐虞三代之德，是以所如者不合。退
> 而與萬章之徒序詩書，述仲尼之意，作《孟子》七篇。〔註28〕

《史記》明載孟子在群雄爭霸的時代競逐中，仍以祖述「唐虞三代之德」為己任，後因政治抱負無法獲得施展，故退而繼述仲尼之意，作《孟子》七篇。由此足見，孟子當時對於政治政策的實際考量，仍不離「法先王」之聖賢相傳道統的承繼，因此鍾彩鈞據之歸納出孟子心目中理想的聖賢譜系：

> 我們看到兩種相關聯的陳述：一是堯、舜、禹、湯、文、武、周
> 公、孔子的聖人譜系，一是伯夷、伊尹、柳下惠、孔子的聖人類
> 型。〔註29〕

孟子思想中理想聖賢譜系的建立，實際上已顯示其對上古聖賢道統的欣慕與肯認。劉殿爵論及孟子「言必稱堯舜」的「尚古」思想時，即曾言：

> 尚古有雙重意義。其一，古人是道德素質的具體體現……。其二，
> 此等理想化的先賢常常被放到實際處境加以認真討論。〔註30〕

在孟子的言論中，確實將先王之事功當成對治當時政治困境的方針，同時反覆稱頌堯舜、文王之君道，亟欲掘發出上古理想化之聖王於當世所能展現的「典型」價值，所以孟子實是有意以聖王道德範型的具體體現為續，初步梳理出此理想化的聖王「典型」踐仁行義之治道型態與一般統治者的差別，故〈離婁下〉有云：

> 舜明於庶物，察於人倫。由仁義行，非行仁義也。〔註31〕

〔註28〕〔漢〕司馬遷：《史記》（北京：中華書局，1997年），頁2343。

〔註29〕鍾彩鈞：〈孟子思想與聖賢傳統的關係〉，收入於黃俊傑編：《孟子思想的歷史發展》（台北：中研院文哲所，1995年），頁2。

〔註30〕吳瑞卿譯，劉殿爵：《孟子所理解的古代社會》，收入於《採擷英華——劉殿爵教授論著中譯集》，（香港：香港中文大學出版社，2004年），頁175。

〔註31〕〔漢〕趙岐注，〔宋〕孫奭疏：《孟子正義》，重刊宋版十三經注疏本，（台北：

孟子認爲舜君道之所顯，主在其以仁義根於心，故「由仁義行」的結果，自然而然展現出仁義之價值，以仁義之心充分觀照人倫庶物，引導人民及萬物都能夠各安其位、各循其序，此即是舜之「同體之仁」的充分展現。「由仁義行」，是仁義心的自然發用，雖有「明察」之功，卻無「明察」之勞；「行仁義」，則必須是有計畫、有預設、有期望之工夫。此中「由仁義行」與「行仁義」的差距，即如〈盡心下〉所指：「堯舜，性者也；湯武，反之也。」〔註32〕「性者」，是依循本心本性之善而有的自然表現；湯武的「反之」則是反躬踐履、模習堯舜的結果。在孟子看來，仁德之「性者」可遇而不可求，但只要能夠進一步「反之」、「身之」，則「人人皆可以爲堯舜」，亦皆可能由刻意之「行仁義」轉躍而爲「由仁義行」之行政用德的從容理想型態，故其於〈告子上〉順勢指出一套模習原則：

> 堯舜之道，孝弟而已矣。子服堯之服，誦堯之言，行堯之行，是堯
> 而已矣。〔註33〕

一般人既無法如堯舜般天生而成，則唯有透過模習先王與聖賢的踐跡工夫，從經驗及後天修養處琢磨自己。抑或正因爲如此，孟子並不多談「無爲而治」的理想政治型態，因爲孔子所謂「無爲而治」理想實現之依據，必須懸繫在如堯舜之「性者」身上，然因堯舜難得，故孟子相對更傾心於「反之」與「身之」的後天模習效應，所以無形中反而將等待聖王以臨的被動情勢，積極轉化爲個人主動踐德之型態，並由此肯認「人人皆可以爲堯舜」，通過「孝悌」與「政治」結合的理念，由政治與社會倫序穩定和諧的根源處推擴展衍「無爲而治」的政治效用，故儘管孟子不就「無爲而治」之理想政治型態去論，然其亦未放棄「法」聖賢道統之於政治實用上的典範模習意義。〈離婁上〉即有言：

> 聖人，人倫之至也。欲爲君，盡君道；欲爲臣，盡臣道。二者皆法
> 堯、舜而已矣。〔註34〕

堯舜之道，是人倫、君道、臣道至極之法。孟子雖不從實際踐德的形式去談堯舜「無爲而治」如何可能的問題，但也未否定堯舜之道於政治上所能發揮

藝文印書館，2001年），頁145。

〔註32〕「反之」又可稱「身之」。《孟子・盡心上》：「堯舜，性之也；湯武，身之也；五霸，假之也。」同上注，頁260、239。

〔註33〕同上注，頁209。

〔註34〕同上注，頁123。

的積極意義，甚至有意以儒家聖人譜系的重新建立來擴大模習的效應，如〈離婁下〉：

> 禹惡旨酒而好善言。湯執中，立賢無方。文王視民如傷，望道而未
> 之見。武王不泄邇，不忘遠。周公思兼三王，以施四事；其有不合
> 者，仰而思之，夜以繼日；幸而得之，坐以待旦。〔註35〕

孟子以「好善言」、「執中」、「視民如傷」、「不泄邇，不忘遠」、「思兼三王」
等德行，以明禹、湯、文、武、周公施政之大要，並於其中寓託個人的政治
主張。以「善言」爲例，《孟子・公孫丑上》記：「禹聞善言則拜。」所謂「善
言」，孟子即曾曰：

> 言近而指遠者，善言也；守約而施博者，善道也。君子之言也，不
> 下帶而道存焉。君子之守，修其身而天下平。〔註36〕

孟子所謂「言近指遠」之「善言」，與「君子之言也，不下帶而道存焉」，均
在講求一從切身近處以踐至理的原則，故「君子之守」亦自有其階段歷程性，
展現爲由「修身」往「平天下」遞進的理想。孟子在追求承繼堯舜之道的理
想外，從禹、湯、文、武、周公之聖賢譜系的建立來具體擴大模習的內容及
效應，此已足見孟子其實積極從「反之者」處另闢蹊徑，欲重新開出一通過
模習與實踐行動所能達至「天下平」的踐德工夫。因此其於〈離婁上〉亦明
白指出：

> 人有恆言，皆曰天下國家。天下之本在國，國之本在家，家之本在
> 身。〔註37〕

學者張豐乾於此有謂：

> 「天下國家」在孟子的時代，就已經是一種常言俗語。但是，儒家
> 把修身作爲根本的出發點，推行至「家」、「國」、「天下」，是想爲「家
> 國一體」的社會政治結構提供德行理論的支撐，而並非漫無目的地
> 建構空中樓閣。〔註38〕

儒家「家國天下」結構之預設，正是從德行理論處寓託一由個人之踐德往「國」
與「天下」之平治躍進的可能，故孔子即有曰：「苟正其身矣，於從政乎何有？

〔註35〕同上注，頁145。
〔註36〕同上注，頁260。
〔註37〕同上注，頁127。
〔註38〕張豐乾：〈思孟學派與「民之父母」〉，收入於杜維明主編：《思想・文獻・歷
史——思孟學派新探》（北京：北京大學出版社，2008年），頁235。

不能正其身，如正人何！」；〔註39〕孟子亦從「君子之守」直契此由「修身」往「平天下」遞進的理想，並由此提出呼籲：

> 行有不得者，皆反求諸己，其身正而天下歸之。〔註40〕

「行有不得」一如孔子所謂「知其不可」之勢，孔子儘管已知「爲」難有得，依然義無反顧奔走於仁義的大道上；孟子則進一步在此基礎上主張「反求諸己」，從個人之「身正」照見「天下歸之」的可能。孟子之所以急切、積極地去強調「反之」、「身之」的工夫，或因當時世道混亂情況與楊、墨之言橫逸的時代局勢，讓孟子深深憂懼。〔註41〕面對仁義充塞等劇烈的時代變動，孟子的終身之憂絕非僅是禮樂疲弊崩壞的文化重建與延續如何進行的問題，其是以建立新的仁義政權爲志，此可以參考勞思光之論，其言：

> 孔子之「仁」只有純德性意義。今孟子以爲「仁者」必爲天下所歸，遂使「仁」有效用意義。……言「德治」者，以爲治亂之道，繫乎執政者之德性。此說之根源即在於「仁政」理論。蓋依孟子之說，「仁政」爲獲得政權及保有政權之條件；天下治亂悉以仁政有無爲斷。而仁政之施行，必有賴於掌政權者本身能立仁心。所謂「先王有不忍人之心，斯有不忍人之政」仁心能否建立，則即是德性問題。必須執政者有如此之德性，然後能由其仁心而施仁政，既有仁政，然後天下方能得治。於是，孟子之政治理想遂以「有德者執政」爲中心。此即後世所謂「聖君賢相」之政治理想。亦即所謂「德治」。蓋源於孔子而成於孟子之理論也。〔註42〕

故由政治上來說，孟子雖以孔子「無爲而治」理想中欣慕堯舜之道爲續，但其是以更宏觀的政治眼光，將「仁政」視爲是政權保有或存續的條件，把「仁」的德性意義進一步開展爲政治上切用的效用意義；同時將天下治亂繫於執政者本身是否能立仁心以行仁政，而非全賴於上古堯舜之治的欣慕懸想，故孟子思想中已將理想政治之可能由以堯舜之「性者」爲根據的唯一路徑，輻射

〔註39〕 《論語注疏》，頁 117。

〔註40〕 《孟子正義》，頁 126。

〔註41〕 孟子曾於〈滕文公下〉自述：「聖王不作，諸侯放恣，處士橫議，楊朱、墨翟之言盈天下，天下之言，不歸楊則歸墨。楊氏爲我，是無君也；墨氏兼愛，是無父也。無父無君，是禽獸也。……楊墨之道不息，孔子之道不著，是邪說誣民，充塞仁義也。仁義充塞，則率獸食人，人將相食。吾爲此懼。」《孟子正義》，頁 117。

〔註42〕 勞思光：《新編中國哲學史》（台北：三民書局，1981～1987 年），頁 183～184。

擴大爲「反之者」的模習與實踐效應；亦同時以更積極的態度，化「疾敬德」之政德觀念而爲更具效用意義的「德治」理論，且正因此「德治」理論乃源於孔子而成於孟子，於是更可見孟子對於孔子主張的存續與時代性轉化！

（二）「保民」、「養民」、「貴民」與「爲民父母」的政治觀

孟子對於「反之者」的肯定強調，在某種程度上擴大了聖賢道統的模習效應，於是由孔子「無爲而治」中「敬德」一脈推擴展衍成更具效用意義的「德治」理論。另孟子亦關注自周代以來之「敬德」與「保民」所繫「德」與「治道」的關係，故切實由個人思想處直契孔子所轉化「敬德」與「保民」兩端所成之「行德保民」理想，而爲「保民」、「養民」、「貴民」與「爲民父母」的「民本」政治觀。

以往討論孟子的政治觀，學者多以其「民本位」的思想前提爲據，從中闡明孟子與孔、荀之政治思想上的不同調，如蕭公權即言：

> 孟子之儒，不僅有異於荀，抑亦頗殊於孔。蓋孟子取人民之觀點以
> 言政，孔荀則傾向於君主之觀點也。〔註43〕

孟子「民本」思想的揭櫫，確是其與孔、荀政治觀之相異所在。但若就蕭公權的說法看來，其似乎認爲孟子「民本」之政治觀點的提出，乃是一種異軍突起之姿；黃俊傑於此亦引徐復觀的說法爲據，同時申明：

> 孟子這種民本位的政治思想，與大一帝國形成之後，君本位的政治
> 現實構成水火不容之敵體，不僅使孟子政治思想成爲輾轉呻吟於專
> 制政治下的中國人「永恆的鄉愁」，而且也突顯了幾千年來中國歷史
> 中「二重主體性」的矛盾。〔註44〕

蕭公權與徐復觀、黃俊傑等對於孟子政治思想的詮解，均傾向於以其「民本位」的主張去與「君本位」的政治現實進行比對照應，然在這種詮解模式中，卻不免使得「民」與「君」在「政治主體」的角力賽中，成爲無可調和的對立。因此筆者以爲，若能在儒家「無爲而治」源流譜系的整體觀照下，將孟子的「保民」、「養民」、「貴民」主張回置於「無爲而治」思想框架中重新詮釋，則或可由不同的理解進路中察得：孟子的「民本」政治觀非但是對前代思想的存續，且隱隱然是對儒家「無爲而治」之政治理想的修正與回應。以下即試述之。

蕭公權以爲，孟子的「民本」思想主要以「保民」、「養民」、「貴民」爲

〔註43〕蕭公權：《中國政治思想史》（台北：華岡出版有限公司，1971 年再版），頁 91。
〔註44〕黃俊傑：《孟學思想史論》（台北：東大出版，1991 年），頁 165。

內容，故有曰：

> 孟子本不忍人之心，欲矯當時虐政之弊，故於民生之塗炭，再三致
> 意而發爲「保民」之論。……抑又有進者，孟子雖以受歷史環境之
> 刺激，主張制產裕民，然並不與時代風尙相妥協而遂接受其功利主
> 義。……若反其道而行之，以不忍人之心，行不忍人之政，則不求
> 利而利在其中。……養民既爲政治之第一義，孟子乃更進一步而發
> 爲民貴之論。〔註45〕

總蕭氏所言，其認爲孟子「保民」與「養民」之論的成形，皆肇於其思想中
「不忍」之心的主張使然，且「民貴」之論乃由「養民」之義進一步衍發而
來。然如眾所周知，孟子思想中所謂「不忍」的惻隱之心，正是其「十字打
開」孔子仁道之要義的「四端」之一，〔註46〕《大戴禮記·衛將軍文子》記
有孔子稱讚顓頊「大仁」之論曰：

> 業功不伐，貴位不善，不侮可侮，不佚可佚，不敎無告，是顓孫之
> 行也。孔子言之曰：「其不伐則猶可能也，其不弊百姓者則仁也。詩
> 云：『愷悌君子，民之父母。』」夫子以其仁爲大也。〔註47〕

孔子引《詩》：「愷悌君子，民之父母」以讚顓頊「不弊」百姓之行，並以此
爲「大仁」，足見孔子仁道中本就寓涵有親愛百姓的政治理想，只是未實際系
統化爲「貴民」的理論。且《尙書·洪範》中即有：

> 天子作民父母，以爲天下王。〔註48〕

「天子作民父母」的思想，據張豐乾的考證，其主張：「『民之父母』的自覺，
似乎是周王室的一大傳統。」〔註49〕大陸學者楊建祥亦根據詳細的考證指出：

> 在周人那裡，「民」的價值觀念相比於在殷人那裡已提升了，而且是
> 從「天」之道那裡提升的，這也是民本觀念的發端和肇始。〔註50〕

若由此說，則「爲民父母」之重民、貴民思想的雛形實濫觴於周代，只是周

〔註45〕 同上注，頁89。
〔註46〕 陸象山：「夫子以仁發明斯道，其言渾無罅縫。孟子十字打開，更無隱遁，蓋
　　　　 時不同也。」南〔宋〕陸象山：《象山先生全集》卷34，（台北：臺灣商務印
　　　　 書館，1979年），頁396。
〔註47〕 〔清〕王聘珍，王文錦點校：《大戴禮記解詁》（北京：中華書局，1998年），
　　　　 頁110。
〔註48〕 《尙書正義》，頁171。
〔註49〕 張豐乾：〈思孟學派與「民之父母」〉，頁243。
〔註50〕 楊建祥：《儒家官德論》，頁91。

代統治者「為民父母」使命之實際賦予仍來自於天，不若孟子之言「以德行仁者王」〔註51〕的仁政效用理論；不過儘管如此，在孟子的思想中，亦不厭其煩屢次倡論「為民父母」的觀念，如〈梁惠王下〉：

> 孟子見齊宣王曰：「所謂故國者，非謂有喬木之謂也，有世臣之謂也。王無親臣矣，昔者所進，今日不知其亡也。」王曰：「吾何以識其不才而舍之？」曰：「國君進賢如不得已，將使卑踰尊，疏踰戚，可不慎與？左右皆曰賢，未可也；諸大夫皆曰賢，未可也；國人皆曰賢，然後察之；見賢焉，然後用之。左右皆曰不可，勿聽；諸大夫皆曰不可，勿聽；國人皆曰不可，然後察之；見不可焉，然後去之。左右皆曰可殺，勿聽；諸大夫皆曰可殺，勿聽；國人皆曰可殺，然後察之；見可殺焉，然後殺之。故曰國人殺之也。如此，然後可以為民父母。」〔註52〕

孟子見齊宣王時所說的這段言論內容，主要在提醒人君「進賢退惡」之道，此「進賢退惡」之道必以「國人皆曰賢」、「國人皆曰不可」、「國人皆曰可殺」為進用、除任、殺罰之據，因此人君應以「民視」、「民聽」為首要，而後在最周全客觀的考量下為民進賢退惡；且同時必禮遇「有世賢臣」，方得以使「四方瞻仰之」，並以之為治國之典範。〔註53〕孟子認為唯有此種人君才能夠稱得上是「為民父母」，此中最大的意義即在人君「進賢退惡」之知人舉賢能力的充分展現，可以遏抑「卑踰尊」、「疏踰戚」之違禮序、踰人倫的情況出現，而此循禮與倫序之正適為孔子「無為而治」理想之所以可能的要則之一。

另孟子所謂「養民」之道亦與「為民父母」主張多所連結，如〈滕文公上〉由「民事不可緩」進一步論曰：

> 為民父母，使民盼盼然，將終歲勤動，不得以養其父母，又稱貸而益之，使老稚轉乎溝壑，惡在其為民父母也？〔註54〕

又〈梁惠王上〉亦提出「為民父母」應有的「養民」之道：

> 庖有肥肉，廄有肥馬，民有飢色，野有餓莩，此率獸而食人也。獸相食，且人惡之；為民父母，行政不免於率獸而食人，惡在其為民

〔註51〕《孟子正義》，頁63。
〔註52〕同上注，頁41。
〔註53〕〔漢〕趙岐注曰：「言人君進賢退惡，翔而後集。有世賢臣，稱曰舊國，則四方瞻仰之，以為則矣。」同上注，頁41。
〔註54〕同上注，頁89。

父母也？〔註55〕

孟子理想中的「民之父母」，若綜合以上所論，則必是能夠知人舉賢、視民如傷、苦民所苦的人君典型，且是由百姓能夠安身立命之基本要求處進行思考。所謂「知人舉賢」的目的亦是講究吏治之澄清，才能「取於民有制」，使老稚皆能有所養。此即如文王、武王之德：「文王視民如傷，望道而未之見。武王不泄邇，不忘遠。」文王、武王在堯舜以仁「王天下」的仁政理想外，重新強調「君」、「民」實爲一體的「親」、「愛」關係，故由此亦可見孟子擴大聖賢道統的內在目的動機。

此外，《論語》中即可見孔子主張「養民也惠」是君子「四道」之一；《論語・堯曰》中子張問爲政時，孔子所言「五美」之一：「惠而不費」的「因民之所利而利之」〔註56〕亦與「養民也惠」相互發凡。《說苑・政理》中也有可作爲輔證的記載：

> 魯哀公問政於孔子，對曰：「政有使民富且壽。」哀公曰：「何謂也？」孔子曰：「薄賦斂則民富，無事則遠罪，遠罪則民壽。」公曰：「若是則寡人貧矣。」孔子曰：「《詩》云：『凱悌君子，民之父母』，未見其子富而父母貧者也。」〔註57〕

孔子以爲，政之要乃在「使民富且壽」，且此「民富且壽」的背後，實際寓含了「薄賦斂」、「無事」、「遠罪」等施政原則。此中可見「薄賦斂」足以使民富，而使民「無事」則自然可讓人民遠罪而有壽。所謂使民「無事」，即類於孔子所說的「使民以時」，〔註58〕在農隙時合宜使民，則人民自然悅而從上令；《孟子・盡心上》亦曰：「以佚道使民，雖勞不怨。」〔註59〕〈離婁下〉則有從禹行水以觀，曰：「禹之行水也，行其所無事也。如智者亦行其所無事，則智亦大矣。」〔註60〕可見使民以「無事」，不僅是合宜政令之實然，亦是契應先王之「大智」的應然之道。《說苑》雖是漢代的文獻，但仍足爲儒家思想之輔據，儘管孔子之言可能爲後人所託，然亦可見儒家政治思想的整體承繼關係與孟子「貴民」、「重

〔註55〕同上注，頁11。
〔註56〕《論語注疏》，頁44。
〔註57〕〔漢〕劉向：《說苑》（上海：上海古籍出版社，1995年），頁53。
〔註58〕《論語・學而》：「子曰：『道千乘之國，敬事而信，節用而愛人，使民以時。』」《論語注疏》，頁6。
〔註59〕《孟子正義》，頁231。
〔註60〕同上注，152。

民」思想後續於漢代的發揮。且《論語‧堯曰》中早有言：

> 興滅國，繼絕世，舉逸民，天下之民歸心焉。所重：民、食、喪、
> 祭。〔註61〕

民心之共同歸向，乃興國繼世之所以可能的必要條件，因此「重民」的思想
在孟子之前已有前跡可尋。孟子之前所謂的「重民」，是著重在考慮使民心歸
趨如何可能的問題，因此講究統治者行仁以爲政用，使百姓自然歸向並安於
此德治之政權；而孟子之政治觀對於「重民」思想的最大翻轉，乃是轉而強
調由民之「意志自決」的內在權力價值去衝撞「君本位」的政治現實，力求
符合「以德行仁者王」的理想原則。表現上看來，孟子的主張是有其強烈的
時代針對性與特異性，然從一思想的「連續性」剖析之，孟子所強調的「民
本位」思想除了是對前代「重民」主張的發揮外，其亦實際吸納了孔子「無
爲而治」理想中欣慕堯舜之道與周代「疾敬德」之「行德保民」兩端，而後
通過「性者」與「反之者」的深度辯證，在肯定「反之者」的基礎上，擴大
了聖賢道統的模習效應，消解了「統治者的主體性」，〔註62〕轉而具體強調「惟
仁者宜在高位」。所謂「惟仁者」，甚至不再拘限於堯、舜、禹、湯、文、武、
周公之道統譜系中，而是講究「以德行仁者王」，尊立符合「民之所欲」的理
想聖王。在此消長之間，「民之所欲」被相對標舉，統治者的政治主體性於焉
相對消解，且「以德行仁者」的存在是爲了滿足人民之需求與好惡，爲人民
營造一個能夠安頓自我生命的理想社會。

　　孟子以民爲本的理想社會，其內在要求即如新近出土文獻上博簡〈民之父
母〉中所謂「五至」。據林啓屏綜合濮茅左、季旭昇、顧史考等人的說法後，指
出此「五至」的內容乃爲「物、志、禮、樂、哀」。〔註63〕而季旭昇疏解有曰：

> 「物至」指徹底瞭解天地萬物之理，當然包括人民之所欲，「志」也
> 要跟著知道：完全了解天地萬物之理及人民的好惡之情就是「志
> 至」。……能完全了解天地萬物之理及人民的好惡之情，就能制定各
> 種政策、規定來導正人民，使之趨吉避凶，各遂所生，這就是「禮
> 至」。禮是外在的規範，要以樂來調和，才能恭敬和樂，……這是「樂

〔註61〕《論語注疏》，頁178。

〔註62〕黃俊傑：《孟學思想史論》，頁163。

〔註63〕林啓屏：《從古典到正典：中國古代儒學意識之形成》（台北：國立臺灣大學
　　　　出版中心，2007年），頁297～309。

至」。音樂能夠傳達人民最直接的情感，人民苦多樂少，要由此了解

他們心中的哀痛，……這就是「哀至」。〔註64〕

所謂「物至」、「志至」，其實正如孟子所說：「萬物皆備於我」與君子「上下與天地同流」的要求，如此之人君，其氣象具有飽滿的超越性與道德存有意義，故得以體民之所欲、苦民之所苦，合理建立禮的規範，「恭儉禮下，取於民有制」；而後通過樂之調和，除可顯盡善盡美之意外，在孟子的思想中，「王之好樂」亦正可檢驗人君的政治得失，顯示一「王與百姓同樂，則王矣」的可能。如此，則人君解消了自我的才智與個人好惡，在民之所欲、民之所苦處自我修正，自然可以通過「物、志、禮、樂、哀」之正，達到〈盡心上〉所謂：

王者之民，皞皞如也。殺之而不怨，利之而不庸，民日遷善而不知爲之者。夫君子所過者化，所存者神，上下與天地同流，豈曰小補之哉！〔註65〕

孟子思想中所謂的「民之父母」，除自身道德之飽滿無缺外，亦必須引導其下之百姓悠然自得於正道而無所勉強，使「民日遷善而不知爲之者」，發揮人君德量的具體作用，亦即由此契應孔子「無爲而治」的終極理想與關懷。此正如徐復觀所說：

儒家道家，認爲人君之成其爲人君，不在其才智的增加，而在將其才智轉化爲一種德量，才智在德量中作自我的否定，好惡也在德量中作自我的否定，使其才智與好惡不致與政治權力相結合，以構成強大的支配欲。並因此而凸顯出天下的才智好惡，以天下的才智來滿足天下的好惡，這即是「以天下治天下」。〔註66〕

孟子在承繼孔子「無爲而治」思想中，面對以堯舜之道爲中心所摹繪出來的理想政治藍圖，其重新通過對「性者」與「反之者」的深度思考及解構，研擬出一套以「民本位」爲主的「貴民」政治理論。此「貴民」理論的提出，除可由「君」／「民」相對關係的調適來看，亦可從孟子對於「無爲而治」理想的契應與修正處進行理解，如此便可在一思想「連續性」的觀照下，將孟子的「民本」主張回置儒家整體政治理想中重新定位，或不啻爲理解孟子

〔註64〕 季旭昇主編：《上海博物館藏戰國楚竹書（二）讀本》（台北：萬卷樓圖書股份有限公司，2003 年），頁 9。

〔註65〕 《孟子正義》，頁 231。

〔註66〕 徐復觀：《儒家政治思想與民主自由人權》（台北：八十年代出版社，1979 年），頁 219。

政治思想的進路之一。

二、荀子：禮義「外轉」之「無爲」及其效用開展

　　原始儒家另一個可被視爲「無爲而治」思想之分流的代表人物是荀子。韋政通曾詳論荀子思想，其見解周密且值得本文參考，故此不厭言詳摘引於下：

> 一開頭我們就曾經說過：「就先秦儒家所擔負的時代使命言，孔、孟、荀實可說有一共同的理想，此理想即欲以周文爲型範而重建一秩序。」可是，實現此理想的途徑，孔孟是内轉而重主體；荀子則外轉而重客體。内轉重主體，故以禮義本於人之性情，禮義之教即性情之教，目的在聖賢人格的完成。在這途徑中，治道亦落在聖德之功化上說。……此即由聖德之功化上以見化成之效，重點惟是在修身立德，德立身修可至天下平。在這裡，禮治與德治合一，禮義悉收縮在至簡至易無爲的德化中，而不能盡其在社會政治一面的效用。這是主觀的道德型態。……到荀子，他的問題，惟是一客觀問題，故外轉而重客觀之禮義。在荀子，性情屬自然本能，故禮義不從性情出，而生於聖人之僞。其目的不在人格之完成，而在明分使群。在這途徑中，治道不落在聖德之功化上說，而惟是就禮義之效用言。〔註67〕

從「治道」的途徑來說，孔、孟傾向以「聖德之功化」爲主，故一切「治」之原，必回歸至德聖兼備的「聖賢典範」處，以其德行之純然至善而明「風行草偃」之功。若由此說，則聖賢自於其本心本性處充足存在一浩然之德，進而通過此內在德性的作用，自然煥發百姓的道德本性以從之，故「無爲而治」的理想便得以依隨「順化」與「模習」的工夫順勢巍然而成。孟子雖爲因應時代環境所需，於「無爲」之踐德工夫處另闢蹊徑，由「反之」、「身之」處將「有爲」的思考納入儒家踐德模習之一環，然亦未悖離孔子所肯認之治道原則。在孔、孟的認知中，「無爲而治」是一具有本體意義的政治理想，「無爲」則是達至此理想的工夫進路之一。到了荀子，其客觀禮義型態的提出，已逐漸由禮義「外轉」的肯認，從禮義的功能處轉化「無爲而治」的本體意義而爲更積極的「效用」政治，如此不僅「無爲」一轉而爲行仁政的結果，且「無爲」於此反而兼攝孔、孟「無爲而治」之義涵，而以外轉的禮義效用爲其「無爲」的治道途徑，

〔註67〕韋政通：《荀子與古代哲學》（台北：臺灣商務印書館，1985年），頁77～78。

故徐復觀乃直謂:「禮治在荀子是走向『無爲而治』的統治術。」〔註68〕此時荀子的主張已略異於孔子當初所言之「無爲而治」的內涵,其「無爲」的說法亦明顯沾染有道家、法家學說的色彩。〔註69〕洪巳軒有論:

> 荀子無爲而治的治道理想其內容包含了「聞修身,未嘗聞爲國」的道德政治;「勞於索之,休於使之」的治約之道;「以類行雜,以一行萬」的王者之政。……其路徑既不從「推天道以明人事」來,也不完全只是從人道或政治權術著眼。因此,荀子無爲而治的治道理想顯現出儒、法思想的融合,而這也正是戰國中晚期政治思想的特色之一。
>
> 荀子所說的「無爲」可以說是相對於「有爲」而來的,而這裡所說的「有爲」並不單指妄作、妄爲等。荀子所反對的胡作非爲,還有那種汗流終日卻只是事倍功半的有爲。〔註70〕

由洪巳軒的說法可知,荀子「無爲」主張中所涵攝之原始儒家的「無爲而治」思想,仍在「家國天下」的結構中立論,故有所謂「聞修身,未嘗聞爲國」的道德政治主張;不過,對人君的要求已從知賢舉材以安百姓,更進一步雜揉道、法思想以追求至約、執簡御繁的治道理想。由此已可看出荀子「無爲」與孔、孟「無爲而治」思想的內在差距。另外,荀子的「聞修身,未嘗聞爲國」是扣緊「君」來說,故荀子的整體政治傾向雖仍是重人輕法的「德治」型態,然國家之道即繫於當世之「君」身上,與孔子由古代聖王理想出發的初衷有所不同。〔註71〕且由〈君道〉、〈不苟〉兩段文字更可見荀子「無爲而

〔註68〕 徐復觀:《儒家政治思想與民主自由人權》,頁140。

〔註69〕 學界亦有主張荀子所重在「有爲」而非是「無爲」的說法;然整體而言,荀子仍傾向於以人道「有爲」來成全「無爲而治」的治道理想。因此荀子雖強調「效率德政」,但其主張根源正如〈王霸〉中所言:「既能當一人,則身有何勞而爲,垂衣裳而天下定。」用人之當、舉賢任能之人道「有爲」,乃是「垂衣裳而天下定」之「無爲而治」理想的基礎,故荀子之「無爲」並非全然以「有爲」發論,而是相對於「有爲」的「無爲」,其主張的終極理想仍在「垂衣裳而天下定」的德政型態上。另本文將荀子列入儒家「無爲」思想發展譜系之「分流」一脈,主要乃因荀子「無爲」之主張雖混涵有黃老或法家思想,然亦可抽繹、統整出許多儒家的觀念,若捨去荀子的主張不論,則難明「無爲」觀念於儒家思想中的承遞與轉化狀況。故姑且不論荀子是否有「以儒爲本」的意識存在,其針對「無爲」、「無爲而治」的發論,仍可在歧出中見得自儒家思想轉化的痕跡。

〔註70〕 洪巳軒:〈荀子無爲而治的治道理想〉,載《中國文化月刊》第266期,2002年5月,頁15。

〔註71〕 韋政通即謂:「荀子所說的君,除不悖孔孟以德論君的傳統外,大部分的理

治」主張的分流狀況：

> 故天子不視而見，不聽而聰，不慮而知，不動而功，塊然獨坐而天
> 下從之如一體，如四肢之從心。夫是之謂大形。〔註72〕

> 推禮義之統，分是非之分，總天下之要，治海內之眾，若使一人，
> 故操彌約而事彌大。五寸之矩，盡天下之方也。故君子不下室堂，
> 而海內之情舉積此者，則操術然也。〔註73〕

同是論「君道」，荀子一以「大形」之「塊然獨坐而天下從之」立論，明顯已
摻涉有道家「無爲」思想的影子；不過，亦如徐復觀之論：「荀子則由『禮義
之統』而認爲可以達到『塊然獨坐』」，〔註74〕故其所謂「大形」之「兼能」，
又必由儒家「明禮義以分之」的禮義之統論起，此似乎回到儒家的禮義系統
中進行立論，然荀子實際上已將此禮義之統視爲具社會功能之可操用的政
「術」，而非同孔、孟以禮義本於人之性情的主張，故此中雜揉道、法家思想
之處亦十分明顯。另原始儒家「無爲而治」中人君「知人」、「舉賢」之能荀
子並未揚棄，故〈王霸〉中有：

> 人主者，以官人爲能者也；匹夫者，以自能爲能者也。人主得使人
> 爲之，匹夫則無所移之。……論德使能而官施之者，聖王之道也，
> 儒之所謹守也。傳曰：「農分田而耕，賈分貨而販，百工分事而勸，
> 士大夫分職而聽，建國諸侯之君分土而守，三公摠方而議，則天子
> 共己而止矣。」出若入若，天下莫不平均，莫不治辨，是百王之所
> 同也，而禮法之大分也。〔註75〕

荀子由論人主「官人」之能以符應「論德使能而官施之」的儒家聖王之道，
從此規劃出一以禮法爲要的執簡御繁之道，使天子「恭己」而天下平治成爲
可能，只是以君權治術爲論，致使其態度逐漸轉向後來法家論人主之術的型
態，故近人張海燕即謂：

> 荀子任人得當而身佚國治的說法是對孔子德政而無爲思想的片面繼
> 承，而荀子禮法並用的社會構想，則不同於孔子。當然，荀子任賢而

論仍表現了他的客觀禮義型態的特質：主張君是『善群』，是『管分的樞要』，
強調君當『以禮治天下』之義。」韋政通：《荀子與古代哲學》，頁 86。
〔註72〕梁啓雄：《荀子簡釋》，頁 167。
〔註73〕同上注，頁 31。
〔註74〕徐復觀：《儒家政治思想與民主自由人權》，頁 146。
〔註75〕梁啓雄：《荀子簡釋》，頁 146～147。

　　　　無為的思想，　也是對慎到等任法而無為說法的修正和補充。〔註76〕
「舉賢」、「知人」歷來被視為是儒家「無為而治」實行之所以可能的基礎之一，
然荀子「求才」的重點已轉而落在鞏固「君」的規範地位上，因此荀子「無為
而治」的主張，不若孔子是由一治道「理想」發論。在孔子的思想體系中，「無
為而治」如何實踐的問題被內化在儒家文化生命的精神中展現，因為它是對理
想聖王典範與前代文化精神契應的結果；相對來說，荀子則通過禮義的客觀作
用將「無為」視為「效用」政治的成果，故屢屢強調德政、簡約、效率等治道
上的實踐原則，從具體之「用」處充實「無為」的內在思想義涵。

　　　　勞思光評荀子為「失敗之儒者」，因其學說不能見心性之真，而逐漸歸於
權威主義，〔註77〕然以「無為而治」來說，荀子並非是脫離儒家德政思想而
立論，若逕言其為「失敗之儒者」或又太過。如果說孔子思想是遙契周文精
神予以修正轉化，則荀子亦是在孔子所言「無為而治」的本體精神下將「無
為而治」的理想存有於治道上付諸實踐，從禮義「外轉」的客觀型態，通過
對行仁政結果──「無為」的肯認，進一步實際建構出儒家「無為而治」的
體用關係與治道效用，故荀子不是不願肯定價值，而是其所肯定的價值非在
孔、孟價值哲學的內在理論建構上，他以符合時代性的「效率德政」來承轉
孔子的「無為而治」理想，發揮「無為而治」之「用」，應自有其思想上及面
對時代問題的所重所求處。

　　　　荀子會合各家思想，雖成為儒家思想歧出者，然若無荀子之承轉，許多思
想學說將只是高懸在理想與理論的殿堂上，逐漸被歷史淹沒。孔子以「無為而
治」的理想迎契前代文化精神，建立起儒家「無為而治」的思想譜系，其源一
方面來自於對舜之聖王政治與理想道德人格的欣慕，鍾情「以孝克諧」之「人
倫之至」與政治相結合的「順化」治道型態；另一方面則化合「從周」之政德
觀念，兼攝道德「德性」與治道之「行德保民」兩端，進而陶鑄「無為而治」
以「德」行之的德化性格，因此孔子之「無為而治」乃是兼融「順化」之功與
「德」之行的治道理想。亦可以說，儒家「無為而治」思想的本質意義在孔子
時已建立完成，其為儒家「無為」思想譜系之始；荀子乃繼孔子之後循涇分流，
以儒為本兼攝道、法思想，強調「無為而治」的治術之「用」，因此在儒家「無

〔註76〕張海燕：〈先秦無為說述論〉，收入於《中國哲學》17 輯，（湖南：岳麓書社，
　　　　1996 年），頁 48。
〔註77〕勞思光：《新編中國哲學史》，頁 343。

爲而治」譜系的發展認定上，荀子應當被視爲是「分流」後的歧出詮釋者，扮演「無爲而治」思想由儒家德政之「體」實際入「用」的關鍵角色。

第三節　小　結

　　「以周文爲型範而重建一秩序」，可說是原始儒家思想的重要發生意義。孔子在「從周」之仁德禮義的廣度吸納上，兼容以堯舜之聖賢道統的深度模習，十字勾勒出原始儒家「無爲而治」理想的政治藍圖。孟子繼之在此「無爲而治」的框架中，因應時代環境之所需，通過「性之者」與「反之者」的反省，擴大了聖賢道統的模習效應；同時在「保民」、「養民」、「貴民」與「爲民父母」的政治觀中，直契周代之重民思想與孔子「無爲而治」的理念主張。荀子則是繼孔之後循逕分流，結合道、法思想以立說，在禮義「外轉」的歧出說法主導下，使得「無爲」成爲施行仁政的結果，並以「無爲」總體兼攝孔、孟「無爲而治」的內涵。

　　就一「源／流」關係以審原始儒家「無爲而治」思想之譜系發展，可見孔子主張之「無爲而治」實是對前代文化精神的繼承與修正轉化。其源一方面來自於對舜之聖王政治與理想道德人格的欣慕，鍾情「以孝克諧」之「人倫之至」與政治相結合的「順化」治道型態；另一方面則化合「從周」之政德觀念，兼攝道德「德性」與治道之「行德保民」兩端，進而陶鑄「無爲而治」以「德」行之的德化性格。若將此承衍關係回置「無爲而治」之基礎詮釋框架中：所謂「以『德』爲體，以『立典型』與『模習』爲策略，以『德化』爲進路，講究由道德實踐處即『用』見『體』的相對關係與內容義涵將可進一步立體化。其中「德」之體，乃孔子轉化周人「以德配天命」的德命型態，而爲道德之德性與行德保民之人君明德特質，故涵融了「性之者」與生具有的「德性」、「反之者」修身馴德後實際踐德之「德行」，以及儒家期待理想人君展垷於治道上的「德智」與通過人君之「德智」所引導百姓由道德實踐所成就之「德慧」。此內具之天生「德性」，可能於治道上充分展現爲人君之「德智」；通過修身馴德後之「德行」，亦可能以「反之者」之姿依隨踐德而蘊養成理想的人君「德智」。唯不管人君之「德智」從何而致，其最終目的絕不離以盛德煥發民之「德慧」開啓的可能，在自然而然的情況下，薰化人民以超越的道德心靈回饋、回應聖王之治。

　　另「立典型」與「模習」的策略內容，在孔子思想中乃扣緊舜來講，通過「舜」形象的意象化，兼攝北辰「居其所而眾星共之」之歸向、模習，而成此君君、知人舉賢、有「天下而不與」暨人倫克諧的「孝悌政治」典範，故此「典型」必須能以一聖王之身份充分體現人間倫理秩序，縮合政治與人道兩端，成爲一個具普遍存有意義的理念人君。到了孟子，爲解決時代問題與因應迫切需要，乃逐步強調「唯仁者宜在高位」的仁政理念，故此典型又在民本的意識中聚焦於「仁者」身上。荀子「無爲」思想之分流，則又在仁政的系統中肯定外轉的禮義之統，因此其理想中之聖王「典型」，已轉出而爲一以禮法爲要、能夠執簡御繁的效用政治人君。荀子是原始儒家中申發「無爲」思想的主要代表人物，其所肯定外轉之禮義與「法後王」的主張，與孔、孟相較雖爲歧出，然其理念中「無爲而治」之理想人君典型內容與孔、孟實無二致，乃是：一個能充分體現人間倫理秩序，縮合政治與人道的聖王抑或仁者。且此聖王暨仁者，必具備有人君充分之「德智」足以啓發民之「德慧」，發展成爲原始儒家「無爲而治」之以聖賢爲模習典型的踐德形式。

　　嚴格說來，儒家「無爲而治」思想的主要內容在《論語》中已可探見梗概，孟、荀思想乃相續而爲「流」，故若由「源／流」以探，其譜系發展乃如以下圖例（一）所示；而就「無爲而治」思想之基礎詮釋框架聯繫「源／流」承衍關係的結果，則如圖例（二）。

圖例一　原始儒家「無爲而治」思想「源／流」發展譜系

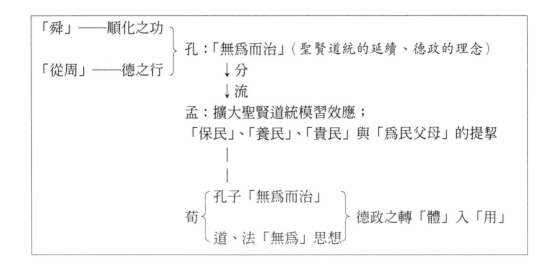

圖例二　原始儒家「無為而治」思想之基礎詮釋框架與「源／流」
　　　　關係的聯繫

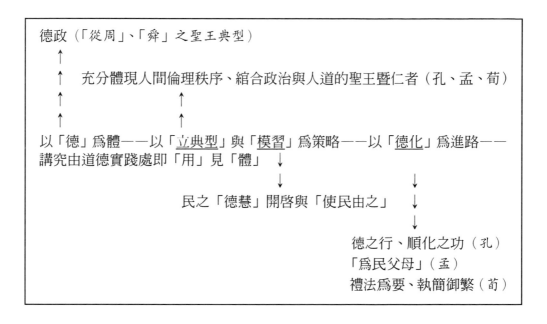

第五章 「立典型」・「執中道」・「察倫序」
——原始儒家「無爲而治」之實踐性與中心意義論證

　　總括前文之論，本研究初由儒、道與儒、法等相關外緣問題的廓清，已初步限定出原始儒家「無爲而治」乃以「德化」與「導之以德」爲其中心內容，且此「德化」與「導之以德」的德政型態，適爲儒家「無爲而治」之與道、法家有別的具體展現，而成此以「德」爲體，以「立典型」與「模習」爲策略，以「德化」爲進路，講究由道德實踐處即「用」見「體」的理想政治型態。繼之，通過直接文獻的深層詮釋與基礎詮釋框架的統合，乃見原始儒家「無爲而治」思想的展現，應有兩重不同的意向性：一顯爲政治上的理想存有；另一則講究從「爲無爲」的作用檢驗道德實踐的成果。政治上理想存有實現之可能，必得依恃儒家之於天道、上古聖王與郁郁周文的崇拜及肯認；而「爲無爲」之當行，則有賴政教之道德實踐的切實配合，始得成全此以儒家道德理念爲內容，以人道爲主要關懷進路之「無善弗爲」的終極理想。另，原始儒家「無爲而治」思想「源／流」發展譜系與內在義涵轉變之輪廓確立，是筆者在肯認思想「連續性」的基礎上，通過動態歷史視角的考察，進一步勾勒出來的原始儒家「無爲而治」思想架構與內容大要。孔、孟、荀各自在其所處的特殊時空中，承認由歷史而來的思想文化道統，亦爲因應不同的時代問題，在相續的傳統上轉化創造，於是有所謂「無爲而治」發展譜系與義涵輪廓之成立。

　　一思想概念的發展，既然可以由「源／流」關係考察其義涵內部的承變，

則表示此概念在被演繹、詮釋的基礎之上，亦必有其無法更易、妥協的價值與思想理念存在，此不變之「承」是儒家精神的共同發揮，亦即是牟宗三所說：「德化的治道」。〔註 1〕「德治」，是儒家政治理想永恆的堅持，而以「無爲而治」爲貫徹德治之極致；然此德治究是如何於天道、人道兩端，同步展現兩重意向性作用之實質價值？「無爲而治」之理想政治型態在原始儒家的思想體系中又是如何存在與落實？原始儒家「無爲而治」思想的中心意義又該如何聚焦？這些成組的問題與答案實際上凸顯了「無爲而治」思想內部的本質意義與實踐性意義仍有待進一步釐清，故本章亟欲在原始儒家「無爲而治」的詮釋架構基礎上，依序解決前列「問題／答案」的集合，重構「立典型」、「執中道」、「察倫序」之中心意義與相互關係，並由此辯證理解「無爲而治」之內容與踐德動力於政教上的實際推行運作，明鑒道德實踐之行動策略的實際內容；同時亦欲依循原始儒家「無爲而治」思想的系統性理路，由上至下、由表入裡明揭此思想的義涵全貌。

第一節 「無爲而治」
——天道與人道的兩重存在型態

一、天道——理想政治之超越根據

　　前文於第一章第二節討論到孔子「罕言」態度與「無爲而治」關係之詮釋限定等相關問題時曾明白指出，即如子貢的說法：「夫子之言性與天道，不可得而聞也」，故性與天道的議題是孔子極少進行申論的。若以孔子「存而不論」的態度爲基本假定，而能同時尋繹出儒家「無爲而治」之內涵實與天道或者人性趨向相關，則除可相對印證「無爲而治」之文獻材料於儒家典籍中「量」缺之必然，由此還原「無爲而治」的儒家本色與特殊存在型態外；亦可藉此照見「無爲而治」與天道間的相應關係，一步步裁劃出「無爲而治」的思想跨度，建構「無爲而治」於原始儒家思想中的系統性理路。下文乃嘗試論之。

　　孔子將「無爲而治」視爲堯舜聖王治道的極致展現，孟子則承此理念基

〔註 1〕　牟宗三將中國的治道概分爲三個主要的系統：一是儒家的德化的治道，二是道家的道化的治道，三是法家的物化的治道。參牟宗三：《政道與治道》（台北：學生書局，1996 年增訂新版），頁 26。

礎進一步納入禹、湯、文、武、周公等聖王典型，同步擴大了儒家聖王道統的內容。孔、孟所肯定之聖王道統內容雖有所出入，然二人皆強調此聖王道統之存在與合理政統遞嬗之所由乃是「承天之曆數」而來，亦即通過「天與之」的神聖傳遞，方可能確保政權的正當性與延續性。此中所謂「天與之」的過程，雖含有些許神格天的神聖作用，然主要乃在相對肯定聖王治道之能承天、應天、順天之德的具體展現，故當萬章進一步追問：「天與之者，諄諄然命之乎？」孟子乃答曰：「否，天不言，以行與事示之而已矣。……昔者堯薦舜於天而天受之，暴之於民而民受之。故曰：天不言，以行與事示之而已矣。」〔註2〕天接受堯之薦，並願將舜推及於民使民受之，主要原因乃在舜之行與事經天意肯定且皆順應天道而行，故自然受擁戴而在普世人道中具有主祭、主政、主事之正當性。若由此說，則在儒家思想內進行立論，孔子所謂舜之恭己正南面以至於無所爲之治的理想政治型態，亦必得在天道的照應下方得以合理朗現，爲「無爲而治」之實踐性意義尋得一超越的根據。

《論語・陽貨》中，孔子曾謂子貢以：「天何言哉？四時行焉，百物生焉，天何言哉？」的天道運行之理，實際表明天道雖無言、不言，卻自然使萬物有則、四時遞嬗而不輟。孔子或正於此洞悉了天道流轉中的無言自成之道，故其亦有曰：「予欲無言」，亟欲通過個人對於天道之理解，進一步將天道無礙的普遍價值實際落實成爲普世人道中的「無言之教」；只不過孔子所謂「無言」，其意並不在從一語言哲學的高度去反省、檢驗語言在傳道過程中可能導致的隔閡與誤解，而是實際預設了一以人應天的進路，推擴出人與天道間的垂直映照關係。天是自然宇宙的至高主宰，其以無言、無爲之道使得四時、百物皆有時、有則，若以此無爲而成有序之天道映照至人道，則人道中的統治者亦必要將此無爲而有成之天道理想具體落實，始得以由人道此端全幅朗現天道彼端之無爲而成的究極理想，一如〈泰伯〉中孔子有曰：「唯天爲大，唯堯則之！」〔註3〕堯舜之治可謂之爲「大哉」，正因堯舜乃則天、應天而行，方得以在踐德上有所依恃，進而能夠修己以安百姓、有天下而不私與焉，故儒家「無爲而治」之理想政治型態的實現必然無法脫離天道之超越根據，僅片段化（fragmentalization）

〔註2〕 〔漢〕趙岐注，〔宋〕孫奭疏：《孟子正義》，重刊宋版十三經注疏本，（台北：藝文印書館，2001年），頁164。

〔註3〕 〔魏〕何晏注，〔宋〕邢昺疏：《論語注疏》，重刊宋版十三經注疏本，（台北：藝文印書館，2001年），頁72。

或密閉化（compartmentalization）地在人道實踐處運作。

另《論語・八佾》中有記：

> 或問禘之說。子曰：「不知也。知其說者之於天下也，其如示諸斯乎！」
> 指其掌。〔註4〕

關於「禘」禮的內容，據《爾雅・釋天》有謂：「禘，大祭也。」〔註5〕《禮記・喪服小記》曰：「禮，不王不禘。」鄭玄注進一步將「禘」釋爲「郊天」，表統治者祭昊天配始祖之謂。〔註6〕鄭注又於〈大傳〉中補充說明：「禮：不王不禘。王者禘其祖之所自出，以其祖配之。」〔註7〕昊天乃天之極貴者，始祖爲先祖之所出，亦即人道之原，如此則「禘」乃貫聯天道與人道的郊祭之禮，以祭昊天配始祖爲其特殊祭儀，且特別是專屬天子才能行此禘祭之禮，故又具足君之正南面的正當性保證。許倬雲曾參照李宗侗和伊藤道治的說法，明確指出殷商的禘禮型態：殷人的禘祭乃是將天與祖神結合在一起的。〔註8〕正因「禘」所代表的是對天道與人道之原的雙重肯定，故謝大寧在經過對周代文獻的進一步考索後闡明：「孔子談到禘，就和他談到天道是一樣的。」因爲「禘」正指「對天之德命的崇拜而言」。〔註9〕孔子對於「禘」之內容採取存而不論的態度，卻又明白肯定能明「禘」之內容者，則治理天下便如同只要把掌心向上便可卓然有成。孔子「指其掌」，除表成事之易外；掌上既空無一物，而能使得天下平治，則已隱然透顯在孔子的思想中其實不只一處肯定「無爲而治」之可能，其癥結乃在當世如何實現的問題罷了。

「禘」，因其與天道的關聯，故孔子對其闕而不論，僅由禘祭的精神處出發，相對肯定掌上無物卻能平治天下的可能。從一般技術性的操作來看，無物便無所運作、難有作爲，然孔子之「指其掌」，實際上是從儒家道德可實踐、可超越的本質處著眼，因此反而成其「實」。一如前文第一章中所追索「無」之原始義涵，無所有之「無」在上古神秘性與神聖性思維的作用下，反而具

〔註4〕 同上注，頁27。

〔註5〕 〔晉〕郭璞注，〔宋〕邢昺疏：《爾雅注疏》，重刊宋版十三經注疏本，（台北：藝文印書館，2001年），頁97。

〔註6〕 〔漢〕鄭玄注，〔唐〕孔穎達疏：《禮記正義》，重刊宋版十三經注疏本，（台北：藝文印書館，2001年），頁592。

〔註7〕 同上注，頁616。

〔註8〕 許倬雲：《西周史》（台北：聯經出版社，1990年），頁96～97。

〔註9〕 謝大寧：〈儒學的基源問題——「德」的哲學史義涵〉，收入於《鵝湖學誌》第16期，1996年6月，頁33。

有「大」、「豐」等實有之義；此處孔子「指其掌」，表面上是空、無，實際上是對「禘」祭內容與相應天之德命的崇拜、對「禘」禮於人道中所展現君臣倫序之正當性的強調、對「禘」聯繫天道與人道的雙重肯定。因此《論語·八佾》中亦有記「禘」禮者：「子曰：『禘，自既灌而往者，吾不欲觀之矣。』」〔註10〕孔子之「不欲觀」，乃因魯國國君皆僭越周天子而行禘祭，此除逾禮外，已有違政權正當性所謂「天與之」的神聖傳遞過程，進而便可能引致政治倫序的隳壞與錯位，所以孔子對於魯國國君行禘祭十分排斥，此亦等於間接否定魯國國君可因明禘之禮意，雖無所作爲而完成天下平治的可能；而也就因爲如此，孔子自然不從當時國君的立場去談「無爲而治」於治道上如何可能的問題，轉而將「無爲而治」的理念懸繫於上古聖王道統中、懸繫於天道無言的自然運作之中，在順天、應天、人以德配天的天道層次上確立原始儒家「無爲而治」思想的超越根據。

二、人道——道德實踐之行動策略的實際內容

原始儒家「無爲而治」思想以符應天道爲其內在的超越根據，即順隨四時行、百物生的自然運作法則，賦予「無爲而治」思想自具備有活潑潑的內在驅動力，自然能夠有機串連、絀合政教上的諸多道德原則，以切合政教之所用，使其不因孔子罕言而失去其變化活用的義理生機。因此，從「爲政以德」爲中心出發的儒家「無爲而治」理念，除可激發「譬如北辰，居其所而眾星共之」的歸向效應之外，此中對於德政理想之流行與期待，亦正如《孟子·公孫丑上》所引孔子之謂：「德之流行，速於置郵而傳命。」〔註11〕即亟欲通過蘊養德之沛然、周遍，在人道中普遍無礙地實現「君子之德，風；小人之德，草；草上之風，必偃」的順化踐德歷程。

儒家「無爲而治」欲於政教中成此風行草偃的踐德成果，除了天道層次之內在超越根據的支持外，必須有道德圓善具足的聖王典型介入，扮演天道與人道間的溝通橋樑，方能使「沛然德教，溢乎四海」〔註12〕成爲可能。聖王典型之存在，除其行爲、本心足以爲人民取法的對象外，亦在將天道宇宙無何言的自然運作法則化爲可具體實踐的道德內容，故儒家是從實際踐德的

〔註10〕《論語注疏》，頁27。
〔註11〕《孟子正義》，頁51。
〔註12〕同上注，頁127。

「有爲」處顯「無爲而治」的理念存有意義，亦即儒家雖講「無爲而治」，然「無爲」的內容卻是與道德實踐之行動策略辯證後的結果，此和道家始終堅持由超越作爲的「無爲」路向，探見「人法地，地法天，天法道，道法自然」的治道理想誠然有別。若即如此，則儒家道德實踐之行動策略的實際內容又該如何定說，才能切當地規劃出儒家的「無爲而治」義涵？

徐復觀曾論儒家德治之「德」的內在意義，指出何晏、皇侃與邢昺的說法大體上皆採用老子的思想，至於朱熹《集註》之論，則是：

> 由老子之所謂德，轉到孔子之所謂德，與「志於道，據於德」之德，
> 可以貫通得上，但用在這裡，依然有點空洞籠統。〔註13〕

徐復觀所謂的「空洞籠統」，乃就朱熹《集註》釋「德」爲：「行道而有得於心」而言，認爲未若《語類》曰：「行之熟而心安於此」來得具體，因此出現「空洞籠統」的評價。徐氏所言大致不差，然眞正引起筆者興趣的，乃在徐氏所謂德治之「德」與「據德」之「德」的「可以貫通」上。總體而言，儒家「無爲而治」的要旨不離「政者，正也」、德治、仁政等概念，同時亦強調在上位者需具備任材與能的能力，使百工能夠協於分藝、遍於世用。以上數端雖可分立而各暢其說，然適巧合聚焦於「道」、「德」、「仁」、「藝」四目，故此中應有值得進一步「貫通」與豁顯之處，因而本節以下亦將別開生面，嘗試由「志道」、「據德」、「依仁」、「游藝」四目綰合道德實踐之行動策略內容與儒家「無爲」的辯證意義，希冀可以通過踐德路向的深入理解、詮釋，開啓原始儒家「無爲而治」思想研究的另一種可能。不過必須進一步說明的是，本文以下雖嘗試綰合「志道」、「據德」、「依仁」、「游藝」四目與儒家「無爲」的辯證意義，然實際上仍是狹義地說，其意義必須拘限在儒家「無爲而治」之思想架構中去進行理解始得以呈顯，故是以「志道」、「據德」、「依仁」、「游藝」四目來相對照見「無爲而治」思想的內在義涵，而非認爲此中「就有道而正」或「恭己」、「南面」之德、「譬如北辰」、「可以有制於天下」等說法即是「志道」、「據德」、「依仁」、「游藝」之內容。筆者於此先作出詮釋上的初步限定，以下乃嘗試論之。

（一）志道：「就有道而正」

《論語·述而》有謂：

〔註13〕徐復觀：《儒家政治思想與民主自由人權》（台北：八十年代出版社，1979年），頁96。

　　子曰：志於道，據於德，依於仁，游於藝。〔註14〕

邢昺對「志於道」疏曰：「道者，虛通、無，擁自然之謂也。王弼曰：道者，無之稱也，無不通也，無不由也，況之曰道。寂然無體，不可爲象，是道不可體，故但志慕而已。」又於「據於德」下疏：「德者，得也。物得其所謂之德，寂然至無則謂之道，離無入有而成形器，是謂德業。……依於德，游於藝文與此類。」〔註15〕由此疏義已明顯可知邢昺是根據道家思想中所謂「道」、「德」的內容去對「志道」、「據德」進行衍申性的詮釋，這樣去理解「志道」、「據德」的內在義涵，雖與儒家思想調性有所出入，然卻可由此相對見得「志道」、「據德」、「依仁」、「游藝」四目，正因其「志」、「據」、「依」、「游」的特殊行動性與「道」、「德」、「仁」、「藝」的抽象內容，乃間接使得此四目之義涵具有一再詮釋的空間，故邢昺得以通過此罅隙重新詮釋發揮，賦予「志道」、「據德」等以超越的道德意向。

　　邢昺之說雖不可據以爲儒家「無爲而治」思想的中心要義，然朱子之說卻有可參考之處，其首先針對四目分別詮說：

　　　　志者，心之所之之謂。道，則人倫日用之間所當行者是也。如此而心必之焉，則所適者正，而無他歧之惑矣。

　　　　據者，執守之意。德者，得也，得其道於心而不失之謂也。得之於心而守之不失，則終始惟一，而有日新之功矣。

　　　　依者，不違之謂。仁，則私欲盡去而心德之全也。功夫至此而無終食之違，則存養之熟，無適而非天理之流行矣。

　　　　游者，玩物適情之謂。藝，則禮樂之文，射、御、書、數之法，皆至理所寓，而日用之不可闕者也。朝夕游焉，以博其義理之趣，則應務有餘，而心亦無所放矣。〔註16〕

後又總括全章之意，曰：

　　　　此章言人之爲學當如是也。蓋學莫先於立志，志道，則心存於正而

〔註14〕《論語注疏》，頁60。
〔註15〕同上注。
〔註16〕〔宋〕朱熹：《四書章句集注》（台北：大安出版社，1996年），頁126～127。關於「游於藝」，案朱熹《四書章句集注》之錄爲「遊於藝」，藝文印書館版之《十三經注疏‧論語》中則錄爲「遊於藝」，爲顧及行文上的統一，本文原則上以《十三經注疏》所錄爲主，唯引述到《集注》相關說法時，爲兼及引文的正確無誤，仍以「遊於藝」行之。

不他；據德，則道得於心而不失；依仁，則德性常用而物欲不行；
游藝，則小物不遺而動息有養。學者於此，有以不失其先後之序、
輕重之倫焉，則本末兼該，內外交養，日用之間，無少間隙，而涵
泳從容，忽不自知其入於聖賢之域矣。〔註17〕

在朱子的詮解系統中，其將「道」釋爲「人倫日用之間所當行者」；「志道」
則是「心存於正而不他」。若由此說，則「志於道」便聚焦於「正」之上，講
究由存心、心適之正轉而投射、落實於人倫日用之間。再從「德」之字源間
接聯繫觀察，中國「德」字「從心从直」，據許愼《說文解字》釋「直」字，
其有曰：「直，正見也。」段玉裁於下注：「《左傳》曰正直爲正，正曲爲直。」
〔註18〕董根洪據之歸納指出：「德的本義是正見於心。」〔註19〕此「正見於心」
之所指，正即是「志道」之「心存於正而不他」的內在自我要求。另大陸學
者臧克和通過古文字的連類比對，整合指出「正」與「法」、「政」、「定」等
字源皆有聯繫，特別是「法」之古文字形直接標誌「有取於『正』」，故臧氏
直言「正」與「法」二字：「是二實一」，其同時進一步說明：在儒家思想中
合「法」亦即是合「德」的，也就是道德律令所肯定的。〔註20〕至此，已可
初步歸納出，「志於道」乃從心之所之去響應人倫日用中所當行者，故以心之
「正」爲必要條件、以合「法」〔德〕爲基本要求；至於所「當行」的內容，
則可在人倫日用的大範疇底下，由「正」與「政」兩端進一步申論理解。

論「正」與「政」的內容，是儒家思想的重要主軸之一，也是「無爲而
治」理念的實際發揮。孔子即曾謂：「政者，正也。」〔註21〕本論文第二章於
「正南面」的相關詮釋中亦已通過論證揭明，孔子主張「政者正也」，此「正」
不僅是就有道之「正」，亦是權力分位的正當性；「南面」之「正」亦是，「正」
乃指施政與分位之正。人道之政是爲儒家施政之正，因此「南面」者必在合
「法」〔德〕的要求下，以「治親」、「報功」、「舉賢」、「使能」、「存愛」爲內
容，以禮爲本質，以敬、愛爲根據，由此正父子、夫婦、君臣等人倫之序，

〔註17〕同上注，頁 127。
〔註18〕〔漢〕許愼撰，〔清〕段玉裁注：《說文解字注》（台北：黎明文化事業公司，
　　　　1996 年），頁 640。
〔註19〕董根洪：《儒家中和哲學概論》（山東：齊魯書社，2001 年），頁 37。
〔註20〕臧克和：《中國文字與儒學思想》（南寧市：廣西教育出版社，1999 年），頁
　　　　118～119。
〔註21〕《論語・顏淵》：「季康子問政於孔子。孔子對曰：『政者，正也。子帥以正，
　　　　孰敢不正？』」《論語注疏》，頁 109。

自然能夠行德化而庶物從之、風行草偃！

　　歸納以上的說法，已可進一步發現：孔子通過「政者，正也」所深入申說之人道之政與聖王形象典型，在「政」與「正」暨「合德」的一貫立意下，已不僅在單純描述古代聖王之治的內容，而是在這儒家所肯認的理想治道之永恆價值中，從當代「人君」的立場，去框設一由古代聖王之治遞衍下來之理想治道的傳統，並由此揭明此中所應具足的治道原則與應然意義，進一步在當代拓闢出實踐理想治道之可能進路，故得以在歷史時間的變動與遷化中，通過「政」與「正」暨「德」的承轉，使上古聖王「典型」之轉化與再現於當世成為可能。即此而言，則可知原始儒家「無為而治」思想雖以堯舜之聖王形象與其治道精神為施政之「典型」，然此「典型」意義並非停滯在對上古治世的嚮往或遙想中，因此孔、孟雖不斷從上古聖王之事蹟去反覆申說理想治道的內容與原理原則，然其實是欲由此提供當代的政治人君一典型模習與自我反省的正道路向，是故當子張問孔子：「何如斯可以從政矣？」孔子答曰：「尊五美，屏四惡，斯可以從政矣。」〔註22〕觀其所謂「尊五美」的內容，是為「惠而不費，勞而不怨，欲而不貪，泰而不驕，威而不猛」之原則與「因民之所利而利之」、「擇可勞而勞之」、「欲仁而得仁」、「無眾寡，無大小，無敢慢」、「正其衣冠，尊其瞻視，儼然人望而畏之」等實際行動之發揮。「惠而不費」與「因民之所利而利之」，正是聖王之治中保民、養民之道；「勞而不怨」與「擇可勞而勞之」，是「使民以時」之仁政理念的具體展現；「欲而不貪」與「欲仁而得仁」，乃是人君或領導者正見之心的發用；至於「泰而不驕」之「無眾寡，無大小，無敢慢」與「威而不猛」之「正其衣冠，尊其瞻視，儼然人望而畏之」，便是以莊臨之而不顯傲與聖王之道中「恭己」自持的直承。這些治道理念與原則的表陳，均不是孔子無中生有而來，此明顯是對聖王理想治道之典型性深入理解與詮釋後進一步轉化、再現的當代意義，通過孔子的轉介，而足以為當代政治人君所引以借鑑與模習者。如眾所周知，孔子晚年曾帶著弟子周遊列國，或許亦正是希望能重新尋得一個肯認古代聖王之治的價值與孔子胸臆之當代政治人君，通過模習與實踐轉進，將古代聖王的「典型」意義暨價值通過轉化而於當世中再現。

　　依此而言，則政治人君內在之「志」如何發用，與其「志」之所之的初衷便更顯要緊。當「志」之正見意向為治道上的正直，則「道」的內容便合

〔註22〕同上注，頁 178。

理展現爲「治親」、「報功」、「舉賢」、「使能」、「存愛」等聖王南面而正之政德，且此政德必以禮爲本質，以敬、愛爲根據。如此一來，此中「志道」的主體對象，便是針對德善具足的聖王抑或後代模習有成之政治人君而言，使得「志於道」的理想得以在治道中充分發揮。

另，若回到朱子「志道」之「心存於正而不他」的說法來看，朱子所謂「學莫先於立志」之「學」，亦有進一步詮釋的空間。朱子所說的「學」，便是就學習聖人之事入說，其是直接把「志道」、「據德」、「依仁」、「游藝」視爲士人學習之進程，故認爲此四目具有先後之序、輕重之倫。本文不從此四目的先後進程關係切入討論，而欲聚焦在「志於道」與「學」在治道上所可能產生的效應進行發揮，藉以由「學」探見「志於道」與「無爲而治」的相聯繫關係。

在《論語》的體系中，孔子所說的「學」其實有兩層意義，一是指單純的學問、知識之「學」，如「行有餘力，則以學文」，抑或「學而不思則罔，思而不學則殆」之「學」；另一則是「就有道」之「學」。《論語‧學而》中即有曰：

子曰：君子食無求飽，居無求安，敏於事而慎於言，就有道而正焉，可謂好學也已。〔註23〕

其於〈里仁〉中又有謂：

子曰：士志於道，而恥惡衣惡食者，未足與議也。〔註24〕

「食無求飽」、「居無求安」正顯示君子不以惡衣惡食爲恥，是士「志於道」的基本要求；且「食無求飽」、「居無求安」、「敏事慎言」與「就有道而正」又同時是孔子所贊同之「學」的內容，故可知「志於道」不僅需要正見之心的發用，亦需在修己成德的過程中就有道而學，而此「志」便同時爲「就有道」之正見的具體發揮。孔子曾說：「君子謀道不謀食。」〔註25〕君子之學，既意在「謀道」而非「謀食」，因此「食無求飽」、「居無求安」、「敏事慎言」等其實均可收攝在「謀道」的範疇中，而以「就有道而正」爲修己成德之「學」的中心思想所在。

「就有道而正」，大體上是君子在修己踐德中自我調適、學習的過程，亦是通過內在心志之正見修養，不偏不倚依循正道而行的一種主體自我修持作

〔註23〕同上注，頁8。

〔註24〕同上注，頁37。

〔註25〕同上注，頁140。

用，因此「就有道而正」非是群體共學的結果，而是個人克己復禮、能近取
譬以得「仁」的成果。〔註 26〕若由此說，則「就有道而正」之「學」便展示
了一個修己踐德的向上提升動力，使不同的個體在普遍心志之正見引導下，
自覺而主動地去實踐克己復禮的要求，進而在無所強迫、不令而行的道德薰
染中完成「天下歸仁」的終極理想。孔子所謂「天下歸仁」理想的圓滿呈現，
其內在動力根據非是來自統治者以禮教之強權高壓籠絡的結果，而是士與君
子主體正見之心——「志」之所適，故就士與君子來說，若每一主體皆能彰
明此正見之志，自我克己復禮進而落實在人倫日用當中，則意味「志於道」
的發揮非僅是儒家道德修養的基本工夫之一，通過「志」之「正」與對「道」
之內容的肯認，再經過「自反而縮」的自我照見，便得以醞釀出「雖千萬人，
吾往矣」的沛然力量，而每一個體自我主動踐德力量的凝聚，亦便是儒家「無
爲而治」理想實現的根據所在。

　　上文是就士與君子正見之志的內在踐德動力修養以論；若再擴大來說，
一般百姓在「無爲而治」的模習關係中又該如何「學」，以響應立志踐道，同
時回應當代人君的治道理念？《孟子・盡心上》已清楚提示人之能立志踐道
的內在根據：

　　　孟子曰：「人之所不學而能者，其良能也。所不慮而知者，其良知也。
　　　孩提之童，無不知愛其親者；及其長也，無不知敬其兄也。親親，
　　　仁也。敬長，義也。無他，達之天下也。」〔註27〕

一般百姓雖缺乏理性、知識之「學」作爲立志踐德的基礎依據，然孟子認爲，
人之良知、良能所自然具現人性秉賦中的「親親」、「敬長」之仁、義知能，
乃是普天下人皆有的特質，故此良知、良能之朗現便足以引領個人「志」之
所向，使其亦得以依仁恃義而通達於世。因此前文於「舜」之典型意義的建
構中曾揭明：「孔子強調『孝悌』與『爲政』的結合。」由此更進一步可知，
孔子對於「孝悌」之標舉，其用意除了在縮合「親親」與「尊尊」兩端，或
許亦由此實際考量一般百姓響應「無爲而治」如何可能的問題，從一般人性
皆所秉賦「親親」、「敬長」之仁、義知能，作爲原始儒家「無爲而治」之治

〔註26〕《論語・雍也》：「子貢曰：『如有博施於民而能濟眾，何如？可謂仁乎？』子
　　　　曰：『何事於仁，必也聖乎！堯、舜其猶病諸！夫仁者，己欲立而立人，己欲
　　　　達而達人。能近取譬，可謂仁之方也已。』」同上注，頁 55。
〔註27〕《孟子正義》，頁 231。

用得以周遍無礙的根據，故《論語・學而》中記子夏之言曰：

　　賢賢易色，事父母能竭其力，事君能致其身，與朋友交言而有信；

　　雖曰未學，吾必謂之學矣。〔註28〕

「賢賢」，意謂對個人德性的講究；竭力事父母，乃是孝悌的表現；躬身事君、誠信交友皆是君臣、朋友之倫的落實。子夏認爲，若能行此重德、孝悌、忠信之事，雖曰未學，則已可謂之學矣。子夏所謂「學」與「未學」，究非由知識、學問之「學」以論，而是從個人內具之性的理想肇現爲據，內在良知良能若能朗現爲親親、敬愛之德，則關於重德、孝悌、忠信之事便能不勉而行，如此一來，正即如有子之論：

　　其爲人也孝弟，而好犯上者，鮮矣；不好犯上，而好作亂者，未之有也。〔註29〕

百姓能以孝悌爲志，自然沒有理由行犯上、作亂之事；而後統治者便可進一步在此基礎上，「舉直錯諸枉」以服民〔註30〕、「舉善而教不能」使民勸，〔註31〕如此則在上位者雖無何爲，百姓卻自然會通過對「直」者、「善」者之學習而相互勉勵歸向正道，所以一般百姓實際上以個人內在良知良能的啓現爲其「志」之所適，良知良能之至善同時是其「志」的正向保證；除此之外，還須經由「踐跡」的工夫，通過模習與體證實際落實「道」的內容。《論語・先進》中子張曾問孔子關於「善人之道」，孔子即答曰：「不踐跡，亦不入於室。」〔註32〕此中「踐跡」，便是學道、模習的基本工夫，人人若能切實「踐跡」而得入於道之「室」，則天下無爲而得治又豈是遙不可及或空懸於天道本體中的理想？

　　總此而言，朱子所謂「志於道」之：「心存於正而不他」，適可提供研究者由「正」之意向綰合舜「無爲而治」中「正南面」的政教之「正」、士與君子「就有道而正」的自我主動踐德力量凝聚，以及一般百姓通過良知良能的憤啓與「踐跡」之學的模習歸向。在此結構中，統治者、士與君子及一般百姓三端由上而下依序而次，通過「志」之正見所適，卻又激發出一股向上自我提升的正面動

〔註28〕 《論語注疏》，頁7。

〔註29〕 同上注，頁5。

〔註30〕 《論語・爲政》：「哀公問曰：『何爲則民服？』孔子對曰：『舉直錯諸枉，則民服；舉枉錯諸直，則民不服。』」同上注，頁18。

〔註31〕 《論語・爲政》：「季康子問：『使民敬、忠以勸，如之何？』子曰：『臨之以莊，則敬；孝慈，則忠；舉善而教不能，則勸。』」同上注，頁18。

〔註32〕 《論語・先進》：「子張問善人之道。子曰：『不踐跡，亦不入於室。』」同上注，頁98。

力，整合激淬出「無爲而治」之所以可能的人道踐德路徑與道德精神。

（二）據德：「恭己」與「南面」之德

朱子論「據於德」，將「據」釋爲「執守」；「據德」則謂「得之於心而守之不失，則終始惟一，而有日新之功矣」。在儒家思想中，「德」與「無爲而治」的關係最爲直接、關聯亦最爲緊密，此由「導之以德」之德治精神的發揚與「爲政以德，譬如北辰，居其所而眾星共之」等文獻的聯繫便可清楚印證。

「德治」，是儒家政治理想永恆的堅持，而以「無爲而治」爲貫徹德治之極致。當孔子正式提出「爲政以德」的德治理念時，其「政」所指是爲「治國安民之事」；而「德」的內容，徐復觀將之釋爲：「內外如一的規範性的行爲」，如此則「爲政以德」：「即是人君以自己內外如一的規範性的行爲來從事於政治」。〔註33〕若由此說，則儒家王道政治的內容並不僅是指向人君施政行爲的正當性問題，而應包含追求「內外如一」以臨民的人君之道。此「內外如一」，便是「謂其行之熟而心安於此」，〔註34〕意謂內心與行爲皆安據於德，而「據」則自成一種特殊的「規範性」意義，同時由應然與實然處提醒人君以「內外如一」之德以臨其民。於此，「德」甚至比「位」更具有價值上的優先性，而非隸屬在君位之下的旁枝附庸；「據」，亦非執故不變之單一原則的僵化把握。故所謂「據德」，應分別從「據」與「德」的兩種層次內容來說，區判出「據」的內在精神與「德」之「用」的不同面向，方得以顯其與「無爲而治」的關聯。

「據」，朱子謂其爲「執守」之意。孟子曾於〈盡心下〉曰：

> 言近而指遠者，善言也；守約而施博者，善道也。君子之言也，不
>
> 下帶而道存焉。君子之守，修其身而天下平。〔註35〕

君子之所執守者，乃言近旨遠之善言、守約博施之善道，且皆冀稟此善言、善道以修養自己，能夠進一步達致天下之太平。古來聖王亦以此爲自奉之道，故禹「惡旨酒而好善言」，且「聞善言則拜」；〔註36〕舜居於深山之中，雖似與野人無別，然其聞一善言、見一善行皆執而無佚，故其德「若決江河，沛

〔註33〕徐復觀：《儒家政治思想與民主自由人權》，頁96。
〔註34〕〔宋〕黎靖德編：《朱子語類》，卷二十三，（北京：中華書局，1999年），頁536。
〔註35〕《孟子正義》，頁260。
〔註36〕《孟子·離婁下》曰：「禹惡旨酒而好善言。」〈公孫丑上〉：「禹聞善言則拜。」
以上參《孟子正義》，頁145、66。

然莫之能禦也」。〔註37〕孟子亦曾論道:「君子不亮,惡乎執!」〔註38〕直截地將誠信視爲檢視君子能否自我執持的必要條件之一。由此可知,儒家大體上乃將「據」的目的指向個人修身之基本要求,而後欲以此修身之有成作爲「德」之行的內在根據,故「據德」非是僅以德爲據,而應是在踐德之際即顯一完整飽滿、自我充足的道德心靈,以此道德心靈照應道德的內容與踐德進路,才可能從本心處照見「德」之極致。既是如此,則飽滿充足的道德心靈又該如何定說?如何充分展現?孟子〈盡心下〉曾述舜的自持之道,其謂:

> 舜之飯糗茹草也,若將終身焉。及其爲天子也,被袗衣,鼓琴,二
> 女果若固有之。〔註39〕

舜處於畎畝之中,吃的是乾糧粗食,卻不見憂色,仿若欲以此爲安度終身之道;至其貴爲天子,享有華服美食,卻也未見喜色,亦未改變自我的本性常態,安然自若如故。舜之所以能夠如此,正因其內在本心乃「周於德」之故,此主體本心之周於德而不據於利,正是內在道德心靈的徹底朗現,也是君子修己自守的基本要求,所以不管久處約或長處樂皆能不亂其志,亦始得以通過此「修己以敬」的工夫完成「修己以安人」以至「修己以安百姓」的治世理想。而此中「修己以敬」的工夫,正是自據、執守道德心靈的結果,也是「恭己」的正面實現,所以舜之「恭己」與此「據道」的道德心靈展現正可相互發凡,補充說明「恭己」非僅強調禮教對於個人外在行爲的形式規範,而在肯認主體內在道德心靈之覺醒與執守,才能以此清明的道德心靈實化「德」的內容。

另外,在「德」之用上,自孔子揭示「導之以德,齊之以禮,有恥且格」的治道理念後,德禮成治的影響實爲深遠。朱子曾釋曰:「德禮則所以出治之本,而德又禮之本也。……德禮之效則有以使民日遷善而不自知。」〔註40〕後代的律法家亦以此德禮的精神絪合刑政之用,確立以德禮爲中心的治道策略,〔註41〕所以儒家所謂「德治」的理想,應可更明確地界定爲是一種「德

〔註37〕《孟子・盡心上》:「孟子曰:『舜之居深山之中,與木石居,與鹿豕遊,其所以異於深山之野人者幾希。及其聞一善言,見一善行,若決江河,沛然莫之能禦也。』」同上注,頁232。

〔註38〕同上注,頁222。

〔註39〕同上注,頁249。

〔註40〕〔宋〕朱熹:《四書章句集注》,頁70。

〔註41〕〔唐〕長孫無忌等編《唐律疏議》首篇之〈名例律〉的疏解中即有載曰:「德禮爲政教之本,刑罰爲政教之用,猶昏曉陽秋相須而成者也。」參徐道鄰:《唐律通論》(上海市:中華書局,1947年再版),頁28。

禮」之治的政治理念。牟宗三有曰：

> 德禮是從根上轉化。喚醒其德性之心，使其自己悱啓憤發，自能恥
> 于爲非作惡而向善。〔註42〕

是故德禮之治必以在上位者道德心靈之清明爲據，同時以禮自我約束，一旦在上位者本心、行儀皆能合節而無違於禮，則正如孔子：「上好禮，則民易使也」〔註43〕與「上好禮，則民莫敢不敬」〔註44〕之謂，人民亦容易在人君的薰化下煥發自我的道德心靈，如此便無待於刑政法律的施用，自然使民在德禮的作用中莫敢不敬服，待德禮之風周遍而無礙，雖人君無何爲，然僅斂裳而恭己正南面，四方之民亦會主動襁負其子而至，以其德性心靈之煥發與對德禮之風的崇慕之心符應此無爲之政。

　　另除「德禮」外，德、位的關係亦是治道應用中不可忽略的一環。孔子謂舜「恭己正南面」，此中「正」的意義乃如前文所論，是正名位與權力正當性的問題，此固是德、位關係之一，然除「正名」的考量外，孔子又於〈里仁〉中明確指出：「不患無位，患所以立。」〔註45〕此「患所以立」的考量，乃是儒家官德理論的核心，也是德位之辨的根本癥結所在。大陸學者楊建祥曾就儒家官德問題進行詳細的論證，其言：

> 中國政治文化的傳統裡有個德、位關係的檢討。雖有百家爭鳴，
> 但是儒家的立場和觀點始終居於主導性地位。追本溯源，它淵源
> 於孔子的基調和原則，又經後儒的不斷闡發，就逐步形成儒家德
> 位之辨的基本理論；同時也成爲儒家官德理論的核心價值問題。
> 〔註46〕

孔子所提出的德位關係原則，正濃縮於「患所以立」一句。以「無爲而治」之對象人君來看，君之所患，正在無德以立「南面」，故縱有「南面」之位、帝相之尊，無德以爲繼，則亦難泰然無勉、「恭己」而「正」。故孔子稱譽堯之君德曰：「大哉！堯之爲君也！巍巍乎！唯天爲大，唯堯則之！蕩蕩乎，

〔註42〕牟宗三：《政道與治道》，頁 29。
〔註43〕《論語注疏》，頁 130。
〔註44〕《論語・子路》：「樊遲請學稼。子曰：『吾不如老農。』請學爲圃。曰：『吾不如老圃。』樊遲出。子曰：『小人哉，樊須也！上好禮，則民莫敢不敬；上好義，則民莫敢不服；上好信，則民莫敢不用情。夫如是，則四方之民襁負其子而至矣，焉用稼？』」同上注，頁 115。
〔註45〕《論語注疏》，頁 37。
〔註46〕楊建祥：《儒家官德論》（南昌：江西人民出版社，2007 年），頁 199。

民無能名焉！巍巍乎！其有成功也！煥乎！其有文章。」〔註47〕堯以則天來煥發稱位之德，故得以蕩蕩巍巍而民無能名狀其德。《論語》中也通過許多例句來陳述一般性的原理原則，使人臣、君子得以貫徹儒家「所以立」的德、位要求。如孔子有曰：「不知命，無以爲君子也。不知禮，無以立也。不知言，無以知人也。」〔註48〕其同時告誡自己的學生：「不學《詩》，無以言」、「不學禮，無以立」等，由此可知孔子認爲知命、學禮、學《詩》乃是君子「所以立」的根本，知命足以應天道、踐禮而能立身行德如儀、學《詩》則能暢興、觀、群、怨、事父事君之功，由此強調儒家君子「不患無位」，而應戒慎恐懼己身無有稱位之德以臨民，斯是謂大過矣！所以楊氏又言道：

> 位無大小之別，一概以德來調節、控制和據有。因而儒家在檢討德
> 與位的這個問題上，實際上是從先後本末的哲學意義裡給予「德」
> 具有相較於「位」的優勢先在性。〔註49〕

「德」優於「位」的主張，孟子亦曾於〈萬章下〉引子思之論申明，其曰：「以位，則子，君也，我，臣也，何敢與君友也？以德，則子事我者也，奚可以與我友？」〔註50〕由此足見在儒家的政治型態中，乃自有一特殊的德、位關係在運作，且以德爲「位」之正立的確保，故《大學》中有言：「是故君子先愼乎德，有德此有人，有人此有土，有土此有財，有財此有用。」〔註51〕「人」、「土」、「財」、「用」乃一個國家之所以成立且富強安定的基本要求，以「德」爲其領屬則清楚表示，若僅是政治之「位」的據有，而無法以德安民，便無法凝聚人民的向心力，人民缺乏凝聚的力量，最終當然走向民散且悖之途。因此，儒家政治理念的規劃必以「德」爲先，若無有德，則遑論名、位、行儀之「正」與「立」。《史記・鄭世家》中子產曾謂韓宣子曰：「爲政必以德，毋忘所以立。」〔註52〕子產此言或正可作爲孔子「不患無位，患所以立」的最佳註腳，扼要勾勒出儒家德政的精神與內容。

　　簡要歸納來說，原始儒家「無爲而治」於人道中理想德政的實踐內容實可以「據德」爲一具體而微的展現。從「無爲而治」的人君對象來進行觀察，

〔註47〕《論語注疏》，頁 72。

〔註48〕同上注，頁 179。

〔註49〕《儒家官德論》，頁 201。

〔註50〕《孟子正義》，頁 186。

〔註51〕梁海明譯注：《大學・中庸》（太原：山西古籍出版社，2001 年），頁 56。

〔註52〕〔漢〕司馬遷：《史記》（北京：中華書局，1997 年），頁 1774。

在上位者必須於踐德之際即顯一完整飽滿、自我充足的道德心靈，並以此爲依恃，才可能從本心處照見「德」之極致，故儒家所謂「德政」的內容亦必包含對象人君圓善飽滿之道德本心的存有，同時兼擅以「德禮」之治，使民在德禮的作用中自然心悅而敬服。當對象人君自我內在因修德而飽滿圓善，則德禮之治的施用自是水到渠成的結果，因自古無有德善沛然於心之人君反其道而行去魚肉百姓者，故人君僅是「恭己」而執守自我德善之本心，百姓自然能同享德禮的薰陶。同時，因人君以「德」而不以「位」來自恃，反而使得君王「南面」之位擁有民心趨向的保障，故人君只要能據此德而守之不失，終始惟一，則自然可即己之明明德進一步「親民」，此乃如朱子之謂：「而有日新之功矣」，人君以其「明德」行「新」民之道，亦得以同晉「無爲而治」之「止於至善」的終極理想！

（三）依仁：「譬如北辰」

在「志道」、「據德」、「依仁」、「游藝」的爲學進程中，朱子將「依於仁」視爲道德存養之熟與心德之全的極致理境，故有謂：「功夫至此而無終食之違，則存養之熟，無適而非天理之流行矣。」因而把「仁」視爲「德」之用的理想展現，是無私欲流行的周遍之德。朱子此種說法，是以「仁」爲體、爲「德」之用的進階層次，立體地將個人爲學暨修養進程標誌出來，而此仁、德之體用關係，則適可援引入「無爲而治」的思想架構中，以明「仁」於「無爲而治」思想中的角色及作用。

在原始儒家的相關文獻中，唯一將「仁」與「無爲」直接相提並論者乃荀子〈解蔽〉中之謂：

> 夫微者，至人也。至人也，何彊，何忍，何危？故濁明外景，清明內景。聖人縱其欲，兼其情，而制焉者理矣，夫何彊，何忍，何危？故仁者之行道也，無爲也；聖人之行道也，無彊也。仁者之思也恭，聖人之思也樂。此治心之道也。〔註53〕

在荀子的論述中，能夠精微理解仁意之「至人」即爲「仁者」，仁者行道自然與理相合，故無需自彊、自忍、自危便得以晉身於精妙的理境，此即是荀子強調治心以恭的仁者「無爲」之道。仁者之所以能無爲，正因其內在專壹於道、虛壹而靜的清明之心能夠明鑒隱微的道理，故能稟此清明之心以參透精

〔註53〕 梁啓雄：《荀子簡釋》（台北：木鐸出版社，1988年），修訂本，頁301～302。

微之仁意。荀子舉舜之例曰：

> 昔者舜之治天下也，不以事詔而萬物成。處一危之，其榮滿側；養
> 一之微，榮矣而未知。〔註54〕

舜能夠不以事詔而萬物自成，正因其心能夠專壹而戒懼，故無爲卻有榮矣。
荀子虛靜心的說法相較孔、孟的主張來說雖已有所不同，不過荀子仍將仁者
內在「心」的作用定位在「恭」，因此心之專壹以恭，乃是荀子所謂「仁者」
的必要條件之一，然關於「仁」的內容，荀子卻未詳細予以定說，而多由諸
德處轉捏，如：

> 貴賢，仁也；賤不肖，亦仁也。（〈非十二子〉）

> 先王之道，仁之隆也，比中而行之。（〈儒效〉）

> 仁，愛也，故親。……故曰：仁、義、禮、樂，其致一也。（〈大略〉）

> 挈國以呼禮義而無以害之，行一不義，殺一無罪，而得天下，仁者
> 不爲也。（〈王霸〉）

> 仁者必敬人。（〈臣道〉）

> 夫玉者，君子比德焉。溫潤而澤，仁也……。（〈法行〉）

荀子未將「仁」意定於一端，而分從貴賢、先王之道、親愛、禮義、敬人、
君子之德等處彰顯，且此中所論之先王之道、敬、愛、德、貴賢等，皆是儒
家「無爲而治」思想推行的基礎德目內容，故可知荀子所謂仁者之「無爲」，
雖因禮義外轉的主張而產生意義與定位上的歧出，然實際上仍是由仁處縮合
縱貫了其他道德義，使得「無爲」而萬物成的理想得以在其他德目作用的共
同歸向下，從「仁」處顯其無爲而物成之治道理境，因此「仁」亦一如「北
辰」，居其所而無爲，卻自然成爲「無爲而治」於人道實踐歷程中的領屬，亦
是所有道德行爲的價值根源。〔註55〕荀子的「無爲」主張雖融合了道、法家
思想以成說，然其「仁者無爲」與「仁者之思也恭」的說法，與孔、孟並無

〔註54〕同上注，頁 298。

〔註55〕曾春海曾詮釋《論語》中的「仁」曰：「吾人綜觀《論語》所載……，可謂
將《論語》中『仁』爲源發人之所以能行諸德之道德本性義闡釋得很明白。
因此，『仁』乃分殊之德不可或缺的內涵要件，就此義而言，仁貫穿諸德之
間，構成諸德的內在一致性。因此，『仁』仍可兼攝諸德目而爲其總稱。」
曾春海：〈試由馬賽爾的「主體際」詮釋《論語》的「仁」〉，收入於《哲學
雜誌》第 6 期「世紀末讀《論語》」專題，1993 年 9 月，頁 90。

二致。張亨即曾就《論語》中的「仁」以論，並說道：

> 《論語》中弟子問仁的地方相當多，但是孔子的回答都不一樣。問題
> 就在於仁既非語言概念，不能以語言概念去論謂，只有隨著其弟子具
> 體的情況或需要分別去點發。如作概念性的說明就會破壞了仁的實存
> 性。因爲仁是眞實存在於人的生命之中。……它是一種內在的、道德
> 的自發性。這樣看，仁就不是一個死板的道德條目，而是產生種種道
> 德行爲的根源。同時它也可以避免任何道德條目的僵化。「人而不仁，
> 如禮何？」因爲有仁，禮才不至於流爲僵固的形式。所以在仁裡涵著
> 道德創造的生機。反之，沒有仁等於人道德生命的死亡。〔註56〕

張亨認爲，《論語》中的仁代表了一種主體內在道德感的實存，具有沛然的、
道德創造的生機。是故，我們由此即可知爲什麼孔子有：「仁者不憂」、「仁者
安仁」之謂，孟子亦論曰：「夫仁，天之尊爵也，人之安宅也。」〔註57〕其實
皆在彰耀「仁」之可安、可依、可從、可寓托的核心價值。從爲政上來說，
子張曾經詢問孔子：「何如斯可以從政矣？」孔子答曰：「尊五美，屛四惡」，
而「五美」中「欲而不貪」之「欲」，便直指「欲仁」而言；另孔子亦曾語子
張以「爲仁」之道：

> 孔子曰：「能行五者於天下，爲仁矣。」請問之。曰：「恭、寬、信、
> 敏、惠。恭則不侮，寬則得眾，信則人任焉，敏則有功，惠則足以
> 使人。」〔註58〕

恭、寬、信、敏、惠五者，是在上位者落實於治道之際的有形施爲，然此五
者又以「仁」爲其行動的價值核心，故若在上位者能切行此恭、寬、信、敏、
惠之五德，則即如依仁而治天下。此亦即謂：從德用處以觀，恭、寬、信、
敏、惠是落實於治道的有爲法，人君必須確實自我要求、以實際行動寬愛人
民、行爲言談皆具正信讓百姓願意信任，且必因民之所利而利之，使百姓蒙
受其利，如此便可謂之爲「仁」者。從「仁」的實現看來，在上位者或人君
僅是依隨仁心、仁意的發揮執守不失，故謂其「無爲」；然實際上，「仁」的
實現必依賴恭、寬、信、敏、惠等德目的積極有爲以成。因此，「依仁」乃

〔註56〕張亨：《思文之際論集——儒道思想的現代詮釋》（台北：允晨文化，1997年），
頁 88～89。
〔註57〕《孟子正義》，頁 65。
〔註58〕《論語注疏》，頁 154。

人君自得其明的結果，即此而可謂之「無爲」；然人君「自得」之所以可能，實緣因於個人踐德有爲所提供的成德保障。莫怪乎孟子於〈告子下〉有曰：「君子之事君也，務引其君以當道，志於仁而已。」〔註59〕人君一旦能以依仁爲己志，則必有得於仁中所含道德創造之生機，一如馬浮所謂：「人心若無私係，直是活鱍鱍的，撥著便轉，觸著便行，所謂感而遂通。」〔註60〕「人心若無私係」即爲「仁」之作用，〔註61〕通過仁心的發用，人君便具有遂通眾德之內在動力，故掌握「仁」便意謂掌握了眾德之樞紐，人君亦得以在仁的總體照應下遂通眾德而無礙。是故，儒家「無爲而治」思想中「仁」的意向與作用，非是同一般「德」之「用」的具體有爲，而是扮演一個領屬、遂通的角色，人君之自覺「依於仁」，其意正同「譬如北辰」，居天之極雖無有作意，然無私係地周遍照應眾德之交相作用以符合「仁」之表現，達到個人道德存養之熟與「無適而非天理之流行」的治道理境！

（四）游藝：「可以有制於天下」

所謂「游於藝」，朱子《集注》中剋就「藝」的內容有曰：「藝，則禮樂之文，射、御、書、數之法，皆至理所寓，而日用之不可闕者也。」關於禮樂、射、御、書、數等一般性之「藝」與「至理所寓」、「日用之不可闕者」評價說法間的價值高低落差，吳冠宏曾於〈儒家成德思想之進程與理序〉一文中反覆辯證朱熹與錢穆關於「志道」、「據德」、「依仁」、「游藝」四目之歧說，而後兼攝王夫之的主張，於「游藝」中統整地指出：

> 可見「禮」與「文」便是孔子提攜互輔式的教學進程，而此皆爲「藝」
> 所涵攝，是以「藝」於孔子之時並非末技小物而已，自與後來之「藝」
> 轉成「詩文字畫」的藝術活動有別，故其絕非僅是生活的點綴與裝飾，
> 亦不當依後人視古代之「六藝」爲技藝方面的層次來理解，它實代表

〔註59〕《孟子正義》，頁218。

〔註60〕馬浮：《復性書院講錄》（台北：廣文書局，1979年再版），頁36。

〔註61〕馬浮曾於《復性書院講錄》中曰：「仁者，心之全德。人心須是無一毫私係時，斯能感而遂通，無不得其正。即此便是天理之發現流行，無乎不在全體是仁。若一有私係，則所感者狹而失其正。觸處滯礙，與天地萬物皆成睽隔，而流爲不仁矣。」《論語・里仁》亦有：「子曰：『唯仁者能好人、能惡人。』」仁者之好人、惡人是順由仁義而行之「正」，是通過無所私係之心的作用以顯，故馬浮所謂「人心若無私係」，適如仁者無有作意之表現，亦是「仁」之作用與發揮。馬浮：《復性書院講錄》，頁97。

著整個人文教化與文化美儀等各種活動，也與治國平天下的制度、才

能、秩序有關，故孔子才會說「求也藝，於從政乎何有？」〔註62〕

不管「游於藝」是否爲成德之最高理境，吳冠宏的說法中已詳細指陳「藝」的

內容實與人文政教及治國平天下的制度、才能、秩序有關。既然《論語・雍也》

中季康子詢問孔子關於子路、子貢、冉有「可使從政也與？」孔子分別從「由

也果」、「賜也達」、「求也藝」正面回應「於從政乎何有？」此除可見孔子肯定

三人各有所長之用心外，亦可知當時士人之學多爲日後政用作準備，故孔子弟

子如子張、子貢、季康子、子路、仲弓、子夏等人多次問政於孔子，孔子小時

常自陳其對政治的態度與看法，因此「學而優則仕」應是當時士人的普遍意向。

若有這樣的認知，便可進一步以此與《論語・先進》中孔子弟子各言其志之內

容相互參看，或可通過孔子之所哂、所與的不同態度，闡明「游藝」之理念與

儒家「無爲而治」理境實現之相對映照關係。《論語・先進》：

> 子路、曾皙、冉有、公西華侍坐。子曰：「以吾一日長乎爾，毋吾以
> 也！居則曰：『不吾知也！』如或知爾，則何以哉？」子路率爾而對
> 曰：「千乘之國，攝乎大國之間，加之以師旅，因之以饑饉，由也爲
> 之，比及三年，可使有勇，且知方也。」夫子哂之。「求，爾何如？」
> 對曰：「方六七十，如五六十，求也爲之，比及三年，可使足民；如
> 其禮樂，以俟君子。」「赤，爾何如？」對曰：「非曰能之，願學焉！
> 宗廟之事，如會同，端章甫，願爲小相焉。」「點，爾何如？」鼓瑟
> 希，鏗爾，舍瑟而作。對曰：「異乎三子者之撰！」子曰：「何傷乎？
> 亦各言其志也。」曰：「莫春者，春服既成；冠者五六人，童子六七
> 人，浴乎沂，風乎舞雩，詠而歸。」夫子喟然歎曰：「吾與點也。」
> 三子者出，曾皙後。曾皙曰：「夫三子者之言何如？」子曰：「亦各
> 言其志也已矣。」曰：「夫子何哂由也？」曰：「爲國以禮，其言不
> 讓，是故哂之。」「唯求則非邦也與？」「安見方六七十，如五六十，
> 而非邦也者？」「唯赤則非邦也與？」「宗廟會同，非諸侯而何？赤
> 也爲之小，孰能爲之大？」〔註63〕

子路、曾皙、冉有、公西華各言己志，子路率先規劃出三年爲期的治國大計，

〔註62〕 吳冠宏：〈儒家成德思想之進程與理序〉，收入於《東華人文學報》第 3 期，
　　　　2001 年，頁 211。
〔註63〕 《論語注疏》，頁 100。

欲使百姓遠離戰爭、饑饉之害，進而有勇知方。子路之志雖未獲得孔子之應，
然孔子亦稱許其「爲國以禮」之治國抱負。冉有設想自己若管理一個五六十
里、六七十里的小國，不僅亟思修明禮樂，且比及三年，將可使人民足食。
公西華則謙虛地表示自己願擔任小相，從事祭祀會同之事。總觀孔子回應曾
點所問關於此三人之志的評價，可知孔子乃將此三人之志理解並歸類爲攸關
治國之事來予以評論，故其稱許子路「治國以禮」；曾點以「唯求則非邦也
與？」、「唯赤則非邦也與？」探問，孔子則用肯定式之問句「而非邦也者」
與「非諸侯而何」對冉有與公西華之志給予正面的回應。由此或可推測，孔
子要弟子各言其志的同時，雖未預設「志」的主題與面向，然子路、冉有與
公西華之論有志一同地以治國爲邦之事爲主調，此自然與古代士人「學而優
則仕」的理念有關，故此次孔子與弟子的對話主軸，很自然便被收攝鎖定在
「邦國之治」的思考上。若即如此，孔子所相與曾點之志的內容便可有重新
詮釋的空間。

　　據程樹德《論語集釋》中羅列之古代文人或個別詮釋者對於曾點之志的
說明，多將孔子之「與」鎖定爲其喟歎道之不行，或是與弟子仕進之心有別
之異調，因此心有戚戚焉於曾點之樂。〔註 64〕在這樣的理解脈絡中，曾點所
想像的一場春遊似乎變成孔子在道不行於世的喟嘆下自我逃遁的所在，然據
《禮記·禮運》中所記：

> 昔者仲尼與於蜡賓，事畢，出遊於觀之上，喟然而嘆。仲尼之嘆，
> 蓋嘆魯也。言偃在側曰：「君子何嘆？」孔子曰：「大道之行也，與
> 三代之英，丘未之逮也，而有志焉。」〔註65〕

孔子在參與蜡祭後所發的深深喟嘆，一嘆魯國之無禮，亦嘆自己未及逮五帝

〔註64〕 如皇侃疏曰：「當時道消世亂，馳競者眾，故諸弟子皆以仕進爲心，唯點獨識
　　　　時變，故與之也。」黃震：「方與二三子私相講明于寂寞之心，乃忽聞曾皙浴
　　　　沂歸詠之言，若有得其浮海居夷之意，故不覺喟然而嘆。」李惇《群經識小》：
　　　　「點之別調，夫子獨許之者，亦以見眼前真樂在己者可憑，事業功名在人者
　　　　難必。」彭大壽《魯岡或問》云：「夫子聽諸子說事功時，點忽說眼前樂事，
　　　　正動夫子與時偕止之意，故喟然一嘆而許之。」袁枚《小倉山房文集》曰：「聖
　　　　人無一日忘天下……無如轍環天下，終於吾道之不行，不如沂水春風，一歌
　　　　一浴，較浮海居夷，其樂殊勝。」皇侃等諸論，皆傾向於將孔子之與點視爲
　　　　是個人之道不行的喟嘆，或是與弟子仕進之心有別之異調。以上參程樹德：《論
　　　　語集釋》（北京：中華書局，1990 年），頁 812～813。
〔註65〕 〔漢〕鄭元注，〔唐〕孔穎達疏：《禮記注疏》，重刊宋版十三經注疏本，（台
　　　　北：藝文印書館，2001 年），頁 412。

三王之大同、小康盛世，故其後自曰：「而有志焉。」由此可知，孔子非是心嚮往如蘧伯玉般在邦無道時「卷而懷之」，〔註66〕其志是積極地想要重建混亂失禮的世道而爲大道暢行的大同世界，故孔穎達疏曰：

> 廣言五帝以下及三王盛衰之事，此一經孔子自序，雖不及見前代，而有志記之書披覽可知，自大道之行至是謂大同論五帝之善；自大道既隱至是謂小康論三王之後。今此經云：「大道之行也。」謂廣大道德之行五帝時也。〔註67〕

通過孔穎達疏言之內容可以發現，孔子對於五帝之善與三王之英實心嚮往之，在那樣的大同世界中，是大道暢行的局面，天下亦非爲個人所據有，此即如孔子所贊舜、禹之心懷：「巍巍乎！舜、禹之有天下也，而不與焉。」〔註68〕透過選賢與能，人民自然而能講信修睦，各安其份、各有所歸，成其「大道之行也，天下爲公。選賢與能，講信修睦」的理想。但是，這樣的大同世界不可能憑空而得，孔子既廣言五帝三王之事，則表示其肯認五帝三王之所爲乃達至大同理想的合理進路，故其祖述堯舜、遙契三代之禮文制度，乃意在以身作則使弟子們亦皆心所有向，凝聚力量重振疲弊之世道。《論語・堯曰》中記聖王之行有言：「所重：民、食、喪、祭。」《尙書・周書・武成》亦曰：「重民五教。惟食喪祭。惇信明義，崇德報功，垂拱而天下治。」〔註69〕此正如孔子所言，五帝三王雖未及逮，然通過志記之書披覽，便可知五帝與三代聖王其實預設有一套使「垂拱而天下治」成爲可能的治道實踐進路，若以此回觀子路、冉有、公西華所言志之內容：子路爲國以禮，重在使民遠離戰爭、飢荒並有勇知方，其所關注乃在民之教上；冉有治理一個小國，欲以禮樂行治，並使人民足食，故其與子路同，皆欲兼顧教民與使民足食兩端；公西華則願爲宗廟與接待外賓之事，宗廟之事爲祭、爲禮，顯示公西華以禮、祭爲重。子路等三人所提出的治國之方雖均不離正道，且皆可自顯個人性格與抱負，然就理想聖王治道來說，仍嫌偏於一隅，僅限於個人才能之施展發揮，而無法顧及治道之全面，故孔子雖言「求以藝，於從政乎何

〔註66〕　《論語・衛靈公》：「子曰：『直哉史魚！邦有道，如矢；邦無道，如矢。君子哉蘧伯玉！邦有道，則仕；邦無道，則可卷而懷之。』」《論語注疏》，頁130。
〔註67〕　《禮記注疏》，頁412。
〔註68〕　《論語注疏》，頁72。
〔註69〕　〔漢〕孔安國傳，〔唐〕孔穎達正義：《尚書正義》，重刊宋版十三經注疏本，（台北：藝文印書館，2001年），頁161。

有？」然他文中對其畫地自限的作法頗有微詞，胡寅亦言：「畫而不進，則日退而已矣，此冉求之所以局於藝也。」〔註70〕前文通過吳冠宏的討論已可知，「藝」的內容實與治國、平天下的制度、才能、秩序有關，子路等三人所提出的治國之方乃是衡定個人理想與才能後的結果，故可視爲個人之「藝」於政治上的片面展現，亦即如《周禮・地官司徒第二》中所載擇人任鄉大夫之職時：「以考其德行，察其道藝」之謂。〔註71〕

　　觀曾點之所言其志：「莫春者，春服既成；冠者五六人，童子六七人，浴乎沂，風乎舞雩，詠而歸。」曾點自謂此志乃「異乎三子者之撰也」，其所異處何在，雖攸關曾點立言的態度與意向，然究非本文關注的重點，本文所欲尋繹者乃孔子之所以「與」的動機與意向。朱子曰：

> 曾點之學，蓋有以見夫人欲盡處，天理流行，隨處充滿，無少欠闕。……視三子之規規於事爲之末者，其氣象不侔矣，故夫子嘆息而深許之。〔註72〕

朱子此言凸顯了曾點「志」之內容的飽滿從容，並點明孔子之不與三子者，乃因孔子認爲三子之所志乃是事之末者，故朱子描繪曾點之學是爲一隨天理流行的理境，具有獨立的超越性意義；然朱子之說卻亦有其無法解之癥結，此即孔子所深許之「直與天地萬物上下同流」的究極理境，是否會脫離此「事之末」而逕從宇宙天理的本體處去規劃一個無染於世用的理想國度？

　　若總前文所論，〈先進〉中弟子侍坐而各言其志的對話焦點，已先因子路、冉有、公西華立言之內容而鎖定在「治」的考量上，特別是個別之士投身於治國大事時，個人稟賦之道藝與理想如何發揮的問題。孔子不與三子者，主要乃是因爲子路等三人所申論之志侷限於個人才能之施展發揮，實際落實於邦國之治時，便會因個別道藝之偏而未能照應整體；反觀曾點之志，其非是

〔註70〕〔宋〕朱熹：《四書章句集注》，頁117。

〔註71〕《周禮・地官司徒第二》：「鄉大夫之職，各掌其鄉之政教禁令。正月之吉，受教法于司徒，退而頒之于其鄉吏，使各以教其所治，以考其德行，察其道藝。」〈地官司徒第二〉中另有：「司諫：掌糾萬民之德而勸之朋友，正其行而強之道藝，巡問而觀察之，以時書其德行道藝，辨其能而可任于國事者；以考鄉里之治，以詔廢置，以行赦宥。」此二處「道藝」之所指，皆專指個人於政事上之可依託之能，透過司諫之考核而上薦可任於國事者。以上參〔漢〕鄭玄注，〔唐〕賈公彥疏：《周禮注疏》，重刊宋版十三經注疏本，（台北：藝文印書館，2001年），頁176、212。

〔註72〕〔宋〕朱熹：《四書章句集注》，頁180。

從個人之道藝爲考量，而是往上拉抬一層，將大同世界的理想形態通過春遊予以客觀展現出來，故曾點之樂的內容亦應可從「治」的理境去進行理解，此正如程顥所說：

> 孔子與點，蓋與聖人之志同，便是堯、舜氣象。……故曰浴乎沂，
> 風乎舞雩，詠而歸，言樂而得其所也。孔子之志，在於老者安之，
> 朋友信之，少者懷之，使萬物莫不遂其性。〔註73〕

曾點所描繪的那種從容、悠然之生命形態的展現，正是孔子最心嚮往之的大同世界理想，也是其與堯舜聖王同體之志的如實傳達。而此理想境界之成形，亦必由三子之志往上超越，始可能從實際踐德與政治策略落實的「有爲」處，探見此經「有爲」之「藝」所激淬出的共同價值，此核心價值的實現通過曾點之學被朗現出來，亦即曾點所描繪的春遊之樂之所以可能，實際上是構築在「有爲」之「藝」各得其所的基礎上，而成此「無爲」且治之姿態；此中人君並以堯舜氣象爲志，因「德成而上，藝成而下」〔註74〕自然有制於天下，故人人皆得以在此治世中共此情、與此樂卻無有治之累。「藝」之欲各得其所，必賴在上位者任材與能，使百工協於分藝、遍於世用，如此則人君雖未躬身自學卻仿若同時兼有眾藝，運籌帷幄而無有絲毫扞格，故是謂「游藝」也；再加上人君正南面之位以德恭己，隨順天理而使天下有制，則無待刑法權術的作用，百姓自然有分有歸，亦足以安之、懷之。故人君雖無所爲於治道，然通過「德成而上，藝成而下」的作用而可以有制於天下，「德成」與「藝成」的兩端照應，意謂人君必須在上執德以使「藝」於下各得其所，方能執德「游藝」有成，以晉儒家「無爲而治」之治道理想。

第二節 轂輻相銜，轉應無窮——「無爲而治」的
行政實踐模式

原始儒家「無爲而治」的治道理念，因其與上古聖王及天道的聯繫關係，因此一直以來多僅被視爲是儒家思想中政治理想的表述，以致於無形中弱化

〔註73〕同上注，頁181。
〔註74〕《禮記・樂記》：「德成而上，藝成而下；行成而先，事成而後。是故先王有上有下，有先有後，然後可以有制於天下也。」參〔漢〕鄭元注，〔唐〕孔穎達疏：《禮記注疏》，重刊宋版十三經注疏本，（台北：藝文印書館，2001年），頁684。

了「無爲而治」的行政實踐意義；然總前文所論，孔子稱舜之「恭己正南面」與「爲政以德」的說法，雖將「無爲而治」的實現寄託在上古聖王與周代「疾敬德」及「保民以德」等理念的遙契上，但是孔子並未否定「無爲而治」於當世實現的可能，亦因爲如此，《論語》中雖少見孔子針對「無爲而治」的直接申論，但是許多篇章中都顯見孔子的政治態度與主張仍圍繞著「恭己正南面」與「德政」的治道原則立論，加上孟、荀承其理念循涇分流，雖因時代環境的考量各有所偏重，或雜揉他說而有歧出之論，然統合三子之說，亦可見原始儒家「無爲而治」思想之脈絡與行政實踐模式之大要，此行政實踐之進路乃孔、孟、荀三子政治理念相尋的結果，故其實踐藍圖完備於孔子，包括簡敬爲政、舉賢任能、保民以德、順化治道等原理原則皆涵攝於其中，而以「簡敬」爲其行政實踐進路之樞紐，一如車輪之輪轂，居其所而相應於轉輻之用；其他舉賢任能、保民以德、順化治道等則如車輪之轉輻，相互依待卻又不離其宗；另有孟子於保民、貴民處著墨聚焦，荀子則就其「效率德政」的理念，開啓「無爲而治」的運作關鍵，故使原始儒家「無爲而治」之行政實踐模式得以維持轂輻相銜，轉應無窮之世用。即於此，本文以下亟欲對「簡敬爲政」進行深度的文獻詮釋，藉此掘發出「簡敬」之足爲「無爲而治」行政實踐進路中「輪轂」之核心意義，同時以此爲宗，聯繫出「任賢」、「保民」、「順化」三端的「轉輻」作用，以明儒家思想中「無爲而治」的行政模式。

一、「簡敬」爲行政之輪轂

孔子對於「政」之「行」的態度，首可由仲弓與孔子的對話探見端倪。《論語・雍也》中記仲弓提出自己對於「居敬」與「居簡」以臨民的看法，而孔子欣然同意其說。仲弓曰：

> 居敬而行簡，以臨其民，不亦可乎？居簡而行簡，無乃大簡乎？

〔註75〕

由仲弓、孔子所討論「居敬而行簡」與「居簡而行簡」之差別，可見二人對於「行簡」的主張一致，亦同步肯認「居敬」與「居簡」的本質差異。「簡」，就其字面敍述義來看，明顯是指一至約、簡要之政治型態，孔子在施政的策略上認同「行簡」，於上位者之道德自持及日常修養卻捨「居簡」而取「居敬」，

〔註75〕 《論語注疏》，頁 51。

此已清楚可見對於至約、簡要之政的單純追求顯然不是孔子政治主張之終極
關懷；然按徐復觀的詮釋，其言：「『簡』與『無爲』相近。」〔註76〕另徐氏
概括儒家的「無爲」曰：

> 乃是不以自己的私意治人民，不以強制的手段治人民；而要在自己
> 良好的影響之下，鼓勵人民「自爲」；並不是一事不作，這是兩千多
> 年來的共同認定。〔註77〕

徐氏雖對「無爲」做出詮釋，然從何說「簡」與「無爲」之「相近」？究是
政治行動的字面描述？抑或是指內在精神的近似？徐說並未有進一步的釐
析說明。然就文獻的客觀分析來看，孔子所肯認者僅在「行簡」而非「居簡」，
因此「簡」非是領屬性的標準，其價值必須依隨於「行」而有，且「行簡」
之所以可臨於民的首要根據乃落在「居敬」上，此「居敬行簡以臨於民者」
是爲「無爲而治」之具體而微的人君「理想型」，在儒家思想中具有典範性
的意義。若由此說，則「簡」與「無爲」的關係實偏向於從行動策略的面向
以論，而無法兼及行動背後之理念與依據的實際內容；即此，欲揭明「無爲
而治」的總體行政實踐模式，必須通過「居敬」與「簡」之實際文獻分析，
而後進一步整合觀照，始得以探見原始儒家「無爲而治」之特殊行政型態。

　　準此，必須先一步提問的是：「居敬」之「敬」所指究爲何義？此義涵內
容與孔子的政治理念又有何關聯？本文第二章已通過「恭己」的相關文獻演
繹出，「恭」、「敬」、「肅」三字義在《說文》中同訓，「敬」之義則依孔穎達
疏解爲：「嚴正而莊敬也」，表心以敬直內，外則肅然而嚴正。此存心之敬應
同於《論語・憲問》之所記：

> 子路問君子。子曰：「修己以敬。」曰：「如斯而已乎？」曰：「修己
> 以安人。」曰：「如斯而已乎？」曰：「修己以安百姓。修己以安百
> 姓，堯、舜其猶病諸！」〔註78〕

「修己以敬」——「修己以安人」——「修己以安百姓」之進程，其中暗示
了一通過「修己」以推己及人的工夫，如此則「修己以敬」乃成爲「安人」、
「安百姓」之所以可能的基本根據，亦即通過自我存心之敬，始可能推及於
他人、百姓，使百姓亦皆能持敬而安，故季康子曾問孔子：「使民敬、忠以勸，

〔註76〕徐復觀：《儒家政治思想與民主自由人權》，頁96～97。
〔註77〕同上注，頁96。
〔註78〕《論語注疏》，頁131。

如之何？」孔子答曰：

> 臨之以莊則敬，孝慈則忠，舉善而教不能則勸。〔註79〕

「莊」，即嚴正之意。孔子以為，要讓百姓能夠持敬，則在上位者必須以「莊」臨之，也就是能夠「修己以敬」，則百姓自然主動互勸而相勉，同晉於敬、忠之道。〈衛靈公〉篇中亦另有可相互發凡者：

> 子曰：「知及之，仁不能守之，雖得之，必失之。知及之，仁能守之，
> 不莊以蒞之，則民不敬。知及之，仁能守之，莊以蒞之，動之不以
> 禮，未善也。」〔註80〕

孔子在此同樣於治道上肯定「臨之以莊則敬」之理，且同時推擴出「知」、「仁」、「禮」等與之相提並論。此則文獻中，「莊」乃等同於「修己以敬」之「敬」，從表層意義來看，「知」、「仁」、「禮」與「莊」、「敬」之間似乎各有所司、無有相涉，然仔細由《論語》中的相關篇章抽絲剝繭，即可見「敬」（莊）與其他德性間的相互照應關係，如孔子曾於「樊遲問仁」時以：「居處恭，執事敬，與人忠」為「仁」之內容，〔註81〕其中「居處恭」、「執事敬」幾近於「恭己」、「修己以敬」之意，則「恭己」、「修己以敬」與「仁」的關聯不言可喻；另「樊遲請學稼」一則，孔子直言：「上好禮，則民莫敢不敬。」〔註82〕顯見民之敬上，是因為在上位者以禮恭己而敬，且遣民、使民以禮，故民自然依隨禮意之規矩而敬上，如此則「禮」與端己的關係確實密不可分。此外，孔子有論「君子九思」，〔註83〕除了「貌思恭」、「事思敬」，其中尚有「視思明」、「聽思聰」之論以明思慮之法，康有為《論語注》中謂：「視明則無所蔽，聽聰則無所壅。」〔註84〕所謂「視明無蔽」、「聽聰無壅」，亦即人君之「知」也。君子「九思」之中若任缺其一，則非是孔子口中仁、知、勇兼備的全德君子，

〔註79〕同上注，頁18。

〔註80〕同上注，頁140。

〔註81〕《論語·子路》：「樊遲問仁。子曰：『居處恭，執事敬，與人忠；雖之夷狄，不可棄也。』」同上注，頁118。

〔註82〕《論語·子路》：「樊遲請學稼。子曰：『吾不如老農。』請學為圃。曰：『吾不如老圃。』樊遲出。子曰：『小人哉，樊須也！上好禮，則民莫敢不敬；上好義，則民莫敢不服；上好信，則民莫敢不用情。』」同上注，頁115。

〔註83〕《論語·季氏》：「孔子曰：『君子有九思：視思明，聽思聰，色思溫，貌思恭，言思忠，事思敬，疑思問，忿思難，見得思義。』」同上注，頁149。

〔註84〕康有為：《論語注》，收入於嚴靈峰編：《無求備齋論語集成》，第十三函，（台北：藝文印書館，1966年）。

〔註85〕故「知」與「恭」、「敬」之德行的展現實需一體視之。綜合這些文獻材料看來，「恭己」、「修己」之「敬」與「知」、「仁」、「禮」之間實環環相扣，因此孔子所言之「敬」絕不能逕以表層意義視之，而應將其回置《論語》的整體思想脈絡中，通過「恭己」與「修己以敬」之文獻互證聯繫出孔子之「敬」的立體性義涵。若由此說，則所謂「居敬」者已可歸納出：恭己、用敬、無蔽無壅之「知」、守仁、謹禮等幾項重要特質，此皆非「居簡」所能致。《孟子・萬章上》有曰：

> 聖人之行不同也，或遠或近，或去或不去，歸潔其身而已矣。〔註86〕

孟子「歸潔其身」之說是爲詳辯「伊尹以割烹要湯」一事，其於此段文前先曰：「吾未聞枉己而正人者也，況辱己以正天下者乎？」故此中所謂「歸潔其身」，應歸結爲「正」之意，所指是首要「正己」而後方得以「正天下」的理想。孟子點明伊尹乃「樂堯舜之道」者，繼而強調其是「以堯舜之道」要湯，非以割烹要之也。孟子所謂的「歸潔其身」，主要直指「正己」與依從「堯舜之道」的原則，自可作爲孔子「居敬」、「恭己」說法的補充。另《禮記・哀公問》中亦記有孔子對於「敬身」之看法：

> 公曰：「敢問何謂敬身？」孔子對曰：「君子過言，則民作辭；過動，
> 則民作則。君子言不過辭，動不過則，百姓不命而敬恭，如是，則
> 能敬其身；能敬其身，則能成其親矣。」〔註87〕

孔子之所以強調「敬身」，除了在乎人君之恭己、端己以敬外，主要還因爲在上位者的言行乃百姓學習之典範，故此「敬」尚包含「言不過辭，動不過則」之分寸；若此，百姓便能通過模習自然展現出「不命而敬恭」之效，進而達到「不令而行」的理想狀態，人君之「行簡」亦始爲可能。

　　原始儒家「無爲而治」的政治理想，之所以可能通過至約行簡之內容實踐而達致，主要是因爲儒家所謂「簡」之內容，並非僅是薄使簡要等行動上的要求，而應如孟子論「禹之行水」，其曰：

> 所惡於智者，爲其鑿也。如智者若禹之行水也，則無惡於智矣。禹之
> 行水也，行其所無事也。如智者亦行其所無事，則智亦大矣。〔註88〕

〔註85〕《論語・憲問》：「子曰：『君子道者三，我無能焉：仁者不憂，知者不惑，勇者不懼。』子貢曰：『夫子自道也！』」《論語注疏》，頁128。

〔註86〕《孟子正義》，頁169。

〔註87〕《禮記注疏》，頁850。

〔註88〕《孟子正義》，頁152。

由上下語脈來看，孟子所惡之智乃因其「鑿」。「鑿」，據《說文解字》曰：「穿木之器曰鑿。因之既穿之孔，亦曰鑿矣。」〔註89〕由此可見「鑿」乃有人爲穿鑿成孔之意。趙岐之注：「惡人欲用智而妄穿鑿」〔註90〕亦同上意。若由此觀孟子謂禹行水之「行其所無事」，應是以「鑿」與「無事」對舉，相對強調「有意人爲」與「自然隨順」的差異，此如朱子之言：

> 天下之理，本皆利順，小智之人，務爲穿鑿，所以失之。禹之行水，則因其自然之勢而導之，未嘗以私智穿鑿，而有所事，是以水得其潤下之性而不爲害也。〔註91〕

禹行水之「行其所無事」，除水本身的潤下之性外，禹不以私智穿鑿，而就水的自然之勢進行引導，如此則不管是禹之「行水」抑或水勢之行，皆無所矯揉造作而自然如此，一如孟子反覆強調「由仁義行，非行仁義也」〔註92〕之主張，「由仁義行」乃特顯無所刻意的踐德型態，自然而然展現出仁義之價值，以仁義之心充分觀照人倫庶物，引導人民及萬物都能夠各安其位、各循其序。在這樣的社會氛圍中，統治者不以私智來測度、遣使百姓，僅順隨自然與天道之理予以導之、化之，故人君敬身立德而成於上，游藝有方而濟於下。若能如此，則薄使簡要的至約之政便不僅僅是政治策略上的訴求，而是對天道自然之理的呼應。孔子亦曾曰：「天何言哉？四時行焉，百物生焉，天何言哉？」「天」無所言、無刻意、穿鑿之行，卻以如此極簡的姿態自然運化四時、萬物而有理有序。在孔子的認知中，舜亦無何爲，僅是「恭己正南面」便成全「無爲而治」的理想，舜之恭己而正，一如「居敬」的具體展現，實際聚焦於人君恭己、用敬、無蔽無壅之「知」、守仁、謹禮、「言不過辭，動不過則」等綜合表現上，所以「居敬」是「行簡」之所以可能的根據；「行簡」亦必依恃「居敬」而得成此「簡」之合理性。

由此來說，儒家治道之「行」無法脫離「居敬」與「簡」而單獨作爲，因離開了「簡敬」之道，便無可檢驗「行」之合理性與意向的正當性，容易使「行」擴張成爲肆恣、爲所欲爲的行爲表現，在這種情況下，人君的行爲與意向無有任何牽制，政治政策之推行便容易因盲動而陷民於火水之中，遠

〔註89〕 〔漢〕許慎：《說文解字注》（台北：黎明文化事業，1996年），頁713。
〔註90〕 《孟子正義》，頁152。
〔註91〕 〔宋〕朱熹：《四書章句集注》，頁416。
〔註92〕 《孟子正義》，頁145。

遠悖離孔子「無爲而治」的治道理念，故「簡敬」爲政之道即於「無爲而治」之行政實踐模式而言，正如車輪之轂，《周禮》中有曰：「轂也者，以爲利轉也」。〔註93〕「簡敬」之道正像車轂，居其所而足爲車輻之所據，同時保證車輪的順利運轉，所以缺了車轂之輪意同於失去運轉行動的能力；同樣的道理，無有「簡敬」之道以爲「無爲而治」行政實踐模式之輪轂，則「無爲而治」理念之實踐便容易失於偏頗、窒礙難行。準此，徐復觀所謂「『簡』與『無爲』相近」的說法，或應進一步補充增益爲：「『簡敬』與『無爲』相近」，以明示原始儒家「無爲而治」於動態實踐歷程中的核心原則。

二、「任賢」／「保民」／「順化」爲行政之轉輻

儒家「無爲而治」之行政模式以「簡敬」爲輪轂，意同於有德人君「居敬」而立其中，藉由「修己以敬」以臨民，透顯一無私智穿鑿的至約簡要之政；並同時講究由「修己以敬」往「修己以安人」、「修己以安百姓」推擴其實踐效應，發揮「簡敬」之核心價值。唯，僅有人君以「敬」居其所，而無其他行政策略附庸支持，亦如缺少輪輻之車輪，無法發揮物件該有的效用。劉勰《文心雕龍》中曾以轂輻的配合來比喻構思之用，其曰：「是以駟牡異力，而六轡如琴；並駕齊驅，而一轂統輻；馭文之法，有似於此。」〔註94〕劉勰主張馭文之法正如駕車，只要構思運作如宜，便能得並駕齊驅、一轂統輻的運作之妙；《周禮》亦有言：「輻也者，以爲直指也。」賈公彦疏曰：「入轂入牙，並須直指，不邪曲也。」〔註95〕因此，車轂雖統輪輻之運轉，然附轂之輻必是直指而不邪曲，否則亦無所爲用。準此，既然「簡敬」爲儒家「無爲而治」行政實踐模式之車轂，則亦必有其他轉輻以支持輪轂之作用，且此轉輻內容必是符合儒家對於「正」之要求，方得以「直指」而無有枉曲，巍巍蕩蕩行於儒家思想之正道上。概括言之，原始儒家「無爲而治」行政實踐模式的重要轉輻，即爲：「任賢」、「保民」與「順化」三項原則，此二者圍繞著「簡敬」而成「無爲而治」運轉之「輪」，亦同時建構出「無爲而治」的運作規矩與實踐法則。以下將嘗試分述之。

〔註93〕　《周禮注疏》，頁597。
〔註94〕　〔梁〕劉勰著，周振甫譯注：《文心雕龍譯注》（台北：五南圖書公司，1993年），頁510。
〔註95〕　《周禮注疏》，頁597。

（一）任　賢

　　從「任賢」一項來看，《論語》中有關「無爲而治」的直接文獻，不管是〈衛靈公〉的「無爲而治」章，抑或〈爲政〉的「爲政以德」，細究其內容之陳述，不難發現其中並未有關於舉賢任能而使人君得以無爲而治的相關論述；不過若檢視注疏內容，即可發現歷代注疏家多將「無爲而治」之所以可能的根據推導至舜帝「任賢」之功上，〔註96〕並一再由此演繹申論成儒家重要的「任賢」主張。歷代注家對於「無爲而治」的詮釋雖不免有時代立場的差異，然卻有志一同地將「無爲而治」的重要實現理據指向「任賢」，可知此已非關個人立場的問題，而是來自對歷史「實然」之事實判斷的結果。

　　當前可見有關舜之記載較早的當是《尙書》與《左傳》二書，而後方有司馬遷《史記・五帝本紀》綜合《尙書》、《左傳》及《孟子》等相關典籍的說法，詳盡勾勒出舜之個人遭遇與行政態度。《尙書・虞書・舜典》中即有曰：

　　　曰若稽古帝舜，曰重華協于帝。濬哲文明，溫恭允塞，玄德升聞，

　　　乃命以位。愼徽五典，五典克從；納于百揆，百揆時敍；賓于四門，

　　　四門穆穆；納于大麓，烈風雷雨弗迷。〔註97〕

孔安國傳又引《左傳・文公十八年》中之記載曰：「舜臣堯，舉八愷，使主后土，以揆百事，莫不時序，地平天成。舉八元，使布五教于四方，父義、母

〔註96〕如何晏曰：「言任官得其人，故無爲而治也。」皇侃疏亦依何晏之論言：「註言任官至治也，在朝故是任官得其人也。由受授皆聖，舉十六相在朝，故是任官得其人也。」朱熹亦言道：「獨稱舜者，紹堯之後，而又得人以任衆職，故尤不見其有爲之跡也恭己者……。」清代劉寶楠《論語正義》更是詳論：「注言：任官得其人，故無爲而治。正義曰：注以恭己固可以德化，然亦因輔佐得人乃成郅治，此注可以補經義《漢書・董仲舒傳》對策曰：堯在位七十載，迺遜於位，以禪虞舜，堯崩天下，不歸堯子丹朱而歸舜，舜知不可辟迺，即天子之位，以禹爲相，因堯之輔佐，繼其統業，是以垂拱無爲而天下治。又曰：三王之道所祖不同，非其相反，將以捄溢扶衰，所遭之變然也，故孔子曰：亡爲而治者，其舜虖！改正朔，易服色，以順天命而已，其餘盡循堯道，何更爲哉，此即謂舜因堯舊任官得人也。《大戴禮・主言》篇：昔者，舜左禹而右皋陶，不下席而天下治。《新序・雜事三》：故王者勞於求人，佚於得賢，舜舉衆賢在位，垂衣裳恭己無爲而天下治。《詩・卷阿》云：『伴奐爾游矣，優游爾休矣』。鄭箋伴奐自縱弛之意也，賢者既來王以才官秩之各任其職，則得伴奐而優游自休息也。孔子曰：無爲而治者，其舜也與！恭己正南面而已，言任賢故逸也，並與此注義同。」

〔註97〕〔漢〕孔安國傳：《尙書注疏》，重刊宋版十三經注疏本，（台北：藝文印書館，2001年），頁34。

慈、兄友、弟恭、子孝，內平外成。」〔註98〕其中「百揆」〔註99〕便是指舜因堯之舊任賢爲官，百官承順而心悅誠服；「八愷」、「八元」〔註100〕則分別是高陽氏（顓頊）與高辛氏（帝嚳）底下的能人賢臣，各有數爲八，因民蒙受其利，故謂之。此便是以「八愷」、「八元」象舜之如顓頊、帝嚳般能夠任賢唯才，使人民得以安身立命，故而能行五常之教。由此足見，舜之知人任賢的能力早就於史籍中被記錄肯定，並成爲後世人君庶政之典範，因此雖孔子未於《論語》中直揭舜任賢知人之一面，然後代注疏家卻自然將舜之形象與史籍所載其知人任賢的能力聯繫起來，並把此「實然」的歷史事實歸納後進一步轉化、擴大爲對人君能力「應然」的要求，成爲儒家「無爲而治」實現的重要原理原則之一。

再回至「簡敬」之車轂核心以觀，孔子所謂「居敬」者，既與恭己、用敬、無蔽無壅之「知」、守仁、謹禮等德行特質有關，則可進一步由此理解樊遲問「知」於孔子的相關內容：

> 問知。子曰：「知人。」樊遲未達。子曰：「舉直錯諸枉，能使枉者直。」樊遲退，見子夏，曰：「鄉也吾見於夫子而問知，子曰：『舉直錯諸枉，能使枉者直』，何謂也？」子夏曰：「富哉言乎！舜有天下，選於眾，舉皋陶，不仁者遠矣。湯有天下，選於眾，舉伊尹，不仁者遠矣。」〔註101〕

樊遲雖未言明所問之「知」的內容，然由孔子言論與子夏的補充，大致可肯定此中「知」之所指，可能是爲人君或統治者之「知」，亦即政治上的統治

〔註98〕 〔晉〕杜預注，〔唐〕孔穎達疏：《春秋左傳正義》，重刊宋版十三經注疏本，（台北：藝文印書館，2001年），頁353。

〔註99〕 〔宋〕蔡沈《書集傳》：「百揆者，揆度庶政之官，惟唐虞有之，猶周之冢宰也。」《舊唐書・代宗紀》：「唐虞之際，內有百揆，庶政惟和。」〔宋〕王安石《變說》：「將有治於天下，則可以無相乎，故命禹以宅百揆也。」〔明〕張居正《贈畢石庵宰朝邑敘》：「昔者舜起匹夫，攝百揆。及爲天子，闢四門，明四目，達四聰，好問，好察邇言。」舊說「百揆」有兩種涵義，一是指百官之統領；另一則是直接指百官。本文於此乃取「百官」之意，以突顯舜帝之庶政有紀。

〔註100〕 《左傳・文公十八年》：「昔高陽氏有才子八人：蒼舒、隤敱、檮戭、大臨、尨降、庭堅、仲容、叔達，齊、聖、廣、淵、明、允、篤、誠，天下之民謂之八愷。高辛氏有才子八人：伯奮、仲堪、叔獻、季仲、伯虎、仲熊、叔豹、季貍，忠、肅、共、懿、宣、慈、惠、和，天下之民謂之八元。此十六族也，世濟其美，不隕其名。」《春秋左傳正義》，頁353。

〔註101〕 《論語注疏》，頁110。

智慧。孔子以「舉直錯諸枉」作爲在上位者之「知」的展現，《論語集解》中包咸曰：「舉正直之人用之，廢置邪枉之人，則皆化爲直。」〔註102〕此說正與〈爲政〉中哀公問曰：「何爲則民服？」而孔子答曰：「舉直錯諸枉，則民服」〔註103〕之意相符。且據《大戴禮・主言》中所記孔子之言：「仁者莫大於愛人，知者莫大於知賢。」〔註104〕可見孔子所謂「知」的內容，實際上是指知賢舉材之「知」，而以「舉直」、「錯諸枉」爲「知賢」的策略行動，展現「使枉者直」的政治效用，故子夏譬之曰舜有皋陶、湯有伊尹，意喻人君若能知賢舉材，則不仁者自然矯枉或遠離，無待心機與權謀之知的作用。此即如《孟子・滕文公上》所言：

> 堯以不得舜爲己憂；舜以不得禹、皋陶爲己憂。……是故以天下與人易，爲天下得人難。……堯舜之治天下，豈無所用其心哉？亦不用於耕耳。〔註105〕

堯、舜所展現的人君之「知」，非以耕、織、漁、獵等技術性的改良爲重點，亦非是以天下之「與」、「讓」爲關鍵，而是將其用心發揮在「爲天下得人」上，故荀子亦有曰：

> 天子者，執位至尊，無敵於天下，夫有誰與讓矣？道德純備，智惠甚明，南面而聽天下，生民之屬莫不震動從服以化順之。〔註106〕

孟子從一「難」／「易」之相對關係來辯證出儒家政治觀的實際考量，而以「爲天下得人」爲堯舜等聖王的終極用心，這是孟子對於「知賢」的高度標舉；荀子之言，其關注焦點亦是就人君「南面而聽天下」如何可能的問題進行考慮，從人君之「道德」、「智惠」處同時肯定，而非單純以「禪讓」政治爲善，故舜「恭己正南面」之「無爲而治」的完成，堯之「禪讓」並非是絕對必要條件，「知人」與「爲天下得人」反而才是此中的重要關鍵。

　　荀子在〈王霸〉篇中曾指出：「人主者，以官人爲能者也。」同時進一步明述人主在「能官人」後於政治上所產生的後續影響，其曰：

〔註102〕程樹德：《論語集釋》，收入於《四部要籍注疏叢刊・論語》，（北京：中華書局，1998 年），頁 1927。

〔註103〕《論語・爲政》：「哀公問曰：『何爲則民服？』孔子對曰：『舉直錯諸枉，則民服；舉枉錯諸直，則民不服。』」《論語注疏》，頁 18。

〔註104〕〔清〕王聘珍：《大戴禮記解詁》（北京：中華書局，1998 年），頁 8。

〔註105〕《孟子正義》，頁 97。

〔註106〕梁啓雄：《荀子簡釋》（台北：木鐸出版社，1988 年），頁 241。

> 故治國有道，人主有職。若夫貫日而治詳，一日而曲列之，是所使
> 夫百吏官人爲也，不足以是傷游玩安燕之樂。若夫論一相以兼率之，
> 使臣下百吏莫不宿道鄉方而務，是夫人主之職也。若是，則一天下，
> 名配堯、禹。之主者，守至約而詳，事至佚而功，垂衣裳，不下簟
> 席之上，而海內之人莫不願得以爲帝王。夫是之謂至約，樂莫大焉。
> 〔註107〕

荀子認爲所謂治國之道，並非人主終日孜孜矻矻、「貫日而治詳」。人主之職，乃在「論一相以兼率之」，使百吏官人都能各在其位、各盡其職而「爲」，故如何知材舉賢以兼率百吏官人便成爲人君的必修課題，亦是最關鍵的人君之「知」。若統治者能切實明白此道理，同時實踐以治國，則從人君來說，便能「守至約而詳，事至佚而功」；由百姓來說，乃「海內之人莫不願得以爲帝王」，人民自然歸趨和上而無所勉強。此中「至約」、「至佚」即同孔子「行簡」之所指；人君治國得以「垂衣裳，不下簟席之上」而天下治，則是原始儒家「無爲而治」的終極嚮往，故荀子亦明言此「一天下」的政治狀態，乃是「名配堯舜」之治，在儒家政治思想中具有絕對的指標性意義。

（二）保　民

自周代以降，「保民以德」的觀念便持續發酵，同時影響後代政治思想深遠。當代學者林碧玲論及周公及周初王朝的政治天命史觀時，已指出：「民命才是天命終極關懷與最後目的的實質內涵」，其同時從《尚書・康誥》中周公勉勵康叔：「用康保民，弘于天若」之效法殷哲王並以德治理殷遺的內容申論：

> 可見周公所謂的效法殷哲王的道德實踐即在容保民，而且是包括要
> 安保前朝的遺民，因爲普天之下莫非王民，亦即是莫非天之民，這
> 也是《周頌》親敬殷遺、德化周普的依據。〔註108〕

由此可知，周代所謂「保民」已非是以狹隘的政權統治權力去進行區隔，而是在「普天之下莫非王民」的理念主導下，實現德化周普的「保民」理想；亦因爲如此，「保民」所標誌的應當是政治統治權力的具體展現，把統治者受天命所喜而有天下的事實通過「保民」的行動實踐彰顯出來。換句話說，安保前代遺民正是當朝政權展現「有德」的誠意表現，亦是對於權力正當性來

〔註107〕同上注，頁145～146。
〔註108〕林碧玲：〈儒學形上思想探原——以周初的天命觀爲核心〉，收入於《第六次
儒佛會通論文集》，（台北：唐山出版社，2002年），頁54～55。

源的自我宣誓。

　　孔子承周代「敬德保民」及「明德愼罰」的理念，並將「以德配天命」的「德命」內容注入「道德」的生命，在「德」之義涵的延續與開展上，融攝道德「德性」與治道之「行德保民」兩端，陶鑄「無爲而治」以「德」行之的德化性格。此在前文第三章──「『從周』:『疾敬德』之政德觀念」一節中已有詳細申論，於此將不再覆述。然由此可知，孔子對於「保民」的態度及主張實是對前代思想的直接繼承，故當子貢問曰:「如有博施於民而能濟眾，何如?可謂仁乎?」孔子立刻正面且果斷地答曰:「何事於仁，必也聖乎!堯、舜其猶病諸!」〔註109〕於此可見孔子將「博施於民」與「濟眾」視爲是儒「聖」所應涵具的行爲軌範之一，且其將之與堯、舜相提並論，乃可知此「博施於民而能濟眾」應是針對理想治道的相對投射。

　　《禮記・表記》中有曰:「虞夏之道，寡怨於民」，並錄有一段孔子評價虞舜的重要言論:

> 子言之曰:「後世雖有作者，虞帝弗可及也已矣。君天下，生無私，死不厚其子;子民如父母，有憯怛之愛，有忠利之教;親而尊，安而敬，威而愛，富而有禮，惠而能散;其君子尊仁畏義，恥費輕實，忠而不犯，義而順，文而靜，寬而有辨。〈甫刑〉曰:『德威惟威，德明惟明。』非虞帝其孰能如此乎?」〔註110〕

孔子盛讚虞舜之政德，並認爲後世無有可及者，其中「寡怨於民」正是以民爲本的施政考量，故與「子民如父母」均是「保民」的項目之一，亦是君之爲君可以行使、應當行使、亦必行使的治道內容。此「可以」、「應當」、「必要」的要求，除了強調人君行政、治道之義務，實際上也同時標誌了人君行政權力之正當性來源的肯定。

　　另值得注意的是，儒家的保民之論極少單獨陳述;也就是說，儒家的「保民」之論必與人君其他德性並顯始得以成全「保民」的意義，故如前段文獻所列，舜乃因其無私、尊仁、明德、禮義、寬惠等德性的多元配合，此「子民如父母」的用心與行爲方有所依。此外，孟子於〈梁惠王上〉回答齊宣王問「德何如，則可以爲王矣」時，孟子答曰「保民而王」。除了「德」的內容外，林啓屏認爲孟子此則文獻的焦點乃在「『仁術』之『心』的發動」上，故

〔註109〕《論語注疏》，頁55。
〔註110〕《禮記正義》，頁916。

所謂「保民而王」又與統治者內在仁心的發動有關，且此「統治者內『心』價值意識的發動，才足爲權力正當性賦予的最終極保證。」〔註111〕由此足見儒家的「保民」之論，雖承周代「敬德保民」的觀念而來，然其內在義涵與主要性質已從政權正當性的宣示，轉化成爲對人君個人言行與用「心」的要求上。如此一來，聖君之「保民」除教百姓蓄積有餘之道，使民遠離饑饉困頓外，〔註112〕儒家的「保民」實際上是與統治者個人之君德有所聯繫，並關注人君的用心，此可從《禮記・孔子閒居》的內容進一步補充：

> 孔子閒居，子夏侍。子夏曰：「敢問《詩》云：『凱弟君子，民之父母』，何如斯可謂民之父母矣？」孔子曰：「夫民之父母乎，必達於禮樂之原，以致五至，而行三無，以橫於天下。四方有敗，必先知之。此之謂民之父母矣。」子夏曰：「民之父母，既得而聞之矣；敢問何謂『五至』？」孔子曰：「志之所至，詩亦至焉。詩之所至，禮亦至焉。禮之所至，樂亦至焉。樂之所至，哀亦至焉。哀樂相生。是故，正明目而視之，不可得而見也；傾耳而聽之，不可得而聞也；志氣塞乎天地，此之謂五至。」子夏曰：「五至既得而聞之矣，敢問何謂三無？」孔子曰：「無聲之樂，無體之禮，無服之喪，此之謂三無。」〔註113〕

〈孔子閒居〉的這段文字與先秦儒家出土文獻〈民之父母〉的內容大同小異，足見《禮記》中的這段文字實際上乃是來自於先秦舊籍內容的轉錄，非是後

〔註111〕林啓屛：《從古典到正典：中國古代儒學意識之形成》（台北：國立臺灣大學出版中心，2007 年），頁 55。

〔註112〕《孟子・盡心上》：「易其田疇，薄其稅斂，民可使富也。食之以時，用之以禮，財不可勝用也。民非水火不生活，昏暮叩人之門戶，求水火，無弗與者，至足矣。聖人治天下，使有菽粟如水火。菽粟如水火，而民焉有不仁者乎？」《孟子》此章乃在強調，聖人治天下非僅重在從抽象、超越的仁道去興發人民的道德感，亦不忘教導人民節用致富之道，使人民生活飽暖無虞，如此則民自然有心向仁，而無有不仁者。另從經濟富足的層面去談論儒家的「保民」理論，此即如金耀基《中國民本思想史》中所指：保民、養民是人君的最大職務。另李明輝亦論曰：「儒家以保民、養民爲人君最重要的義務。故無論是孔子的『先富後教』，還是孟子的『有恆產者有恆心，無恆產者無恆心』，其目的都在爲人民提供基本的經濟與社會條件，作爲文化創造與道德教化的基礎。」參金耀基：《中國民本思想史》（台北：臺灣商務印書館，1993 年），頁 8～13。李明輝：《儒家視野下的政治思想》（台北：國立臺灣大學出版中心，2005 年），頁 97。

〔註113〕《禮記正義》，頁 860。

儒捏造的結果，因此是一段足供參考的儒家史料。其中詳細的文義辨證與文字之斟酌，林啓屏於〈分化與詮釋：〈民之父母〉的爭議〉〔註114〕一文中已進行過地毯式的分析。本文所欲突顯者，乃在孔子對於「民之父母」的詮釋與「無聲之樂，無體之禮，無服之喪」之「三無」內容。

　　林啓屏於文中綜合多位學者說法，指出「五至」乃「物、志、禮、樂、哀」或「志、詩、禮、樂、哀」之義；「三無」據清代學者孫希旦的詮釋，其曰：

> 無聲之樂，謂心之和而無待於聲也。無體之禮，謂心之敬而無待於事也。無服之喪，謂心之至誠惻怛而無待於服也。三者存乎心，由是而之焉則爲志，發焉則爲詩，行之則爲禮、爲樂、爲哀，而無所不至。蓋五至者禮樂之實，而三無者禮樂之原也。〔註115〕

透過孫希旦與林啓屏的說解申論，已清楚可知所謂「五至」與「三無」的內容實指向「禮樂」而言，且「三無」更同時講究「爲民父母」之人君內心的「和」、「敬」與「至誠惻怛」，足見人君「橫於天下」與「無所不至」之所以可能，必是通過禮樂的作用輔以對人君內在用「心」的要求。另所謂「無待於聲」、「無待於事」、「無待於服」，亦可看作是某種程度上的儀文之「簡」，此「簡」以人君「和」、「敬」與「至誠惻怛」之心爲依，因此雖無待聲、事、服之勞而行簡，卻是人君足以「橫於天下」、「無所不至」之要徑。據鄭玄注，「橫於天下」之「橫」乃爲「充」義。此意謂人君若以禮樂爲本，致「五至」、行「三無」，則便是以「民之父母」的姿態充盈於天下，所以能夠見微知著，「四方有敗，必先知之」，守護人民遠離艱險。因此《禮記・禮運》以禮之用論曰：

> 故先王患禮之不達於下也……王，前巫而後史，卜筮瞽侑皆在左右，王中心無爲也，以守至正。故禮行於郊，而百神受職焉，禮行於社，而百貨可極焉，禮行於祖廟而孝慈服焉，禮行於五祀而正法則焉。
> 故自郊社、祖廟、山川、五祀，義之修而禮之藏也。〔註116〕

此謂重禮、用禮，人君便可居中而無爲，通過禮之行使社稷有序、祖廟有祀、

〔註114〕林啓屏：〈分化與詮釋：〈民之父母〉的爭議〉，收入於《從古典到正典：中國古代儒學意識之形成》，頁295～330。

〔註115〕〔清〕孫希旦著，沈嘯寰、王星賢點校：《禮記集解》（北京：中華書局，1989年），頁1276。

〔註116〕《禮記正義》，頁436。

百神願祐，這說法正可與「民之父母」得以「橫於天下」、「無所不至」的「五至」、「三無」內容相互發凡。另除禮之用外，林啓屏亦說道：

〈民之父母〉的儒學性格是至爲重要的事實。也就是說，不管將〈民之父母〉置於孟子的思想系統，或將其安放在荀子的解釋脈絡中，〈民之父母〉對於統治者要以「五至」治理天下的主張，均可獲致一符合儒學對統治者（君）的理想期待。〔註117〕

既如林啓屏所言，〈民之父母〉所展示的是原始儒家對「君」的理想期待，則可進一步歸納上述論述內容，以明儒家從「保民」主張所衍生的儒學政治思想與相關行政型態。總括而言，孔子言論中「民之父母」所影射的對象人君，實際上涵容了「子民如父母」的「保民」心態，且此「保民」的理念不僅在協助百姓免於饑饉凍餒之苦，貫徹「養民」之效，亦同時要求人君內心的「和」、「敬」與「至誠惻怛」，把「保民」與君德緊密地聯繫起來。如此一來，「保民」便非僅是以禮樂等外在儀文去管理百姓，而是通過禮樂的作用使君心之用符合「保民」的原則；換句話說，即人君無需以禮樂之繁文縟節加諸於百姓身上，卻因君心之用浸潤於禮樂之中而自然達到「保民」的效果。人君之心是「和」、「敬」且「至誠惻怛」；人君之貫徹「禮」用，又可進一步實現行簡而令自行的理想，一如「王中心無爲也，以守至正」之謂，此正是儒家「無爲而治」以人君「居敬行簡」爲核心的實際展現，而以「保民」爲利轉之一輻。

梁啓超曾於〈論政府與人民之權限〉一文中，由近現代的政治觀點回視中國古代政治傳統，其同時指出：

仁政必言保民，必言牧民。牧之保之云者，其權無限也，故言仁政者，只能論其當如是，而無術以使之必如是。〔註118〕

梁氏對於「仁政」內容的說解與詮釋，雖距先秦時代已有千年之遙，然卻適可爲原始儒家「無爲而治」之行政實踐模式的現代註腳，因「無爲而治」整體仁政內容之實現，亦必不離保民、牧民之理念原則，也非依待於實踐步驟的合理程序展現，而是從「應然」處起念，超越地描繪出理想政治型態「當如是」之貌，因此「簡敬」之軸心搭配「任賢」、「保民」、「順化」之轉輻作用所運轉者，當是澆灌理想仁政之活水，而非政治術用的狹隘操作。

〔註117〕林啓屏：〈分化與詮釋：〈民之父母〉的爭議〉，頁313。
〔註118〕楊鋼、張品興、王相宜編校：《梁啓超全集》（北京：北京出版社，1999年），頁883。

（三）順　化

「順化」，是原始儒家「無爲而治」思想付諸實踐時的重要原理原則之一。前文第三章論及舜之角色乃「至天下之善教化者」時，已通過文獻的聯繫，將孔子「無爲而治」理想與舜帝「善化」特質進一步縮合，於是舜帝「恭己正南面」之「化」乃成爲「無爲而治」中理想人君「順化」能力之思想前承。本文所謂「順化」，乃類同於儒家樂教「正聲感人，而順氣應之；順氣成象，而和樂興焉」〔註119〕的狀態，是一由「正」而感、而應、而成、而興和樂的過程，故百姓臨於人君之正化，即如接受雅樂正聲之薰陶，足以使「惰慢邪辟之氣不設於身體，使耳目鼻口、心知百體皆由順正以行其義」，如此之人君雖垂拱無爲，然自然可致「德煇動於內，而民莫不承聽；理發諸外，而民莫不承順」〔註120〕之效。因此儒家思想中所陳設的「順化」模式，不僅不等同於道家與自然「委化」的順化型態，〔註121〕且於此已約略可見儒、道兩家治道策略的基本差異所在。

以「化」民而代「責」民，是原始儒家孔、孟、荀的共同理想，因此孔子強調「導之以德，齊之以禮」，即亟欲通過道德意識的興發使民內自省而得化；也正因爲如此，「爲政以德」與舜「恭己正南面」之「無爲而治」一直被相提並論，因儒家治道的內容中本就預涵有「德化」的要求，且原始儒家的代表人物自孔子以降，便從正面肯定「道不遠人」與「我欲仁，斯仁至矣」的德業養成過程，意即肯認道與仁之周遍存有，唯待個人靈明本心之覺知以煥發此原已具足的道德意識，所以儒家之「化」不是由百姓個人之「知」去開啓，此「知」乃指外在客觀的學問、知識之「知」；而是從主體內在的精神與本心處去煥發，深入於民心而善教之、善道之，由諸多主體靈明本心的睿知自然響應，共成儒家理想之善政。是故《孟子‧盡心上》有：

〔註119〕《禮記正義》，頁681。

〔註120〕同上注，頁695。

〔註121〕王叔岷箋釋陶淵明詩時，曾謂：「此首（〈神釋〉）言委化，亦即順化，與莊子外死生之旨合。」王叔岷在此將「順化」釋爲與自然委順變化之意。另楊儒賓釋〈齊物論〉中滑稽（滑疑）之「用」時亦曰：「滑稽的『用』乃是隨天鈞運轉的用，是『隨』（委化）之用，是寓於平常之用。」故此中「隨」所指涉的「委化」，亦是隨順自然變化之意，也就是王叔岷所說的「順化」。參王叔岷：〈陶淵明形影神詩三首並序箋證〉，收入於《陶淵明詩箋證稿》，（臺北：藝文印書館，1975年）；楊儒賓：〈儒門內的莊子〉，收入於劉笑敢主編：《中國哲學與文化》第四輯，（桂林：廣西師範大學出版社，2009年）。

> 霸者之民，驩虞如也；王者之民，皞皞如也。殺之而不怨，利之而
> 不庸，民日遷善而不知爲之者。夫君子所過者化，所存者神，上下
> 與天地同流，豈曰小補之哉！〔註122〕

孟子此處所謂的「君子」，正是指前文的「王者」而言。聖王存心神妙莫測，且其德業足以「上下與天地同流」，此種通過聖德君子所激淬出來的聖賢氣象，正如蔣年豐所說：

> 就儒家而言，氣象乃是道德精神流貫瀰漫於一個人的言談舉止而產
> 生的；氣象也可說是身體力行的成果。簡單地說，氣象是實踐的，
> 而非思辨的。〔註123〕

就如蔣氏所論，儒家聖王氣象乃是通過實踐展現意義，所以「王者」不若「霸者」，行使於民的恩澤暴見易知，亦不僅是以小利養民使民歡愉。聖王是從自我的言行處踐德力行、煥發主體仁心，而後方能以此個體之「仁」去照見、煥發百姓之仁，讓百姓亦願循仁而行於正道。所以孟子說「善教」可以「得民心」、使「民愛之」，〔註124〕蔣伯潛廣解認爲孟子「善教」之謂即是孔子所強調的「導之以德，齊之以禮」，並認爲此乃湯武之王，傳世數百年未易動搖的主要原因。〔註125〕由此已可知，孟子以「善教」主張迎契孔子「導之以德，齊之以禮」的「順化」理想；荀子主張雖多有歧出之論，然其亦於〈正論〉中肯定：

> 堯、舜至天下之善教化者也。南面而聽天下，生民之屬莫不振動從
> 服以化順之。〔註126〕

就此而言，則孔、孟、荀皆認同無爲而治「順化」之可能乃直契聖王人格氣象來說，因「氣象」飽滿充盈於內外，正象仁義禮智根於心的君子之性：「其生色也，睟然見於面、盎於背。施於四體，四體不言而喻。」〔註127〕這般圓融飽滿的聖賢氣象，亦即無爲而治所要求「居敬行簡」之人君，「居敬」象其內在之性與氣象之沛然無缺，「施於四體，四體不言而喻」正如「民日遷善而

〔註122〕《孟子正義》，頁231。
〔註123〕蔣年豐：〈品鑒人格氣象的解釋學〉，收入於《文本與實踐（一）——儒家思想的當代詮釋》（台北：桂冠圖書出版公司，2000年），頁11。
〔註124〕《孟子・盡心上》：「仁言，不如仁聲之入人深也。善政，不如善教之得民也。善政民畏之；善教民愛之。善政得民財；善教得民心。」《孟子正義》，頁231。
〔註125〕蔣伯潛廣解：《孟子》（台北：啓明書局，1961年），頁318。
〔註126〕《荀子簡釋》，頁241。
〔註127〕《孟子正義》，頁233。

不知爲之者」之自然，何須待行煩勞形以得？是故人君通過道德精神的通貫流轉感化人民，正如禮樂的傳播，《周禮・春官宗伯第三》有曰：「以禮樂合天地之化、百物之產，以事鬼神，以諧萬民，以致百物。」〔註128〕禮樂之合足以化天地萬物、致諧萬民，正因禮有序而樂致和，故〈樂記〉中有樂和「故百物皆化」〔註129〕的說法；〈中庸〉亦有曰：

> 郊社之禮，所以事上帝也；宗廟之禮，所以祀乎其先也。明乎郊社
> 之禮、禘嘗之義，治國其如示諸掌乎！〔註130〕

禮樂遍行，正在以其和氣、有序進一步順化致諧，使治國如觀掌上紋一般容易，〔註131〕故不僅前文討論〈民之父母〉的「保民」理念時，講究人君要以禮、樂爲本；「順化」亦必依賴禮樂的作用；人君的「任賢」唯能，就行政實踐層面來說，更是從制禮典樂、維持禮樂本質之穩定來進行考量，所以《尚書・舜典》中便有舜命伯夷典三禮、命夔典樂的紀錄。〔註132〕伯夷與夔皆是堯時即啓用的賢臣之一，不過堯時未有分職，至舜攝政乃考其才而任命之。〔註133〕可見「任賢」、「保民」、「順化」三輻之運轉亦在深化禮樂的作用，通過禮樂作用的傳播，將人君「居敬行簡」的用心推擴出去。

此中值得注意的是，儒家「無爲而治」雖視禮樂的作用爲「任賢」、「保民」、「順化」三輻運轉所產生的直接效應，然此「禮樂」所指乃禮與樂的內在本質，亦即孔子所說「仁而不仁，如禮何？仁而不仁，如樂何？」之謂，故講究的是「仁」的內在發用，而非僅是禮、樂的外在儀文聲色。然，何處又是「仁」之所依？即在人君「簡敬」之核心中。具有道德創造力之「仁」

〔註128〕《周禮注疏》，頁 278。
〔註129〕《禮記正義》，頁 669。
〔註130〕同上注，頁 885。
〔註131〕勞思光釋「明乎郊社之禮、禘嘗之義，治國其如示諸掌乎」一句時有曰：「明白祭天地之禮、祭祖先之禮的意義後，治理國家就像掌上觀紋一樣容易了。」勞思光：《大學及中庸譯註新編》（香港：香港中文大學出版社，2000 年），頁 66。
〔註132〕《尚書・舜典》：「帝曰：『咨，四岳！有能典朕三禮？』僉曰：『伯夷。』帝曰：『俞咨！伯，汝作秩宗。夙夜惟寅，直哉惟清。』伯拜稽首，讓于夔、龍。帝曰：『俞，往欽哉！』帝曰：『夔，命汝典樂，教胄子。直而溫，寬而栗，剛而無虐，簡而無傲，詩言志，歌永言，聲依永，律和聲；八音克諧，無相奪倫：神人以和。』」《尚書正義》，頁 45。
〔註133〕徐北文：〈舜王朝二十二大臣考〉，收入於《海岱居文存》，（濟南：齊魯書社，2006 年），頁 31～36。。

引領、縐合「道」之正、恭己之「德」、與多方之「藝」而成「志道」、「據德」、「游藝」三目之交互作用，由自然有制於天下回視探見「無爲而治」之可能，故〈中庸〉引《詩》有云：

> 《詩》云：「予懷明德，不大聲以色。」子曰：「聲色之於以化民，
> 末也。」《詩》曰：「德輶如毛」，毛猶有倫；「上天之載，無聲無臭」，
> 至矣！〔註134〕

以聲色來化成百姓，在孔子看來是其不取之「末」；以明德化之，方是治道之「本」。且此中「上天之載，無聲無臭」的至高理境，彰顯天沒有任何聲音和氣味的作用，卻化育萬物而有序、有理，正若理想人君行「無爲而治」之政，而得使「民日遷善而不知爲之者」。如此，則天道與人道相得益彰，具體展示出原始儒家「無爲而治」實踐的終極理境。

第三節　「無爲而治」之中心意義的動態歷程重構

總結前文，通過「無爲而治」基礎詮釋框架與思想源流發展譜系的提示，輔以「無爲而治」之存在型態與行政實踐模式的分析，其實已隱然透顯出原始儒家「無爲而治」思想中心意義之大要。

分析地說，「夫何爲哉？恭己正南面而已矣」的問與答，實際描繪了舜「無爲」之典型形象；「至天下之善教化者」對舜之形容，則顯示其順化行政的理念；另「居其所而眾星共之」的興象描述，又進一步顯示人君爲政以德便如北辰居其所，故具有指標性的典型意義，使賢臣、百姓自然模習歸向。加上孟、荀思想的推波助瀾，不僅擴大聖賢道統的內容，亦使上古聖王的典型意義更加明確。因此，在這種多方聚焦的結果下，乃使「立典型」成爲儒家「無爲而治」不可或缺的中心意義之一。

其次，理想人君之「譬如北辰」，正象其安身於天人之大中、治道之正位；「允執厥中」，則可見聖王「建中于民」〔註135〕之德。「無爲而治」於人道處所展現「志道」之「正」，亦在一「建中」的理念下追求「叩其兩端而竭焉」〔註136〕之平衡與和諧狀態，故人君之「立典型」，不僅要於「我」此端恭己而

〔註134〕《禮記正義》，頁 900。
〔註135〕《尚書·商書·仲虺之誥》：「王懋昭大德，建中于民，以義制事，以禮制心，
　　　　垂裕後昆。」《尚書正義》，頁 101。
〔註136〕焦循《論語補疏》云：「此兩端即《中庸》舜執其兩端用其中於民之兩端也。」

正，亦必與「民」之彼端相濟相應，才能顯「典型」的價值；然君道與百姓之間如何相濟？此則唯賴中道的作用。君之執中、用中於民，正可使民在中道不偏不倚、無過與不及的和諧氛圍中自然從之、自然正立，如此人君雖似無所作爲，卻得以通過此「中道無爲」的兩端相濟來實現垂拱而治的理想。是故，「執中道」之於儒家「無爲而治」的內容來說乃自有其核心價值，且必與「立典型」錬接爲一個概念整體，始可能透顯儒家「無爲而治」之所以異於他說的特殊意義。

　　另，就儒家思想的實踐性格而論，「無爲而治」理想之揭櫫絕非僅是爲了構築一個富麗堂皇卻遙不可及的空中樓閣，其雖以「無爲」爲旨論，然卻意在使天下自然有制，因此舜帝「納百揆」、「以不得禹、皋陶爲己憂」之用心，正在透過用賢而使職分定，一旦職分定則世道倫序不亂，亦即荀子所言：「明分職，序事業，材技官能，莫不治理」之論。〔註137〕此外，「保民」兼攝禮樂的作用，乃亟欲藉由禮之有序、樂之有和而達致社稷合序的理想。倫序之可察、可安頓，正意味當中必有一秩序、一標準可供檢循，且此標準必是具有普遍意義而後方能衍及百姓。

　　就儒家「無爲而治」來說，此具普遍意義的原理原則便來自於聖賢君道，聖君以其「典型」樹立標準，以「執中」擘畫出不偏不倚的治道秩序，繼而十字打開人間倫序的穩定結構，所以「無爲而治」「察倫序」之中心意義必從「立典型」、「執中道」之錬接效用〔註138〕以顯，一步步由上而下推擴出儒家「無爲而治」的整體意義；另一方面，則又通過「立典型」、「執中道」與「察倫序」三端錬結的積極效應，使以「簡敬」爲車轂、以「任賢」、「保民」、「順

參〔清〕焦循：《論語補疏》，收入於嚴靈峰編：《無求備齋論語集成》，第二十二函，（台北：藝文印書館，1966年）。

〔註137〕《荀子簡釋》，頁167。

〔註138〕此處「錬接效用」與「連漪效用」之說法乃取自顏崑陽：〈論「典範模習」在文學史建構上的「連漪效用」與「錬接效用」〉一文。其文曰：『『連漪』是一種以一個中心點爲開始向四周擴散的水文現象。……『錬接』是鎖錬個個珠粒前後串接的現象。」顏崑陽以「連漪」與「錬接」效用來解釋文學的並時性擴散作用及歷時性的接續現象，本文則取其「擴散」與「接續」之意，用以詮釋「無爲而治」由中心幅射的暈染作用及「立典型」、「執中道」、「察倫序」的錬接關係。參顏崑陽：〈論「典範模習」在文學史建構上的「連漪效用」與「錬接效用」〉，收入於輔仁大學中國文學系、中國古典文學研究會主編：《建構與反思——中國文學史的探索學術研討會論文集》（下），（台北：台灣學生書局，2002年），頁814～815。

化」爲車輻的行政實踐模式實際作用於治道，順勢轉化上而下貫的「鍊接」
型態而爲由中心輻射傳播的「漣漪」暈染效用。如此一來，原始儒家「無爲
而治」思想內容之整體便可被有機建構出來，同時涵具有不與世榮枯的結構
穩定性與具實踐能力的思想生命力，亦可見儒家政治思想的終極關懷所在。

一、「立典型」：「柔得尊位，大中而上下應之」

　　儒家講究「德化」之治，故「無爲而治」的內容乃從「爲政以德」立說。
此「德化」之治道，乃是由人君蘊養自我之德以成周於世用之德，故若臨民
以察，人君「無爲」而可成治的重要關鍵乃懸繫在「君」的有道與爲德上，
且此對象人君亦必具有一「典型」意義，而此「典型」不僅是爲國治民安的
基本根據，亦是原始儒家「無爲而治」思想的核心內容。

　　原始儒家「無爲而治」的理想人君「典型」，自以堯舜爲不二，因堯舜之
治在原始儒家孔、孟、荀之相關論述中，幾乎就是「德治」的代名詞。〔註139〕
堯舜禹等上古聖王的形象經過原始儒家孔、孟、荀的記錄與歷史的形塑，逐
漸在思想文化的認同中積累出特殊的典型意義。特別是在春秋戰國時，天下
未平、暴君代作，民無所安息，上古聖王對「德治」的實踐與落實便更加具
有指標性意義，同時開展成爲一種「絕對」的政治理想之追尋，故聖王典型
與道統譜系開始被勾勒出來，儒家聖王「典型」對象之所指亦更加明確，且
自具有其內在系統性。在這種特殊的文化情境中，具體的「典型」對象經過
孔、孟、荀等相關詮釋與論述，開始被客觀化爲一種獨特的道德人君型態，
此種道德人君之型態，是儒者自覺地根據德治的內容所規劃出來的理想人君
「典型」，具有絕對普遍的儒家道德意義，此意義不僅發揮在儒家的政治策略

〔註139〕上古聖王堯、舜是爲孔、孟、荀共同肯認的理想人君「典型」，此從原始儒家
　　　　相關文獻的記錄中皆可探見端倪，然此中仍有可進一步分殊‧比較之處。堯舜
　　　　「典型」之於孔、孟而言，乃是從一道德處著眼，充分展現對上古郅世的嚮往
　　　　與追尋，因此在治道內容的重建上，孔、孟採取的是一「法先王」的路向，主
　　　　張效法古代聖王之德與政；荀子雖亦肯認「法先王」之功，然其進一步從治道
　　　　效用處直揭：「禹湯有傳政，不如周之察也。」因此相對而言，荀子除由先王
　　　　處肯定「禮莫大於聖王」外，亦同時看重「法後王」之效，因荀子認爲先王之
　　　　道遙不可及，而後王之政粲然明備，故可微之以爲據。不管是孔、孟所主張的
　　　　「法先王」，抑或荀子所謂「法後王」之效，甚至是後來法家所提出「以吏爲
　　　　師」的「法今王」之論，均不離「立典型」的思考以立說，故此中所「法」之
　　　　對象或許有別，然於治道處強調「立典型」的主張卻可見其一致性。

上，亦直接對應「無爲而治」如何可能的問題，實是原始儒家「無爲而治」相當重要的核心內容之一。

近代學者周群振曾在其研究成果中指出：唐虞三代之上古聖人的政教理念乃是「政教合一之具形」。依此可見，由堯、舜之治萌芽的儒家「無爲而治」理想亦必建立在「政教合一」的基礎之上，而此政教內容要能有效推行，必依賴在上位之聖王天賦的實踐力與道德典型意義的發揮。周氏進一步言道：

> 人類文化之衍生發展，必然依循著兩個基本的要求而進行：一爲個
> 體人格之修善，一爲群體共業之安護。落實下來，前者蔚成「教化」，
> 後者蔚成「政治」。〔註140〕

周氏所謂「個體人格之修善」，一如主體道德的自明工夫，亦是「典型化」的形塑過程。主體的自明是個體修善的結果，通過個體修善與道德自明的歷程自然而然圓成；「典型化」，則藉人君主體道德的飽滿進一步展現其「典型」價值，而後通過百姓內在道德意識的煥發使民自然模習、趨向，將人君的影響效應進一步「典型化」。故「教化」乃是在「典型」意義上立教宣化；而「群體共業之安護」，則是「典型」意義的推擴，唯有以人君個體人格之「善」作爲教化的根據，政治的內容才能眞正達到勸善敷教、勤政恤民的效果。因此《荀子‧堯問》中記堯問舜關於「致天下」的方法，舜答曰：

> 執一無失，行微無怠，忠信無倦，而天下自來。執一如天地，行微
> 如日月，忠誠盛於內，賁於外，形於四海。天下其在一隅邪！夫有
> 何足致也！〔註141〕

「執一」，乃舜興象人君如天地一般「無不持載，無不覆幬」，天時專意執一，然四時無有錯行、晨昏無有錯代；「行微」，正顯人君之行雖隱微，卻如日月代明而無有稍怠，故「微」正擬民之所見人君之行似「無爲」，「無怠」又是百姓臨受君澤之「有」的直接肯定。人君如何行微而有天下？自是忠誠盛於內、自我煥發顯於外，展現自我的典型價值，民一旦道德有所依循、生命有所安頓，則自然願意依附於君的恩澤之上；如此則人君雖偏於一隅，其形卻似能無限擴大而周遍四海，故天下自然被納入而無有遺漏，又何需汲汲營營用心於招致百姓來歸？《荀子‧堯問》中透過堯與舜的對話勾勒出一典型人君的型態，此人君典型的特質雖已經過荀子的個人詮釋而間接賦予此形象鮮

〔註140〕周群振：《儒學義理通詮》（台北：學生書局，2000年），頁133。
〔註141〕《荀子簡釋》，頁406。

明的儒家色彩，然亦正顯示堯、舜於儒家治道行政上的「典型」價值未嘗稍減，因早在《尚書·商書·說命》中即記載殷高宗曾對傅說曰：

> 昔先正保衡，作我先王，乃曰：「予弗克俾厥后惟堯、舜，其心愧恥，
> 若撻于市。」〔註142〕

「保衡」便是指伊尹，因伊尹輔佐成湯，所以被稱為「保衡」。伊尹曾自言，若不能輔佐自己的君王使其成為如堯、舜一般的聖王，則心裡便感到有愧，有如在市街上被鞭打一頓般。另孟子於〈公孫丑下〉亦有曰：「我非堯舜之道不敢以陳於王前，故齊人莫如我敬王也。」〔註143〕由伊尹、孟子的自陳，便可知堯、舜的典型價值在歷史上早已是不可爭的實然，孔子「祖述堯、舜，憲章文、武」，並直契堯舜以德順化的理念，進一步勾勒出儒家「無為而治」的治道理想藍圖，不過是直承此歷史之實然，亟欲於當代重建一符合歷史實然的理想政治型態，而孟、荀乃繼之踵步於後。基於此用心，孔子始在〈衛靈公〉中直截肯定地說道：「無為而治者，其舜也與！」仲尼之用心實在通過直截的表示與具體凸顯，將舜之為君與其治道的型態形塑為儒家「無為而治」的「典型」。如此，若從歷史上改朝換代之政權更替的必然來看，萬世以下的為人君者均有可依循、取法的對象；從小範圍的家國之治進行考量，經模習古代聖王「典型」而於當世卓然有成之新一代典型人君，立於世而居中執要，其以盛德煥發民之德慧，民之德慧一旦開啟，則便能心悅誠服而在道德行為上由之、從之，並通過對當代典型人君的模習，因其不能推其所能，如此則聖君與百姓上下交而志同，正如《周易·否》之象辭所言：「天地不交而萬物不通也，上下不交而天下無邦也。」〔註144〕人君與百姓的相應相濟，正是維持邦國穩定的基礎，亦如同天地之氣的流動交替，足以使萬物煥然而日新，故人君之用心與典型意義必要能通貫相濟於下，才能藉由君德之風的醞釀，行草以風，使百姓能夠得此風行草偃之薰染與上相應而蔚成教化。所以《周易·大有》卦的象辭亦曰：

> 大有，柔得尊位，大中而上下應之，曰大有。其德剛健而文明，應
> 乎天而時行，是以元亨。〔註145〕

〔註142〕《尚書正義》，頁142。
〔註143〕《孟子正義》，頁72。
〔註144〕〔魏〕王弼注，〔唐〕孔穎達疏：《周易正義》，重刊宋版十三經注疏本，（台
　　　　北：藝文印書館，2001年），頁43。
〔註145〕《周易正義》，頁46。

「大有」以「乾下離上」而成卦，六五以柔而得尊位，群陽近而比之。王弼注曰：「處尊以柔，居中以大。體無二陰，以分其應，上下應之，靡所不納，大有之義也。」筆者認爲，此「大有」卦正象原始儒家「無爲而治」之內容，而「處尊以柔」乃爲典型人君身教順化之表徵。一般來說，典型人君是爲九五之尊，正宜發揚其剛健不息的力量，然「大有」卦以六五之柔處尊，適顯人君善於處下卻仍不失其剛健而文明之德，且順應天時而行，故得以居大中而使其他陽爻上下相應，成此「靡所不納」的「大有」之勢。以一般的政治型態來說，人君必是剛健且積極有爲，因此「治」之可成乃直接緣因於君之「行健不息」；然儒家「無爲而治」之內容自是與一般政治型態有別，講究人君雖處於無上尊位但要「行微如日月」且「無怠」，此由「無怠」之剛健有爲以見「行微」的「無爲」之柔；人君居中執要，亦非操弄賞罰之柄或以權術要脅百姓唯命是從，而是「導之以德，齊之以禮」，以自我主體道德的充盈飽滿爲民之典範，煥發百姓德慧以致上下相濟相應，故九五之尊「飛龍在天」的剛健氣勢與積極有爲，被融整消化於人君內在道德意識的充沛活動力中，並即此由內而外透顯爲「夫何爲哉？恭己正南面而已矣」的典型角色及意義，因此「無爲而治」「立典型」之考量非從剛健有爲起論，而類於「處尊以柔」，強調聖王恭己居正位便得以成治之「典型」作用的意義。此「尊」即是儒家「君君」理念的發揮；「柔」則是典型人君之「正」以身教化之的風行草偃之效。「柔得尊位」，亦即以典型人君所能發揮的身教爲主導，輔以內在剛健之德的活動作用，故是剛柔辯證、有爲與無爲相生相成的一種政治型態，而以此型態爲「大有」的實質展現。

這種有爲與無爲相濟的型態，正如本論文第二章曾論曰：人君反求諸己的自我實現，對於治道世用來說自然是「無爲」；然主體德性與智性的挺立，卻在無形中成爲百姓模習與踐跡的對象，因而使得無所施用的「無爲」型態，反而相對辯證成就「爲」的意義。因此「立典型」的內涵，實際立基於儒家「無爲而治」肯認有爲與無爲相生的義理基礎之上，也不離「君君」、「尊尊」、「親親」的倫理政治關懷，故成爲原始儒家「無爲而治」的核心意義之一。

二、「執中道」：「通其變，使民不倦；神而化之，使民宜之」

清代學者錢大昕於其著作《潛研堂文集》中曾論儒家之「中」義，其說極具參考價值，且適可作爲本節申論之基礎，故援引如下：

天地之道，帝王之治，聖賢之學，皆不外乎中。中者，無過不及之名。堯之傳舜曰：允執其中，而舜亦以命禹。洪範九疇，天所以賜禹也。五居九疇之中，故曰建用皇極。皇極者，大中之謂也。孔子作《易》十翼，彖傳之言中者三十三，象傳之言中者三十。其言中也，曰正中、曰時中、曰大中、曰中道、曰中行、曰行中、曰剛中、曰柔中。剛柔非中也，而得中者無咎，故嘗謂《易》六十四卦三百八十四爻，一言以蔽之曰中而已矣。〔註146〕

錢說簡要概括了《尚書》、《論語》、《易》等儒家典籍中所透顯「中」的多元意義，通過錢氏的闡析，我們不難發現「中」與儒家政教的關係乃落在「建用皇極」與「允執其中」的強調上。「建用皇極」出自於《尚書・洪範》，〔註147〕傳說武王滅殷後，訪殷遺賢箕子問治國安民之道，箕子乃陳天賜禹之「洪範九疇」。「九疇」中包含了天文自然、人格修養、人事秩序、政務策略等內容，其中「建用皇極」一項，方東美認爲「由之開出廣大悉備之『中正』原理，創發『中道哲學』」；〔註148〕另傅佩榮則指出皇極之「大中」乃是絕對正義或最高正義的原則，所以天子的王道推行便是以「大中」爲目標。〔註149〕由此看來，「皇極」之「大中」實具有一立標準、立極則的義涵存在，且衍申出儒家之「中正」理念與「中道」哲學思想。

其次，另有《論語・堯曰》所謂「允執其中」：「堯曰：『咨！爾舜！天之曆數在爾躬。允執其中。四海困窮，天祿永終。』舜亦以命禹。」〔註150〕此處「允執其中」之謂，明顯偏向一政治哲學義涵。錢大昕言此「中」爲「無過不及之名」；包咸則釋曰：「爲政信執其中，則能窮極四海，天祿所以永終。」故「中」在此應是「行中」、「中道」之指。再總觀全文所述，三代聖王「允執其中」之展現，乃是爲了符應天之曆數下貫於能者的要求，亦即「執中」實是符合天道原則的具體表現，故人君若能實際「用中」、「行中」，便能依藉

〔註146〕〔清〕錢大昕：《潛研堂文集》，卷三，（台北：臺灣商務印書館，1968年），頁37。
〔註147〕《尚書・洪範》：「初一曰五行，次二曰敬用五事，次三曰農用八政，次四曰協用五紀，次五曰建用皇極，次六曰乂用三德，次七曰明用稽疑，次八曰念用庶徵，次九曰嚮用五福，威用六極。」
〔註148〕方東美：《中國哲學精神及其發展（上）》，收入於《方東美全集》，（台北：黎明文化事業公司，2005年），頁132。
〔註149〕傅佩榮：《哲學與人生》（上海：上海三聯書店，2008年），頁168。
〔註150〕《論語注疏》，頁178。

天道力量的肯認而產生無遠弗屆之效應，因此人君雖偏居於一隅，卻能形於四海、窮極四方。

總結來說，「中」之與儒家政教的聯繫意義首要乃來自於立標準、立極則的原則要求；且人君必要實際「用中」、「行中」，才能突破小我的拘限，完成四海之大化。所以「中」於儒家政教思想中的實踐，直接攸關治國、平天下的原理原則，自然可能與原始儒家「無爲而治」的理想相互作用，創造衍生出儒家特殊的「中道無爲」之治。

「中」之與原始儒家「無爲而治」的關係，本論文在基礎詮釋框架的架構中已通過直接文獻的演繹，先行構設提出：儒家「無爲而治」的關鍵，扣合舜之「允執其中」、「用中於民」的「中道」，又同步涵攝「爲政以德」的德化觀，且「德」之直心同時又爲普遍「中道」、「正道」之實現，因此孔子所謂「無爲而治」是爲實現儒家一貫之「中道」理想而存在，其以行中道爲依據，超越表現爲「中道無爲」的境界。由此而言，儒家「無爲而治」是以「行中」、「用中」爲策略進路，而同時又追求一「中道且治」理想之實現。然「中」除了立標準、立極則與「行中」、「用中」等之與政教相關的基本意義之外，在孔、孟、荀的思想中似乎賦予「中」義以更活潑的生命力及創造力，使「無爲而治」的理想可以透過「中」的動態穿引機動調整，隨時確保君與民兩端之和諧與上下一體相契的認同感，由是儒家「無爲而治」便有了動態的、內在的自我修正能力，且無需政、刑作用的介入輔助，自然實現「導之以德，齊之以禮」的德禮之治。

孫瑋騂討論孔子無爲政治觀的專文中，曾指出：

> 在〈微子篇第十八〉中孔子提出了「無可無不可」的觀念，其精神如同孟子讚其「可以仕則仕，可以止則止，可以久則久，可以速則速」(《孟子·公孫丑下》)，中和之道隱含其中，所謂窮則變，變則通，通則久，將此觀念用之於政治施政，就該有通權達變之則，「怎麼做」才是孔子論證的重心，故只要不違背德之原則，不偏不倚，就沒有什麼這樣就是過分有爲，這樣就是刻意無爲之分別。於此確立孔子嚮往的「無爲而治」的中道方向，便能順此路標探其政治之道。〔註151〕

〔註151〕孫瑋騂：〈淺談孔、老的無爲政治觀〉，刊載於《孔孟月刊》第 45 卷第 3、4 期，1996 年 12 月，頁 1。

孫瑋騂的說法已約略指出孔子「無爲而治」的主張中隱含有一中道方向，且其將此不偏不倚之原則指向「德」的作用，所以只要德之直心發揮制衡的功能，「行」便能不偏不倚，一旦不偏不倚，亦無有過份有爲或刻意無爲的分別。孫氏的說法雖自有其內在系統性，然其說只能明示「德——正行——中道」的對應關係，而無法窺見中道的內容；且因其將「中道」視爲「無爲而治」的方向，無形中使得「中道」成爲靜態化的政治哲學概念，削弱其「通權達變」的功能。本文以爲，「執中道」確是儒家「無爲而治」重要的中心意義之一，然此中心意義一方面必須與儒家政教傳統有所聯繫，另一方面又必於「無爲而治」中確立其特殊定位及特定作用，如此始得以還原「中」的動態性格，並通過「中」的作用進一步探見「中道無爲」之理境。

「無爲而治」之「中道」內容既與儒家政教傳統有關，定然和「建用皇極」之「立標準」、「立極則」，與「允執其中」所謂「行中」、「用中」的要求直接相關。立標準、立極則，除如傅佩榮所言是人君推行王道時追求絕對正義的展現，在儒家「無爲而治」思想的政治教化結構中，人君本身亦即是「標準」、「極則」的實際展示，因此「建用皇極」之「大中」，就其實質意義來說，也就是儒家在政治上「立典型」的要求，只不過在此基點上又衍申出一具超越性之「絕對正義」的象徵意義，所以孟子之言：「中天下而立，定四海之民」，即此之謂也。

再從「行中」與「用中」來說，原始儒家並不把「中」看作是從兩端定執衡取其中，所以孔子評論柳下惠、少連與虞仲、夷逸等逸民賢者之行時，直言：「我則異於是，無可無不可。」〔註152〕孟子於〈盡心上〉亦曰：「執中無權，猶執一也。」〔註153〕《荀子‧解蔽》則言：「聖人知心術之患，見蔽塞之禍，故無欲無惡，無始無終，無近無遠，無博無淺，無古無今，兼陳萬物而中縣衡焉。」〔註154〕在孔、孟、荀的觀念中，「中」已隱然具備動態的權衡、調節之意，而不是專指固定之中心原則的把握。大陸學者陳科華即論曰：

> 關於「中」作爲標準的意義，常有的錯誤理解有：把中看成是調和、折中，甚至爲「中間」、「一半」等意思。此類看法之所以存在，主要源自於他們對「執其兩端，用其中於民」一語的誤解。其實，「中」

〔註152〕《論語注疏》，頁166。
〔註153〕《孟子正義》，頁239。
〔註154〕《荀子簡釋》，頁293。

之爲義，只是事物之度也。〔註155〕

準此，儒家「無爲而治」之所謂「用中」、「行中」的策略進路，亦必從「中」的動態性格以觀，具有兼陳萬物而以中懸衡的能力，故可廣可狹、可遠可近、可濟不通、可利天下，以此靈活通變之「中道」臨於民，則可如黃帝、堯、舜般得致「通其變，使民不倦；神而化之，使民宜之」的聖王大治，實現「垂衣裳而天下治」的「無爲而治」理想。〔註156〕

總結來說，儒家「中道無爲」理想之實現，必要有「中」的兩層意義作用相輔相成始可得。一是立典型與標準之「大中」，通過人君內在明德之修養與自我覺知之靈明展現一「典型」價值，使其立於中而足以成爲百姓模習之對象；同時以其對於最高「善」的嚮往與聖君之「知」爲王道推行建立起「絕對正義」的原則。另一重則須藉「中」之靈活懸衡的動態性格，實際應用在「用中」、「行中」的要求上。依此而言，所謂「大中」之確立正是在展現一統治者主體或原理原則的最高典範，亦即前文所謂「立典型」的進一步推擴。在「執中道」與「立典型」鍊接所產生的效應中，「無爲而治」的中道內容絕非是僵化固執的「叩其兩端」取其中，而是順應德禮要求與政治局勢進一步靈活發揮的實踐智慧，追求「人君——百姓」的「兩端」徹底飽滿，上篤而下順，如此乃成相因相濟之治，無待政、刑之矯枉而自然「無爲」得中。

通過「中」之兩層意義的交互作用，不僅可確立儒家「無爲而治」中「典型」之定在，亦可因著「中」之靈活懸衡，使人君雖無所作爲而僅是「允執其中」，卻產生無遠弗屆的影響效應。筆者以爲，此種效應已頗類於後世道教《藏外道書・性命圭旨》中所論：

> 中字有二義。若曰中有定在者，在此中也；若曰中無定在者，乾坤合處乃其中也。以其可得而允執也，故曰有定在。然豈特在此一身之內爲然也？是雖一身之外，而遍滿天地，亦皆吾心之中也。又豈特在此天地之內爲然也？是雖天地之外，而遍滿虛空，亦皆吾心之中也。〔註157〕

〔註155〕陳科華：《儒家中庸之道研究》（桂林：廣西師範大學出版社，2000年），頁58。

〔註156〕《周易・繫辭下》：「神農氏沒，黃帝、堯、舜氏作。通其變，使民不倦；神而化之，使民宜之。《易》，窮則變，變則通，通則久。是以『自天祐之，吉無不利』。黃帝、堯、舜垂衣裳而天下治，蓋取諸乾、坤。刳木爲舟，剡木爲楫，舟楫之利以濟不通；致遠以利天下，蓋取諸渙。」《周易正義》，頁167。

〔註157〕胡道靜、陳耀庭、段文桂、林萬清主編：《藏外道書・性命圭旨》，第9冊，（成

前述所謂儒家「中道無爲」之理想，亦即由聖王一人一身之「典型」意義起始，通過「典型」之定在以見「大中」，又就「中」之靈活動態突破此「定在」，使「中道無爲」之效應周遍四海；且據《周易・繫辭》之言，黃帝、堯、舜之所以能「垂衣裳而天下治」，正在「取諸乾坤」以通其變。所以從「執中道」以觀原始儒家的「無爲而治」思想，不難發現其中實已寓含有一超越且周遍的動態實踐進路，且是爲儒家「無爲而治」的中心意義之一，不應籠統概括論之。

三、「察倫序」：「聖也者，盡倫者也；王也者，盡制者也」

原始儒家「無爲而治」思想的中心意義，不管是就「立典型」或「執中道」來說，皆是講究在上位者以正服衆、或上行下效的德化成果，是針對「無爲而治」對象人君行爲的要求；然黃俊傑曾在儒家相關研究論述中指出：

值得注意的是，儒家以「三代」或堯舜典範進行歷史敘述，並不是爲「過去」而「過去」，他們是爲了「現在」及「未來」而「過去」。
〔註158〕

黃俊傑所謂的「現在」，應是指每一個進行歷史詮釋或託古遙契堯舜之儒者所處的「現在」，亦即與其生存直觸之某一歷史階段。以孔子來說，其直接面對的「現在」，便是禮崩樂壞的失序時代，故其遙契三代所建構出來的「無爲而治」理想，並不是爲了將社會整體「返璞」去複製堯舜的歷史，將失序的時代粉飾太平，而是希冀延續「過去」美好且理想的聖王政治傳統，重建「現在」業已崩壞的禮樂、政教、倫序等人間秩序，如此，「未來」亦才能有可期待之處。所以前文所謂「立典型」、「執中道」，均是孔子繼承堯舜及三代聖王所規劃爲解決當代困境的因應策略，強調爲人君者之德性表現與理想治道的原理原則；然爲解決百姓當下的痛苦，亦必須重建人間已然崩壞的秩序，才能穩定社會的基礎結構，使百姓的生活各有所歸，生命亦能獲得安頓。因此，孔子「無爲而治」思想中乃寓含有一「察倫序」的意義，實際從血緣、人倫之傳統社會結構去重建有序的政治社會環境。不過值得注意的是，當時人間秩序的隳壞乃緣因於先秦禮崩樂壞的結果，要重建社會的和諧有序，卻又必要依賴禮樂的作用，故孔子乃將禮樂的內容回溯至聖王制禮作樂的階段。日

都：巴蜀書社，1992年），頁542。
〔註158〕黃俊傑：《東亞儒學史的新視野》（台北：國立臺灣大學出版中心，2006年），頁75。

本學者荻生徂徠曾申論儒家「聖」者之意，並言道：

> 所謂伏羲神農皇帝，皆聖人也。然方其時，正德之道未立，禮樂未
> 興，後世莫得而祖述焉。至於堯舜，制作禮樂，而正德之道始成焉。
> 君子以成德，小人以成俗，刑措不用，天下大治，王道肇是矣。是
> 其人倫之至，參贊造化，有以財成天地之道，輔相天地之宜，而立
> 以爲萬世之極。〔註159〕

舜承堯之舊而命伯夷典三禮、命夔典樂，將禮樂「和」、「序」的作用展現出
來，且通過聖王本身的正德典範性由上而化下，進一步達到天下大治之王道
理想。天下大治，則表社會倫序有常，故堯舜得以「人倫之至」的姿態參贊
天地之造化，立萬世之極（大中），這也就是孟子所說：

> 規矩，方員之至也；聖人，人倫之至也。欲爲君，盡君道；欲爲臣，
> 盡臣道。二者皆法堯舜而已矣。〔註160〕

人間倫序之有察，既賴聖王制禮作樂之功，且需以聖王之正德爲典範，繼立
萬世之大中，此中「正德」亦不離「中道」之論，故顯見「察倫序」之效應
乃有待「立典型」、「執中道」的鍊接作用以顯，因失常的倫序在禮樂崩壞的
情況下已失落了自我重建的能力。待倫序有常之後，也才可能以此社會倫常
秩序的穩定結構上衛聖王於治道之所爲，實現上下相濟、相應的「無爲而治」
理想。

儒家「無爲而治」思想中所寓含之「察倫序」的中心意義，實來自孔子
對前代思想的繼承與延續。《尚書·周書·武成》有載武王伐紂功成之後，即：

> 列爵惟五，分土惟三。建官惟賢，位事惟能。重民五教。惟食喪祭。
> 惇信明義，崇德報功，垂拱而天下治。〔註161〕

武王建國後除了推崇仁德、獎勵有功，亦教導民眾敦厚信實。除此之外，尚
「重民五教」，「五教」即如〈舜典〉中所謂：「敬敷五教」之意，也就是父義、
母慈、兄友、弟恭、子孝的五常之教。武王將民之「五教」納入治道的原理
原則中，並成爲「垂拱而天下治」的依據之一，仲尼既志在「祖述堯舜，憲
章文武」，其於構設「無爲而治」的政治理想藍圖時，進一步將「五教」的觀

〔註159〕荻生徂徠：《辨名》，「聖」第1條，頁216。收入於《荻生徂徠》（東京：岩
　　　　波書店，1982年）。轉引自黃俊傑：《德川日本《論語》詮釋史論》（台北：
　　　　國立臺灣大學出版中心，2006年），頁173。
〔註160〕《孟子正義》，頁123。
〔註161〕《尚書正義》，頁161。

念納入乃是十分合理的。其實在荀子思想中亦可見此種理念之延續，〈解蔽〉中即有曰：「聖也者，盡倫者也；王也者，盡制者也。兩盡者，足以爲天下極矣。」〔註162〕若配合孟子讚譽堯舜爲「人倫之至」的說法，已可見原始儒家所謂「聖王」，除講究德禮爲治，在治道內容上亦必是兼「制」與「倫」於一體，非是重政教之化而輕忽人倫之序。

　　林安梧曾論「黃帝堯舜垂衣裳而天下治」之說法，其將此說法視爲是中國政治社會共同體中一符號式、象徵式的統治形式，〔註163〕並進一步申論此統治模式乃是經由血緣性的縱貫軸展開，其言道：

　　　　其實，以血緣性的縱貫軸爲主導而開啓的符號式、象徵式統治，推極而致，即是孔老夫子稱讚舜是「恭己正南面而已」，又說「『孝乎，惟孝友于兄弟，施于有政。』是亦爲政，奚其爲爲政」，「人人親其親，長其長，而天下平」。像這樣的政治自然是「爲政以德，譬如北辰，居其所而眾星共之」，而其權力明顯的是虛化了，或者說無爲化了，這該當是符號式統治、象徵式統治的最高理想吧！〔註164〕

林安梧將舜之「無爲而治」的政治型態，納入以血緣性縱貫軸爲主導的統治形式中進行觀察，已確實昭明血緣倫序與「無爲而治」的聯繫關係；不過孔子「察倫序」的意義，除了建立在以血緣爲主的「親親」倫序關係上之外，尚包含了政治倫理關係中的倫序問題，也就是關於「位」的討論。因此孔子有「不在其位，不謀其政」的主張；另齊景公問政時，孔子則答以：「君君、臣臣、父父、子子。」〔註165〕「君君、臣臣、父父、子子」之謂，除了以父、子明示血緣上的人倫秩序外，攸關「君君」、「臣臣」之政治倫理哲學亦是孔子關注的焦點。

　　「君君」、「臣臣」，意謂政治人倫之明，孔子認爲這是最基本的治國之道。

〔註162〕《荀子簡釋》，頁305。

〔註163〕林安梧此處所謂「符號式」、「象徵式」的統治，便是指：「能用一符號準確的去說那客觀的對象；它採取的是一種『觀』的方式，而此『觀』是觀其『法』、觀其『象』，是觀其『文』之理，并求其『宜』，而此方式乃是一『通神明之德，類萬物之情』的辦法。」參林安梧：《儒學與中國傳統社會之哲學省察——以「血緣性縱貫軸」爲核心的理解與詮釋》（上海：學林出版社，1998年），頁102。

〔註164〕同上注，頁108～109。

〔註165〕《論語‧顏淵》：「齊景公問政於孔子，孔子對曰：『君君、臣臣、父父、子子。』公曰：『善哉！信如君不君，臣不臣、父不父、子不子，雖有粟，吾得而食諸？』」《論語注疏》，頁108。

若在上位者「位」不正、政治倫序混亂，便會導致孟子所說：「上無道揆也，下無法守也；朝不信道，工不信度；君子犯義，小人犯刑。」〔註166〕在這種情況下，國家還能勉強存立已是不幸中的大幸，人君欲「垂衣裳而天下治」實是可望而不可及。因此，原始儒家十分強調政治倫序之穩定，不僅孟子倡論：「人倫明於上，小民親於下。有王者起，必來取法，是爲王者師也。」〔註167〕《荀子‧王制》中亦強調：「選賢良，舉篤敬，興孝弟，收孤寡，補貧窮。如是，則庶人安政矣。庶人安政，然後君子安位。」〔註168〕原始儒家所重視倫序之內容，自舉賢、篤敬、孝弟、關照孤寡貧窮等逐層以觀，其所關注者實不外乎政治之「大分」與人倫之各有所歸，此適可置入前文通過舜之「恭己正南面」與政德之「居其所」所建構出來的基本詮釋框架中進行理解。因前文已提出，「居其所」乃爲「君其君」、「臣其臣」之政治倫理的分位，所有的名位必須有其「名」才能夠行其「權」；且在儒家思想體系中，「名」、「位」、「權」與「正」無法割裂來說，故「察倫序」的意義除了日常道德人倫之明，實際上亦正是對於政治倫序中「名」、「位」、「權」之「正」的確保；即便是舜之「正南面」恭己無爲，亦非離開個人實際之名分權位與道德倫序去討論其與治道的聯繫關係。

準此，倫序有察，除表示社會次序與分位的穩定，亦顯示政治與道德的一體性與聯貫性，故原始儒家「無爲而治」理想之實現，必以倫序之正爲其內在根據，且以「察倫序」爲其中心意義之一。林安梧分析中、西方政治權力導生過程時即曾指出，西方的政治社會是透過一契約原則去取得客觀的權力，中國並非如此，其言道：

> 中國人則是在彼此連續、生命感通互動中，取得一自然之次序與位分，或在教化的過程中取得應有之身分，自然成爲整個共同體之信守。〔註169〕

彼此連續、生命感通的互動，所指即是由血緣所衍生的日常人倫尊卑秩序；通過教化所取得的「分」，則是社會結構中的政治倫理互動。這兩種分位關係，實際作用在整個中國社會中，同時獲得儒家政治理念的認同，因此這種自然次序與位分之確立在原始儒家的思想中被看做是一合理的權力來源，也是鞏

〔註166〕《孟子正義》，頁 123。

〔註167〕《孟子正義》，頁 89。

〔註168〕《荀子簡釋》，頁 102。

〔註169〕林安梧：《儒學與中國傳統社會之哲學省察——以「血緣性縱貫軸」爲核心的理解與詮釋》，頁 106～107。

固政治結構最有效的方式之一。

　　原始儒家「無為而治」理想之實現，本就不欲依待人君權力與外在政刑的介入，因此舜「無為」而僅「恭己正南面」卻使天下有治，必奠基在一未有異化、錯位的倫序結構上，否則「恭己正南面」只是口頭上的、虛化的理想。即因為如此，「無為而治」思想的整體意義亦必同步標舉「察倫序」的作用，「察倫序」的作用與效應，乃在動態檢視、隨機調整一合理的倫序結構，以因應「無為而治」的正常運作，使人君的「無為」治道，擁有最堅實的後盾與最均衡、平穩的前進路向。

第四節　小　結

　　總結前文所述原始儒家「無為而治」的兩種存在型態、行政實踐模式與中心意義的辯證緄合，已可見「無為而治」其實是以一極為特殊的形式存在於儒家思想中，且其內涵意義非特從直接文獻中顯，還反覆在其他不同的思想主題中被衍申、被擬構。因此，原始儒家的「無為而治」理念不應被侷限視之，它實際上融會在孔、孟、荀的思想中被申論、被詮釋，只是有待一系統性的緄合與釐清，將「無為而治」的立體性義涵與動態結構展示出來，而這也是筆者進行分析、詮釋的最終目的。

　　在「無為而治」的天道與人道兩種存在型態中，天道代表的是理想政治之超越根據，其於人道處則具體展現為道德實踐之行動策略的實際內容；且天人之間又由人間之聖王典型扮演溝通的角色，將天道自然的運轉原則通過「志道」、「據德」、「依仁」、「游藝」四目的交互作用，靈活應用在人間治道中。此四目之運作，乃以「依仁」作為德禮、道正與游藝的領屬，遂通「德」、「道」、「藝」三端，進一步兼容於聖王處，而後經由聖王之順天、應天上遂於天道，立體展示「無為而治」的存在型態。其動態結構請參下圖（一）之展示。

　　另在「無為而治」的行政實踐模式中，則具體表現其實際推行的策略及原則。此中以孔子所謂「居敬行簡」的臨民之道為動態實踐歷程的運轉核心，亦猶如輪轂之作用，由「簡敬」居其中以檢驗「行」之合理性與意向的正當性，同時維持與「簡敬」直接相關之「順化」、「任賢」、「保民」三輻之均衡和諧。「簡敬」之軸心搭配「任賢」、「保民」、「順化」之轉輻作用所運轉者，

當是澆灌理想仁政之活水，同時配合禮樂和氣、有序的作用以順化致諧，乃得以進一步將人君「居敬行簡」的用心推擴出去，將「無爲而治」之「用」實際展示出來。有關此轂、輻之配合與動態運轉形式，詳見下圖（二）所示，即可明儒家「無爲而治」的行政實踐之道。

再者，「無爲而治」的內在理念既於儒家思想中存在有通過實踐進一步落實的可能，則表示其並非僅是高懸於虛構的理想或想像之中，而自有其中心意義與價值的完整體系。原始儒家「無爲而治」的中心意義可逕歸於「立典型」、「執中道」與「察倫序」三者，此三者首要藉由彼此的「鍊接」關係產生聯綴的相濟效用，而後融會繼顯爲「漣漪」式的擴散效應，成全「無爲而治」中「化」的動力及儒家特殊的治道性格。因此，原始儒家「無爲而治」之中心意義的關係暨作用可分爲三個階段來進行理解，此三個階段正如以下所示：

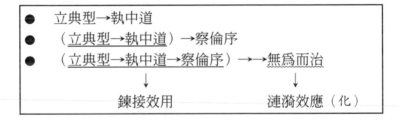

總結而言，原始儒家「無爲而治」的中心意義與行政實踐模式實涵具有一完整且具立體性的思想結構。這些環節的相濟相應，正似驅動運轉的大小齒輪，雖需依賴彼此的相衝、相承才得以產生前進的動力，然卻亦因此內在思想結構的彼此牽制與制衡，使得「無爲而治」的運作隨時可以維持在最均衡的狀態，自然能夠正行於無偏無陂、無黨無偏的王道上，實現「垂衣裳而天下治」的終極理想。下文圖（三）的圖示內容裡，乃是原始儒家「無爲而治」存在型態、中心意義的總體結構與行政實踐之運作模式。其中所謂「依仁」，乃道德存養之熟與心德之全的極致理境；「志道」，則是在人倫日用之道中「就有道而正」之自我主動踐德力量的凝聚；「據德」，便是以德爲據，在踐德之際即顯一完整飽滿、自我充足的道德心靈；「游藝」，實是「德成而上」的結果，故得以自然有制於天下。通過此圖的展示、釐析，應可更扼要地掌握儒家「無爲而治」之要旨與思想內容，故羅列如下，或可補充論述之不足，並藉此還原儒家「無爲而治」的動態內容與實踐性格。

圖一 「無為而治」——天道與人道的兩重存在型態

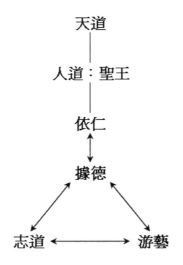

圖二 轂輻相銜，轉應無窮——「無為而治」的行政實踐模式

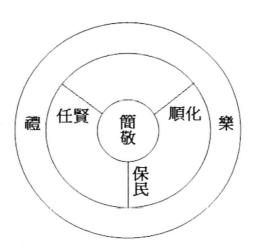

圖三　原始儒家「無為而治」存在型態、中心意義的總體結構與行政實踐之運作模式

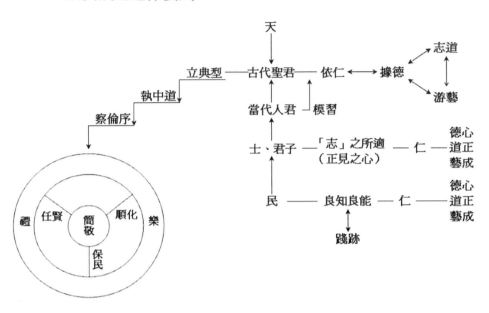

第六章 「無爲而治」思想之理論意義與當代反省

　　原始儒家「無爲而治」中心意義之論證與內部動態歷程的重構，乃是直接面對《論語》與儒家相關典籍所進行的系統內論述，因此於儒家思想中扮演了重要的「基模」角色。此系統內的研究成果雖即「無爲而治」以成論，然此論點卻呼應了結構歷程化（structuration）思維〔註1〕中社會系統之動態修正與行動者自我呈現的問題，故其基本精神實際上具有理論價值與特殊的詮釋意義。

　　這樣的一套治道內容，融會堯舜、三代聖王之王道理念，通過孔子的兼綜綰合、孟荀的循涇分流，終而擘畫出一符合儒家理念的政治理想藍圖，但因聖王之可遇而不可求，加上種種時代因素的影響，使得「無爲而治」的整體行政實踐結構終究因缺乏動力而被擱置，故只能沈潛爲一種隱性的意向，轉而由「自我」處要求力行踐德。在這種情況下，「自我」（the self）與外在於「自我」之政治、社會環境中的所有「他者」（the other）被迫割裂而分離出來，〔註2〕儒家「無爲而治」亦因失去其與政治、社會對應的舞台，開始呈現

〔註1〕　結構歷程化（structuration）思維，又稱爲結構兼行動理論，源自於季登斯將結構（structure）與行動（action）合併在一起後所鑄的新詞。此思維乃是季登斯爲了突破傳統社會學理論中「結構」與「行動」二元對立的衝突所提出，轉而強調結構裡含有行動、行動中也含有結構的「結構」之「雙重性」（duality）意義。參洪鎌德：《社會學說與政治理論》（台北：揚智文化，1997年），頁122。

〔註2〕　本文此處的「自我」與「他者」，乃依從葉海煙從倫理學進路所設定的定義內容，其指出凡與「道德主體」攸關者乃爲：「具有明白意識的『自我』，則此一生活世界在任何一個『自我』的眼底，便自然地成爲『他者』。」葉海煙進一步點出：「如此，自他之間也便有了無比的張力——此乃意義落差、價值對反以及存在界無數之層級、位元與向度所顯豁者。」原始儒家「無爲而治」思想正因失去此「自他」之張力，因而只能將重點放在反求諸己以追求「內

一種後退的窘境，最後只能被當作一種理想或想像的存有來看待，其動態實踐思維亦被框限成靜態的、平面的道德倫理結構，失去此思想原有的創造力與生命力。究實而言，儒家「無爲而治」之所以未能在治道處實際被操作、實現出來，必有其癥結處可被進一步檢討。就儒家思想於治道處的施展來看，其著重申論一「君」對「民」之「治」的內容，相對在民承君「化」而「應」如何可能的問題上，除「良知良能」與「踐跡」之說外卻少有及之，因此在整個「無爲而治」理想的實現過程中便時有捉襟見肘之感，形成儒家「無爲而治」思想於後世實現時一個難以跨越的侷限。

不過，筆者並不悲觀地認爲這是儒家「無爲而治」思想價值的失落，於是回到思想內部將其動態歷程重新揭示出來，希冀通過原始儒家「無爲而治」立體性向度的展示，重新考慮儒家傳統王道理念與當前政治異化現象的相對對應關係。因此，本章最大的用意並不在「修復」或提出一個使原始儒家「無爲而治」結構重新於當代運轉成治的可能，而是亟欲藉由「無爲而治」架構的立體展示，提供當局者一個符合正義原則的治道路向，將「政」的內在意義與價值基礎重新釐清，或能在當前異化衰弊之政道中經歷大死而大生，進一步心覺惠正儒家王道的普世價值。牟宗三曾說道：

> 我們說儒家這個學問能在現代化的過程中積極地負起它的責任，即是表明從儒家內部的生命中即積極地要求這個東西，而且能促進、實現這個東西，亦即從儒家的「內在目的」就要發出這個東西、要求這個東西，所以儒家之於現代化，不能看成是「適應」的問題，而應看成是「實現」的問題……。〔註3〕

一如牟宗三所言，本文所揭示「無爲而治」的整體架構與治道理念，亦正是從儒家思想內部的實際要求中衍生，是儒家思想「內在目的」的具體豁顯，因此得以映照當世並透顯其現代化的積極價值，展現儒家思想的現代使命。

第一節　原始儒家「無爲而治」思想之理論與詮釋學意義

聖」之完足，失落了其內在原有之與社會互動與互惠的思想創造力。參葉海煙：〈儒家哲學的當代型態及其可能性研究〉，收入於《哲學與文化：儒家倫理學專題》，第 348 期，2003 年 5 月，頁 22。

〔註3〕牟宗三：《政道與治道》（台北：學生書局，1996 年），增訂新版，頁 4。

一、動態結構思維與實踐

　　原始儒家「無爲而治」的總體運作模式，雖因關鍵之「聖」的可遇不可求，致使其內在動力無法被有效啓動進而在先秦發揮作用，然不可否認，原始儒家「無爲而治」存在型態、中心意義與行政實踐之運作模式的總體結構，已有機構合成一具動態性與連續性的實踐模式暨思維內容，且此結構內在實際涵括了政治、社會等對象，故「無爲而治」的思維與內容其實是因應社會整體結構而成形，同時包含了更爲複雜的天人與政治倫常關係於其中。

　　在儒家「無爲而治」的治道理念中，既然強調「導之以德，齊之以禮」的德禮之治，則顯示在上位者不以個人私心及外在刑政去干預人民、強迫人民，人君雖「居敬行簡」，但在禮樂作用與任賢、保民、順化等原則的輔助下，百姓還是能感受到德禮秩序的作用，從而在社會與政治環境中與其他個體及人君間建立一彼此信賴的社會互動關係。此社會互動關係是一隨時動態調整的歷程，依賴在上位者「執中道」、「察倫序」以維持社會整體的均衡有序；接受治理的社會每一份子則通過對典型的模習自然煥發內在直心正見，同時在自我崗位上專習成藝，進一步發揮以爲世之用。

　　由此可知，原始儒家「無爲而治」所展示的這種社會動態互動歷程，已實際具有秩序建構與主體思維養成的作用，而不僅僅是以一平面或靜止的樣態存在。此中尚足以玩味的是，這種秩序結構的創造與對個體意識的正向形塑，和巴斯克（Bhaskar）、布爾迪厄（Bourdiou）、季登斯（Giddens）等社會學理論家針對西方整體社會結構及社會實踐的再生產現象所提出之統整性見解，在某種層次上似乎有所相應。而這些社會學理論家所提出對於社會結構與再生產的共同看法，經夏鑄九等人歸約、統整後，可概括爲：

> 在一個既定的地區當中，每天制度化的活動，不但會導致生物性的
> 再生產，也會造成制度、必須被用於創造活動的知識，以及既有的
> 結構性關係等，繼續存在或修正。在社會化和社會再生產同時展開
> 的過程中，個體意識爲社會所塑造，同樣的，社會也在有意無意之
> 間爲個體及其意識所塑造。〔註4〕

巴斯克等人對於社會結構與「實踐」的定義雖不盡相同，然基本上皆同意：社會的再生產是一種個體與社會相互轉化的連續結構歷程，在特定的時空中進

〔註4〕 夏鑄九、王志弘編譯：《空間的文化形式與社會理論讀本》（台北：明文書局，
　　　　2002 年增訂再版），頁 82。

行，而因制度化的行動導致既有之結構關係的續存或修正。結構歷程學派所認定之社會結構內容、制度、意識的開展，及通過個體與社會彼此間的相互形塑關係所形成的互動模式，其中所關注的焦點仍不離西方社會學的傳統，亦即以通過主體（人類）所產生、建構的一切客體爲第一序的研究對象，而非早已存在於宇宙中的事物，因此對於社會結構與社會實踐行動模式的研究成爲立論重心；相對照應原始儒家「無爲而治」的政治社會內容來看，則會發現此與原始儒家「無爲而治」所勾勒出來的政治社會互動關係並不完全相符，因爲原始儒家「無爲而治」之政治社會的整體思維相對來說，除制度與人爲規範的建構外，尚廣泛涉及自然、宇宙的運行原理與「天」之於典型人君的擇選權力，因此人的行動除了是順應人爲規則的行爲表現，尚必須回應宇宙自然與「天」的原則規範，所以人間治道中政治社會互動關係，還必須考慮天道的作用及其可能產生的效應。這與西方社會學理論是有極大出入的。

不過儘管如此，此兩種社會型態結構還是可看出某些類似的聯繫。如前所述，在儒家「無爲而治」的整體架構中，通過一制度化的運轉模式隨時動態調整政策走向，亦即以聖王典型作用的發揮爲基礎，在「立典型」、「執中道」、「察倫序」三者鍊接所產生的影響效用中，動態調整「無爲而治」的行政實踐模式，這便類於制度化實踐所引導的社會結構關係修正；而每一百姓個體意識之形塑，實即來自於對聖王典型之模習，同時受聖王所營造出來之社會與政治氛圍的同步影響；同樣的，百姓個體意識之匯聚，也成爲一種集體修正或行動的力量，在每日實踐的運作中將社會系統結構的特質具體朗現出來，且此結構特質的開展足以超越時空形成一普遍的秩序。這種個體與政治社會結構互動所形成「社會實踐的再生」（reproduced）暨制度化（institutionalised）的運作結果，與結構歷程學派所主張的社會實踐暨互動模式間實有某種程度的類似性存在，同時內具有一隱而未發的理論意義，值得進一步去掘發與詮釋。

總體而言，原始儒家「無爲而治」之治道思維的實際內容，應如季登斯在其社會學理論中所指出的，他認爲社會理論的論述不應再以認識論爲優位，而應以存有論爲優位，且此社會存有論的特色，乃在於：

> 它所觀照的研究領域，既不是個別行動者的經驗，也不是在社會整體的任何一種存在形式，而是社會實踐如何超越時間和空間而形成秩序。〔註5〕

〔註5〕 張宏輝：〈結構化論的旗手──季登斯〉，收入於葉啓政主編：《當代社會思想

也就是說，這個「秩序問題」所要問的，就是「社會系統如何連結時間和空間，以使得現前和不在得以統整起來」。〔註 6〕季登斯所欲連結的，乃同一社會中行動者與行動者間的關係，而儒家「無爲而治」社會實現歷程中所預設的時空跨度顯然更大。原始儒家所規劃之「無爲而治」的治道型態，其內在意圖也就是亟欲通過這樣一個社會系統的實踐與秩序的統整，能夠跨越時空的侷限而達到普遍存有，把「現前」與「過去」的「不在」重新連結。所謂「過去」的、「不在」的，就儒家的政治理念追求而言，正是孔、孟、荀皆心嚮往之的堯舜聖王之治，所以孔子的所重所求，並不在「無爲而治」或其所屬的政治群組結構在當世如何實際運作的問題，而是揭示「無爲而治」之治道結構與上古聖王的相應關係，並意圖使這樣的相應結構成爲一種放諸四海皆準、超越時空限制的普遍存有。因此，「無爲而治」之整體結構的成形與塑造，實際來自於孔、孟、荀等人對於聖王之治與上古、三代社會的觀察與描述，而先秦社會正是其欲對治的對象本身，即意圖通過聖王之治秩序存有的朗現，彌縫當世政治、社會結構的衰敗與隳壞；並融入順天、應天的要求，自然產生一股超越的力量，對行動者有一種迫進的作用，在社會實踐的再生產中，逐漸激盪磨合，形成一個穩定、均衡、符合常軌化的社會與政治秩序。

從這個結構中可看出幾種層次關係，首先乃天道之超越力量對於人君行動者的迫進作用，使得人君與「無爲而治」的結構間，必須隨時保持一種充分反省與自我調整的動態歷程；其次，人君與百姓間的互動則自然成爲一種集體修正或行動的力量，使得「無爲而治」之治世得以維持在一均衡和諧的最佳狀態中；再者，聖王「恭己」與「正」之典型價值的樹立，成爲百姓由之、從之的典範，百姓通過踐跡與模習進行個體道德意識的自我養成，在君、民互動關係的動態作用下，民之模習的成果又自然會反饋回典型人君所預期之治道理想中，成爲「無爲而治」整體架構內容的一部份，並匯聚形成一股向上提升的動態力量，展現出沛然無竭的德力作用。因此綜合來說，原始儒家「無爲而治」總體結構的內容與運作，實際投射出均衡、回饋與反省暨自我調整的層次關係，而這種層次關係正相應於季登斯所認爲社會系統再生產的三個層次，且是人類社會系統才有的現象，即：自動均衡的因果環圈（homeostatic causal loops）、經由回饋的自己調整（self-regulation through feed-back）與反省性自己調整（reflexive self-regulation）。〔註7〕因此若廣義地來說，季登斯所提出的社會系統再生產現象之三種層次，〔註8〕實際上通過原始儒家「無爲而治」思想的內造建構亦可隱微探見，且更貼近中國政治社會的組成型態，此或亦是「無爲而治」理論意義的第一重展現。

除此之外，在季登斯的「結構化理論」（structuration theory）中，結構與行動者不再是以二元對立（dualism）的形式存在，而是展現出一種雙重性（duality），使得結構與行動者成爲相互依賴的關係，猶如手心與手背的一體存在。張宏輝於〈結構化論的旗手——季登斯〉一文中就季登斯的主張論道：

> 結構或系統不能外在於行動者，因其相互連結或交融，而形成一個
> 新的實體（entity），所有社會系統的結構性質都只能由在各種偶然
> 情境中的行動者，作爲中介和結果來完成。〔註9〕

季登斯所提出具二元性的結構化理論，是通過對行動者的動態行爲觀照，認爲行動者乃基於自我的動機和理由去運用資源而使事物得以發生，這是季登斯就社會生產與再生產所著想之行動者與社會結構的關係。從這一思考方向來說，則表示行動者不能外於結構而存在；結構也無法動態存在於行動者的動機和理由之外。且因爲此結構與行動者的雙重性，使得社會得以通過互動關係進行再生產之相互轉化的連續結構歷程，故此系統或結構由此具備動態性與連續性的特質，最後擴及到社會整體，而以一種「虛擬的秩序」（virtual order）將結構的穩定性展現出來。然，在季登斯的社會學理論系統中，又何謂社會的「互動」關係？張宏輝歸納季氏的說法後，指出：

> 社會互動是由每一個具有肉身的行動者，在他的本體上的安全感驅
> 使，以及有知識、有反省監督能力的自我駕馭下，以其習慣性行爲
> 方式，並運用其規則和資源，在各自的時空關係中相遇而開展，最
> 後又相互建立起常軌化秩序，並因此而建立彼此間相互信賴的關
> 係。〔註10〕

〔註7〕 同上注，頁287。
〔註8〕 季登斯社會再生產的三個層次，主要是通過「再生產循環」來引導系統的運作，即：「過程的軌跡會回饋到起點，而且這個回饋不因是否受到行動者在某社會特殊位置的反省性監視而有所影響或改變。也即是常軌化活動的循環和結果，在制度化的座落內和其間，縱使有非預期的結果介入，也會被超越時空的再生產。」同上注，頁286。
〔註9〕 同上注，頁280。
〔註10〕 同上注，頁285。

若以此觀照原始儒家「無爲而治」的總體結構，則其整體乃是依賴諸多行動與互動關係的實踐而成立，而此結構本身又是行動者展開互動關係的媒介。簡單來說，此中行動者包括在位的典型人君及一般百姓，因此「無爲而治」的結構乃依賴「君」與「民」互動關係的實踐始得以存在；而「無爲而治」的總體結構內容則提供「君」與「民」一種方便的互動措施，使人君與百姓兩造得以展開行動去進行修正與存續的各種考慮。所以在「無爲而治」的社會結構系統中，典型人君肩負煥發百姓之責，此「煥發」自有其內在動機和理由，且通過某種程序的實踐而實現爲特定「行動」，彼端則有「民」之實際行動的互動配合，通過彼此的互動聯繫出一相互信賴的關係，進一步建立常軌化的秩序。

原始儒家「無爲而治」結構中人君與一般百姓的互動，頗類於季登斯所陳述的「社會互動」關係，亦即透過人君風行草偃的正面「順化」力量與行動作用下，使民之內在德心正見得以煥發，如此便可在自我駕御的反省能力與規則範圍中，自然就有道而正。如此不僅百姓得以在政治社會結構中通過規則的脈絡化作用與彼此相遇、與人君相遇，匯聚建構出一個可以讓君民相互信賴的政治社會環境，甚至得以在政治社會結構的常軌秩序中完成自我生命向度的昇華與轉化，實質展現一互動關係網絡之交互作用與動態且連續的互動歷程，進一步具現「無爲而治」動態結構思維的價值與意義。

值得注意的是，在原始儒家「無爲而治」思想所屬的政治社會結構中，另存在有一種特殊的互動關係是西方社會學理論無法涵攝的，此特殊互動關係的內容，亦即指出「無爲而治」結構中人君的互動對象除了百姓外，尚必須包含自然循環有序的天道與被典型化的聖王。「天道」，顯然不屬於季登斯所謂「具有肉身」的行動者，然中國古代社會的實有卻無法脫離與「天」的互動而存在。此即如《易・繫辭》之所載，包犧氏王天下便是藉由仰觀天象、俯察地文作成八卦以通神明之德、類萬物之情，〔註11〕而後方有黃帝、堯、舜垂衣裳而天下治，蓋取諸乾、坤等以爲用。故人君與「天」的互動，實際上是跨越時空、甚至是跨越天人關係侷限所開展的普遍秩序，且此普遍秩序

〔註11〕《周易・繫辭下》：「古者包犧氏之王天下也，仰則觀象於天，俯則觀法於地，觀鳥獸之文，與地之宜。近取諸身，遠取諸物。於是始作八卦，以通神明之德，以類萬物之情。作結繩而爲罔罟，以佃以漁，蓋取諸離。」〔魏〕王弼注，〔唐〕孔穎達疏：《周易正義》，重刊宋版十三經注疏本，（台北：藝文印書館，2001年）頁165。

乃是維繫人君與百姓相互信賴的關鍵之一。另人君與被典型化之聖王的互動，則在通過自身與上古聖王之治的契應關係，重現前文所言之超越時間和空間而形成秩序的社會實踐形式，意圖將聖王之治的普遍秩序通過這種特殊的互動關係延續至現前，因此儒家「無爲而治」的實踐形式，實際上就是以存有論爲優位的一種政治社會理論，而非僅是從認識論的眼光去看待上古聖王之治的內容，實際上已具備有社會系統建構的理論意義。

二、「無爲而治」於儒家思想中的基模意義與道德映射關係

　　隨著「無爲而治」思想內部系統性的建構完成，我們不難發現，原始儒家「無爲而治」之基本架構的成形，實際上涵括了來自孔、孟、荀之思維多元匯聚的結果，此多元思維的內容，亦即孔、孟、荀各自對其所面對的時代環境與歷史理解後所作出的經驗解釋，所以此架構本身便寓涵有理解的動機與解釋的目的，也就是隱涵了一種「解釋學的基礎」，〔註12〕具有後設詮釋的空間，也提供了認識先秦政治觀念的基礎框架。

　　在「無爲而治」整體架構尚未被確立之前，我們可以藉由對原始儒家思想的總體掌握去達到局部理解的目的，而後通過這些局部的、片段的認識，進一步綜合建構出「無爲而治」的意義內容；待「無爲而治」的系統性被建構完成，則我們又可將此局部的意義置入儒家思想的大脈絡中，重新觀看「部份」與「整體」的相互詮釋關係，形成所謂「解釋學的循環」（Hermeneutical circle）。〔註13〕儒家特殊的思想義涵內容，大多是通過這種詮釋模式被確定下來，或者以此爲基點進行更深入的演繹；而「無爲而治」與一般思想概念的不同之處，即在於「無爲而治」是以其整體架構與一體性充分展現儒家政治上的終極關懷，且值得注意的是，儒家外王政治觀又必與內聖之種種關連在一起，所以「無爲而治」可被視爲儒家思想在內聖與外王同步考量下所呈現出來的總體成果。李明輝即曾點明：

　　　　儒家思想的實踐性格並不以個人道德爲限，也要通向政治及社會的

〔註12〕 李咏吟：「人類思維成果或解釋性成果的積累本身爲人類生活自身提供了一種『解釋學基礎』。」參李咏吟：《解釋與眞理》（上海：上海譯文出版社，2004年），頁60。
〔註13〕 林安梧：《人文學方法論：詮釋的存有學探源》（台北：讀冊文化事業有限公司，2003年），頁152～153。

> 領域。……傳統儒家不但以「外王」為「內聖」之延伸，而且視之
> 為其直接的延伸，比如《大學》由「修身」、「齊家」一直通往「治
> 國」、「平天下」。〔註14〕

基於儒家內聖與外王之延伸關係，即可見儒家對於政治的期待，實際上雜揉
了「修己」的修養工夫論於其中，因此在「無為而治」的理想架構中，「恭己」
與「正南面」之於聖王來說便是內聖及外王的同步展現，且二者是缺一不可。
即此，「恭己」之內聖的工夫內容與「正南面」之外王的實現原則，便可分解
出許多的道德單元，〔註15〕這些道德單元在「無為而治」的架構中彼此環環
相扣，而形成一個具有表徵意義的資料結構；且在儒家實踐性格的作用下，
已將一些僅是描述性的知識具體轉化成程序性的歷程。是故，此資料結構中
的每一道德單元內容，皆部份反映了儒家思想中的核心意義，再經單元環節
的彼此聯繫，進而使其本身成為一個有效的表徵結構。這個意義表徵結構的
成形，促使「無為而治」以一叢聚性之思想群組的角色而與其他單一道德單
元有別，因此在解釋學循環的關係序列中，「無為而治」所代表的「部份」比
起單一的道德單元內容，相對預取了對於更大範圍之「整體」的理解與掌握，
所以當其以「部份」詮釋「整體」，並將意義內容開放的同時，「無為而治」
之表徵群組結構乃成為認識、掌握儒家思想的「基模」，〔註16〕具有具體而微

〔註14〕 李明輝：《當代儒學的自我轉化》（北京：中國社會科學出版社，2001 年），頁
11。

〔註15〕 「道德單元」是倫理學上的一個概念，指從道德系統中抽象出來的最小單位，
暫時捨棄了與其他因素的聯繫，因而只剩下獨立的基本義涵。以上參李建華：
《道德單元》（長沙：湖南人民出版社，2008 年），頁 3～13。至於本文所謂
這些從「無為而治」架構中所分解出來的道德單元，在儒家思想中皆具有重
要的概念意義，如仁、德、中、正、和、恭、敬、禮、樂、親親、孝悌、忠、
信等，幾乎已涵攝了儒家思想中修己與治道兩端之大要，因此乃使得「無為
而治」具有「以小識大」的基模意義。

〔註16〕 「基模」（schema），是認知心理學中的一個重要概念，被廣泛應用於教育、社
會、心理與認知知識的表徵上。關於「基模」的定義，岳修平曾概括地說：「所
有用到基模這個詞的共通元素指的便是有組織的意義架構。」其同時引述
Rumelhart 和 Norman 以及 Anderson 的說明，補充「基模」定義為「存在記憶
中表徵類種概念（generic concept）之資料結構」，同時亦是「登錄規則於範疇
內之方法，無論這些原則是知覺性的或命題式的」。歸納以上的定義內容，則
「基模」可被視為是有組織、有意義的基本認知架構，作用於統整記憶與認知
中的概念及方法，使本身成為一個基本的資料結構形式，以對應於對象知識的
掌握與理解。參 E. D. Gagne, C. W. Yekovich, F. R. Yekovich 著，岳修平譯：《教
學心理學：學習的認知基礎》（台北：遠流出版社，1998 年），頁 112。

地照應並展示儒家思想整體的特殊價值。

若進一步從前文「無爲而治」的總體結構圖進行觀察：

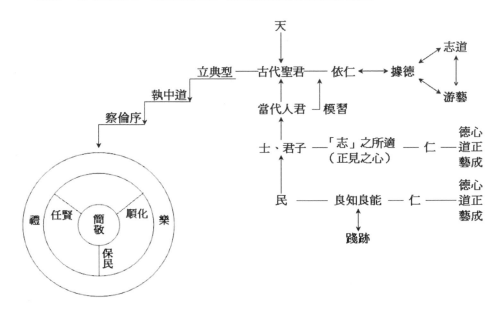

欲以實際的例子進行展衍此「部份」與「整體」的基模詮釋關係，則或可先行聚焦於原始儒家「無爲而治」之總體架構中，並以「聖君」之角色定位及其順化模式的具體展現爲觀察對象。通過此架構內容的展示，便可輕易探見在「無爲而治」的治道系統中——聖君之行動乃是與天道直接相應，同時在主體自我充分覺知的靈明中，通過仁之遍潤性與創生性，進一步體現「道」、「德」、「藝」與「志」、「據」、「游」的道德理性及關涉百姓生存之治道實現過程；而通過人君德化仁政的下貫，一般人皆有的仁心亦被煥發，並經由「就有道而正」與「學」的工夫實踐，伴隨以德心、道正、藝成的呈現。〔註17〕在這個環節中所凸顯的，雖是原始儒家思想之「部份」，而以「無爲而

〔註17〕牟宗三：「儒家的無限智心必扣緊『仁』而講。……此無限智心不獨仁者（大人）有之，一般人皆有之，用康德的辭語説，一切理性存有皆有之，惟仁者（大人）能無喪耳，能通過道德實踐而體現之耳。一般人雖不能完全體現之，然總能體現一點，因爲它隨時可以呈現。」正如牟宗三所言，「仁」之無限智心一般人皆有之，隨時可以呈現，但亦可能隨時被外在的虛幻掩蓋而失落；因此一般人內在之無限智心的開發與保存，實有待仁者（大人）的煥發及進一步提攜，如此方能確保一般人德心、道正、藝成的具體呈現。參牟宗三：《圓善論》（台北：學生書局，1996 年），頁 307。

治」爲此「部份」詮釋之表徵，然細探此「部份」所呈現出來的意義內容，實已具涵有對儒家思想「整體」理解的意義價值，並立體透顯出儒家本質意義之大要。此以牟宗三論儒家本質意義的說法進行對照：

> 儒家的思想開闢價值之源，挺立道德主體，這方面沒有能超過儒家
> 者。開闢價值之源，就是道德價值、人生價值。儒家對人類的貢獻，
> 就在他對夏商周三代的文化，開始作一個反省，反省就提出了仁的
> 觀念。觀念一出來，原則就出來。原則出來人的生命方向就確立了。
> 所以他成一個大教。……儒家之所以爲儒家的本質意義
> （essential meaning）就在這裏。〔註18〕

牟宗三所謂儒家思想開闢的「價值之源」，與道德價值、人生價值等內容，必要於形而上的天理流動與道德主體良知處探見。其於〈儒家系統之性格〉一文中，並以「宇宙秩序即是道德秩序」來說明道德形上學的綜合內容。〔註19〕回顧前文所述之儒家「無爲而治」的思想系統，亦即以聖君法天道之自然與超越，且通過自我道德主體良知的自覺彰耀「仁」的意義，使百姓浸潤在聖王「與天地萬物爲一體」之圓境所朗現的「一體之仁」中，開啓百姓「仁」心自覺的可能，也由此確立了儒家所認同與堅持之正確的生命路向。因此，「無爲而治」中聖君所展現之行動及其內在道德主體的自覺意識，並非僅可限定於「無爲而治」的治用意義來說，因爲此中通過「聖君」所朗現出來之「無爲而治」的治道型態，並非只是單一的道德單元內容，而是各種道德意識與修己、治人等多向指涉意義的叢聚結果。因此，在「無爲而治」行政推行之實踐架構中，人君居敬行簡所行的禮樂之治與任賢、保民、順化等原則，除可兼容於儒家執中道、察倫序與樹立聖王典型價值的大範疇中去談，亦無違於「導之以德，齊之以禮」的儒家整體思想堅持；且任賢、保民、順化等每一個「部份」內容皆可實際對應至儒家「整體」思想中去進行相對性的全盤理解。

　　由此已可知，「無爲而治」思想內部各種道德單元的陳設與安置，實是儒家思想具體而微的展示，亦即顯示「無爲而治」以一「詮釋基模」（scheme of interpretation）的角色，除提供認知與理解儒家思想之基礎，亦足以具體表徵儒家整體思想的特質、作用與實踐性格。這或許與先秦時代的整體政治及社

〔註18〕牟宗三：《中國哲學十九講》（台北：學生書局，2002年），頁62。
〔註19〕同上注，頁79～85。

會氛圍有關，〔註20〕抑或是因爲儒家「修己」與「治人」迭相爲用的特殊政治觀使然，〔註21〕但確實間接使得「無爲而治」在儒家思想整體中具有一「詮釋基模」的理論角色，依此而能通過「部份」與「整體」的循環照應，彰顯出「無爲而治」架構的詮釋學意義。

「無爲而治」以一意義表徵的群組結構與儒家思想間形成「部份」與「整體」的詮釋循環關係，此「部份」與「整體」的詮釋連結並非僅繫於基模意義的價值展示上，此中亦涵納有一特殊的道德「映射」〔註22〕關係，且是一

〔註20〕 其實，不只儒家的「無爲而治」足以在儒家整體思想範疇中扮演一個重要的「基模」角色；實際上，道家與法家有關「無爲」或「無爲而治」的論述架構中皆亦可隱約見出一「基模」的意義。惟本文以原始儒家爲論，故道、法「無爲」或「無爲而治」思想中的「基模」表徵於此暫時擱置，然日後或可另文再述，並以之與原始儒家作進一步的比較照應。

〔註21〕 徐復觀曾在〈釋《論語》民無信不立〉一文中指出：「孔孟乃至先秦儒家，在修己方面所提出的標準，亦即在學術上所立的標準，和在治人方面所提出的標準，亦即在政治上所提出的標準，顯然是不同的。修己的、學術上的標準，總是將自然生命不斷底向德性上提，決不在自然生命上立足，決不在自然生命的要求上安設人生價值。治人的政治上的標準，當然還是承認德性的標準；但這只是居於第二的地位；而必以人民的自然生命的要求居於第一的地位。」徐氏此主張又重申於〈儒家在修己與治人上的區別及其意義〉文中。本文基本上同意徐氏所指傳統儒家在「修己」與「治人」的標準間有著嚴格區分的說法，然必須進一步說明的是，筆者以爲儒家「修己」與「治人」間雖有不同的標準存在，但是此二概念在儒家思想中不應被二分視之，亦即「修己」與「治人」間應是一種動態的聯繫關係，且是迭相爲用的。簡單從「無爲而治」的結構來說，典型人君「修己」以「治人」，在其「治人」的同時，百姓接受典型人君的煥發，亦通過模習與「學」而反躬「修己」；百姓「修己」有成，再反饋成果於人君之「治」；人君有冀於「治」之善，亦必時時於「修己」處下功夫。如此，雖「修己」與「治人」的標準有別，然二者之間實保持著一個迭相爲用的動態關係。參徐復觀：《儒家政治思想與民主自由人權》（台北：八十年代出版社，1979年），頁187～214。

〔註22〕 「映射」（Mappings），是認知語言學「概念譬喻理論」中表達譬喻現象的特殊名詞之一，指語言學中來源域成分與目標域成分之間的一組概念對應。據周世箴譯注雷可夫（George Lakoff）與詹森（Mark Johnson）於《我們賴以生存的譬喻》（"Metaphors we live by"）一書中的說法：「Mappings（映射）概念譬喻由來源域成分與目標域成分之間的一組概念對應（conceptual correspondences）來描述，這些對應專業術語稱爲『映射』。」周世箴並舉例如山有「山頭」、「山腰」、「山腳」等常規意象存在，這便是從人體部位的概念域對應山的部位的概念域所產生之映射關係。參 George Lakoff, 雷可夫&詹森，Mark Johnson 著，周世箴譯注：《我們賴以生存的譬喻》（台北：聯經出版社，2006年），中譯導讀，頁75。

個多重成分的映射展現，在儒家思想之「部份」與「整體」的詮釋循環作用下，更形凸顯「無爲而治」架構中道德映射作用的理論意義。

周世箴在其討論譬喻及映射的相關譯作中曾言道：

> 人類是譬喻性動物——我們概念系統的大部分是由譬喻系統建構的，而這些譬喻系統都在我們有意識的知覺層之下自動運作。結果是，我們縱然很少察覺到這點，但由我們肉身體驗所處環境而生的譬喻，以及那些由文化傳承而來的譬喻，卻形塑了我們思維的內容以及思維方式。如果沒有譬喻，我們便無法以適當的方式來表述哲學、倫理、政治或宗教觀點。簡言之，我們對文化的理解大都是經由譬喻而界定的。〔註23〕

「映射」原是「概念譬喻理論」中表達譬喻現象的模式之一，因此中文學界目前引藉映射理論所進行的研究，多是通過隱喻映射的比對照應去進行對於象徵與指涉意義的理解，〔註24〕然周世箴所言人類通過譬喻理解環境或文化的這種普遍思維方式，適提供了本文將「映射」轉化到倫理學（ethies）〔註25〕去進行衍申應用的合理性根據。如此則「映射」在道德哲學上的應用，便是指「來源域成分與目標域成分之間的道德概念對應關係」，關心的是道德及善如何通過概念譬喻傳達出去的問題。本文將「映射」的概念域指涉，由認知語言學轉向倫理學範疇去進一步衍申應用，即亟欲通過儒家思想中引譬連類之一般性具體思維作用的檢視，相對探見在「無爲而治」思想中「舜」與「北辰」之特殊意象於政治中所產生的多重道德映射作用，希冀可以通過此詮釋視角的介入，掘發「無爲而治」架構中潛在之道德映射作用的詮釋意義暨理論價值。

通過對原始儒家相關典籍內容的檢視，可發現其中以物喻人之德行或以引譬連類的一般形式進行道德評價的活動時有所見。如《論語‧公冶長》即

〔註23〕同上注，中譯導讀，頁9。

〔註24〕如劉慧珠：〈阮籍《詠懷詩》的隱喻世界——以「鳥」的意象映射爲例〉，刊載於《東海中文學報》第16期，2004年7月，頁105～142。林碧慧：〈時空越界——由「肉身感知」解析時間表述的空間方位映射〉，刊載於《東海中文學報》第19期，2007年7月，頁303～320。

〔註25〕本文此處所謂「倫理學」，並非廣泛地指「所有研究倫理的學問」，而是指「道德哲學」（moral philosophy），意謂從哲學觀點來探究倫理課題的學問，關心的是一「應然」倫理體系之建構。參孫效智：〈與他者的關係——倫理學導論〉，收入於沈清松編：《哲學概論》（台北：五南圖書出版公司，2004年），頁41～66。

有載，孔子曾因應子貢之問而對其人進行評價：

> 子貢問曰：「賜也何如？」子曰：「女器也。」曰：「何器？」曰：「瑚璉也。」〔註26〕

在此則文獻中，孔子以「瑚璉」比子貢，其中自然寓有褒貶之意，不過孔子所寓褒貶的內容並非筆者關注的焦點，本文於此所欲聚焦者，乃是孔子比附之論中，「人」與「器」的映射關係。「瑚璉」，據吳延環的考證，其指應爲「廟堂貴器」，亦謂「朝廷重臣」。〔註27〕孔子比子貢爲「瑚璉」，是實際讓「人」與「器物」的兩個不同概念域產生映射作用，不過在孔子的思維中，其並非僅是進行一概念譬喻的語言映射活動，而是從「瑚璉」爲「器」之本質的有限，又推而及之「瑚璉」爲廟堂所用的貴重用途，進一步顯子貢個人之侷限與展才有爲的價值，因此邢昺疏言曰：「此章明弟子子貢之德也。」〔註28〕顯見孔子引譬的動機與目的，乃在連類出一個道德上的判斷，而不單純是語言形式的排列組合。除「瑚璉」之例，《論語・爲政》中尚有孔子之論：「人而無信，不知其可也。大車無輗，小車無軏，其何以行之哉？」〔註29〕此中以車之「輗」、「軏」譬如「信」的映射用法，亦可具體展示出《論語》中的道德映射模式。

此外，《論語》中的這種道德映射模式亦可見於孟、荀的相關論述中，如《孟子・盡心上》有曰：「流水之爲物也，不盈科不行；君子之志於道也，不成章不達。」〔註30〕《荀子・天論》亦言道：「在天者莫明於日月，在地者莫明於水火，在物者莫明於珠玉，在人者莫明於禮義。」〔註31〕通過這些文獻事例的展示，顯見這種道德映射的運用實是原始儒家思想中極爲普遍的思維型態之一，若即如前文所謂——「無爲而治」是爲儒家整體思想之詮釋基模。則此引譬連類之道德映射作用是否亦存在於「無爲而治」思想的整體架構中？其映射型態又是如何展現？

在原始儒家「無爲而治」的直接文獻中，通過「舜」與「北辰」這兩個

〔註26〕〔魏〕何晏注，〔宋〕邢昺疏：《論語注疏》，重刊宋版十三經注疏本，（台北：藝文印書館，2001年），頁41。

〔註27〕吳延環：《論語研究》（台北：五南圖書出版公司，2001年），頁351～352。

〔註28〕《論語注疏》，頁41。

〔註29〕同上注，頁19。

〔註30〕〔漢〕趙岐注，〔宋〕孫奭疏：《孟子正義》，重刊宋版十三經注疏本，（台北：藝文印書館，2001年），頁238。

〔註31〕梁啓雄：《荀子簡釋》，修訂本，（台北：木鐸出版社，1988年），頁228。

意象性語言的陳述，即可見此中道德映射關係的作用。《論語・衛靈公》「無為而治」章謂：「無為而治者，其舜也與！夫何為哉？恭己正南面而已矣。」〈為政〉之「為政以德」章則有：「為政以德，譬如北辰，居其所而眾星共之。」在這兩則文獻中，「舜」與「北辰」從表層的敘述義來看，似乎特指固定的人物或自然物象；然實際上來說，「舜」在「無為而治」的思想概念序列中，已非僅是單一的、特定的「人物」概念域之所指，而已與其他概念域之間產生相互映射關係，成為德善匯聚的表徵，因此「舜」即是「無為而治」、即是「正」，即是「仁」、「德」、「道」、「藝」的充分聚焦，同時又是「用敬」、「治親」、「報功」、「舉賢」、「使能」、「存愛」等德性的映射譬喻值；且通過「無為而治」的映射彰顯，可知「舜」與「治」其實是一體之展現。「治」之所成，無有人君卓然成於上，而民卻潰亂於四方，不知其所終、不知其所往者，故「舜」之與「治」的映射亦顯示人君必為百姓點出其所「往」的正道路向，與其所「終」的生命安頓處。民踐君之跡而有所「往」，更非是一種盲目的木然跟從，應當是「自反而縮」後，「雖千萬人，吾往矣」的自我意志展現。「北辰」亦如是，此以一自然物象的角色，通過宇宙自然概念域進一步與道德概念域之間相互映射，故「北辰」之獨立不改正譬如「為政以德」之治功，既象德政之順化與永恆，又具顯百姓主動歸向以「共」的自然無迫。因此，在上位者以德「化」下，百姓雖似是被動地接受德化，然「眾星共之」卻顯示民之主體抉擇與意志的趨向。

透過「舜」與「北辰」意象所呈顯之道德映射關係，與前文所述引譬連類之一般性具體思維的遣用已有實質上的差別。因不管是以「瑚璉」引譬子貢之才德，抑或以車之「輗」、「軏」譬如「信」，甚至是孟子以流水盈科引譬君子之志於道，以上所述之引譬連類的形式，均是人類普遍思維模式的展現，因此呈現出來的多僅是單向的映射關係，亦即一對一的訊息互涉與交換。然「舜」與「北辰」意象所呈顯者，乃多重成分的道德映射作用，顯見此已非是普遍思維模式的一般性運用，而是融會有道德意識與儒家思想本質意義於其中，依藉此種特殊的道德映射關係將思想意義與義涵理念立體且動態地展示出來。因此在「舜」與「北辰」之使百姓知所「往」及主動歸向以「共」的道德動態歷程引導下，百姓並非是被動地接受德化，而實際有其主體抉擇與自我意志的作用。

唐君毅、牟宗三、張君勱、徐復觀四人曾聯名發表〈為中國文化敬告世

界人士宣言〉，其中言道：

> 在過去中國之君主制度下，君主固可以德治天下，而人民亦可沐浴
> 於其德化之下，使天下清平。然人民如只沐浴於君主德化之下，則
> 人民仍只是被動的接受德化，人民之道德主體仍未能樹立，而只可
> 說僅君主自樹立其道德主體。然而如僅君主自樹立其道德主體，而
> 不能使人民樹立其道德的主體，則此君主縱爲聖君，而其一人之獨
> 聖，此即私「聖」爲我有，即非眞能成其爲聖，亦非眞能樹立其道
> 德主體。〔註32〕

此宣言內容主在指出一個反省的路向，顯示儒家政治觀在「君」與「民」之
道德主體樹立的互動關係中，一直以來皆呈現「二重主體性」〔註33〕的斷裂。
亦即儒家政治思想中似乎並未指出一使「天下」之政治主體性皆能自覺的有
效途徑，於是人君道德主體的樹立與人民道德主體的自覺截然二分，人民似
只能被動地接受德化的結果，卻無從煥發個人的道德主體。然從「舜」與「北
辰」所呈顯之道德映射作用以觀，百姓並非是被動地接受德化；相反的，「德
化」的治道型態實際上是百姓意志趨向與主體意識逕行抉擇後的結果。另從
本文系統內所分析建構「無爲而治」之總體結構的運作來看，聖王的「典型」
意義除了由仁行義將自我安頓在不偏不倚的正道之上，其「任賢」、「順化」、
「保民」之行政實踐策略的推行，亦必在禮樂相輔的狀態下去進行，《禮記．
樂記》中有言：

> 是故先王之制禮樂也，非以極口腹耳目之欲也，將以教民平好惡而
> 反人道之正也。〔註34〕

所謂「教民平好惡而反人道之正」，正顯示人君以禮樂治民之目的乃在煥發其
內在的是非之心，使人民擁有足夠的智慧以督促自我歸返正道。故儒家政治
思想中，其實預設有樹立民之道德主體的良好動機，而此動機內容之實現，

〔註32〕 此宣言原名爲〈爲中國文化敬告世界人士宣言〉，後更名爲〈中國文化與世
界〉，收入於唐君毅：《中華人文與當今世界》（台北：學生書局，1975 年），
頁 903。

〔註33〕 徐復觀：「可是，在中國過去，政治中存有一個基本的矛盾問題。政治的理念，
民才是主體；而政治的現實，則君又是主體。這種二重的主體性，便是無可
調和對立。」徐復觀：〈中國的治道〉，收入於《儒家政治思想與民主自由人
權》，頁 218。

〔註34〕 〔漢〕鄭玄注，〔唐〕孔穎達疏：《禮記注疏》，重刊宋版十三經注疏本，（台
北：藝文印書館，2001 年），頁 663。

則被確實涵納在「無爲而治」之以「舜」與「北辰」爲主的特殊道德映射關係中。

如是，儒家「無爲而治」通過「舜」與「北辰」之意象性語言的陳述與道德映射關係的作用，不僅是通過概念譬喻的思維方式去理解「何謂道德」、「何謂善」的本質性問題，其中百姓踐跡有所「往」與眾星「共」之的主動歸向，亦同時展示了道德與善如何傳達的儒家思維。因此，原始儒家是實際從思想內部肯認道德的能動力量，而不是把道德單純視爲外於「自我」的「他者」來進行知識論的客觀詮釋，這點從「舜」與「北辰」的道德映射作用中已俱顯無遺。

依此，儒家「無爲而治」在「舜」與「北辰」之道德映射與能動力量肯認的雙重確保下，更具有一動態的創造力與踐德生命力，而「無爲而治」之「舜」與「北辰」的道德映射陳述，在攸關儒家思想整體的理解上便更具有重要的詮釋意義，合理展現「無爲而治」由「部份」理解「整體」之詮釋基模角色的十足價值。

第二節 儒家「無爲而治」的當代反省

當我們企圖從「反省」切入理解當代，並積極地演繹某一個傳統議題的現代意義，往往影射當代已漸趨異化（alienation）的處境及命運。因此，「反省」意味著從當代截斷眾流，返回「曾經滄海」的傳統文化生命中去尋求重整與療慰的可能。這種「返回」的程序與追求之所以能夠展現當代價值，正如希爾斯（Shils, Edward Albert, 1911～）爲了突顯進步主義世界觀和極端個人主義的缺陷與膚淺，轉從社會學角度主張：「傳統是新信仰和行動範型的出發點」，其同時肯認「傳統爲合理反思積累了經驗」，故傳統自有其「不可避免性」。〔註35〕從希爾斯的觀點來看，其認定「傳統」實際具有活化與創造「現代」的能力與內涵，但本文此處不欲無限上綱地將「傳統」視爲解決當代問題的靈丹妙藥，而亟欲通過「傳統的現代性」的實際考量，促使當代的政治相關思考能夠「返回」傳統去辨認自身原具的本質，才能在當代政治社會的合法秩序和規則中再生。

〔註35〕希爾斯（E. Shils）著，傅鏗、呂樂譯：《論傳統》（上海：上海人民出版社，1991年），頁58、270。

所謂「傳統的現代性」，乃唐文明歸納姚斯（Hans Robert Jauss）、卡林內斯庫（Matei Calinescu）等對於「現代」（modern）的定義，同時兼融哈伯瑪斯（Jurgen Habermas）關於「現代性」（modernity）的詮釋所提出的現代性模式之一。其論道：

> 傳統的現代性將時間看作是一個綿延之流，任何一個瞬間必須通過不斷地返回過去才能辨認出自己，才能既將自身從屬於整體歷史，又將自身理解爲一個相對獨立的、有意義的當下。〔註36〕

在「傳統的現代性」框架中，「返回」、「辨認」與「『當下』的標出」三項行動，循環串聯了「傳統」與「現代」的連續意義。如是，「傳統」便不只是一個抽象的、概念性的歷史時間指涉；從現代向傳統返回，也不再僅是擁抱「退化史觀」的思維去固守傳統、消極地擁護傳統，而是即於「傳統的現代性」——「在傳統的框架內看待現在與過去的關係，通過更新而非斷絕與過去的關係而標出自身」。〔註37〕

就儒家「無爲而治」思想的當代應用來說，其意義並不在將「無爲而治」的治道策略，原封不動地挪借至當代政治社會中去進行操作；或通過這樣的操作，去印證儒家「無爲而治」思想傳統確有其現代政治意識的價值。因爲如果無視於「傳統」與「現代」的差異，強行將「無爲而治」的大帽子鑲扣在當代的政治社會環境中，那麼不僅傳統的價值將蕩然無存，亦會導致儒家「無爲而治」的思想變成「普羅克拉斯提斯的鐵床」，〔註38〕反而在當代社會中形成矯枉過正的「傳統」暴力，產生削足適履或無限上綱的危機。不過，既然「無爲而治」是原始儒家孔、孟、荀等心嚮往之的理想治道型態，則其內在相關本質意義的確立，或可提供當代政治意識一個「返回」照見與「辨認」自我的管道，開啓「當下」更新的轉化或再生契機！

〔註36〕 唐文明文中將「現代性」區分爲：啓蒙主義的現代性、審美主義的現代性與傳統的現代性三種模式。這三種模式實際上是通過對時間領悟的不同刻畫而區分開來。唐文明：《與命與仁——原始儒家倫理精神與現代性問題》（保定：河北大學出版社，2002年），頁74。

〔註37〕 同上注。

〔註38〕 「普羅克拉斯提斯的鐵床」，典故源自希臘神話〈克理特島上的怪物〉，內容是說邪惡老人普羅克拉斯提斯，常常勸留單獨旅行的旅客在自己家中休息，然後趁客人熟睡之際，將他們的手腳縛住，並與床相比，比床修長者，普羅克拉斯提斯就會截斷他們的下肢；比床短者，就會被他殘忍地拉長至死。參神來譯：《克理特島上的怪物》（天津：延邊大學出版社，2003年）。

一、「政」的窄化與拘限

　　近現代以來，政治意識異化與扭曲的事實，已經激起許多的反省與時代輿論。如牟宗三面對民主濫用與「現代性」〔註39〕的種種流弊，即企圖通過儒家人文主義及道德理想主義的精神去反對虛無主義的導向，並欲藉此提高當代的文化意識、開發文化生命的價值。〔註40〕徐復觀依違在西方自由主義與社群主義之間，強調個人與社群之間的平衡，重視傳統對於民主社會的建立與維持意義。〔註41〕唐君毅則從個人、社會組織與國家三觀念去配合貫通，期待大家發展出一理性、道德的心靈以作爲民主憲政的思想基礎。〔註42〕此外，當代尚有許多後起的新儒家代表學者，亟欲賦予儒學「教」的意義，並試圖從儒家道統中開出政統與學統的實質內容；〔註43〕亦有從新儒家的立場，對當代泛道德主義與實踐的異化進行反省，進而提出復歸之可能者。〔註44〕這些前輩學哲的呼籲與提醒，是我們必須正視的意見，也具有大方向的參考價值；然本文無意涉入各種主義間的對峙，而欲另闢蹊徑回到原始儒家「無爲而治」的政治思想系

〔註39〕此處的「現代性」，指一個由「現代」緣起的新概念，是一種新的時代意識，故其意義爲：「對現代意識的覺悟，既包含著對歷史事實的敘述，又具有價值訴求和規範意味。因此，『現代性』一詞的出現是現代意識取得話語權力的表徵，標明了現代意識的某種勝利。」唐文明：《與命與仁──原始儒家倫理精神與現代性問題》，頁 72。

〔註40〕牟宗三：《道德理想主義》（台北：學生書局，1992 年），頁 247。唐文明：「面對現代社會中個人生活目標的庸俗化、社會生活領域的僵化、物化以及國際政治生活的強權化等諸問題，牟宗三企圖通過文化意識的提高與價值觀念的開發，用道德理想主義來反對虛無主義、守護並成全生命本有的沖創強力。」唐文明：《與命與仁──原始儒家倫理精神與現代性問題》，頁 265。

〔註41〕李明輝：《儒家視野下的政治思想》（台北：國立臺灣大學出版中心，2005 年），頁 256。

〔註42〕唐君毅：〈論與今後建國精神不相應之觀念氣習〉，收入於氏著：《中國人文精神之發展》（台北：學生書局，1984 年），頁 197。

〔註43〕余英時曾謂：「總之，從新儒家第一代和第二代的主要思想傾向來看，他們所企圖建立的是涵蓋一切文化活動的至高無上的『教』，而不是知識性的『學』。……」參余英時：《猶記風吹水上鱗》（台北：三民書局，1991 年），頁 96。

〔註44〕林安梧即提出一系列關於臺灣當前異化處境與治療、復歸如何可能的討論，如：〈實踐的異化及其復歸之可能──環繞臺灣當前處境對新儒家實踐問題的理解與檢討〉，收入於《道的錯置──中國政治思想的根本困結》（台北：學生書局，2003 年），頁 279～313。另其專著《當代新儒家哲學史論》中亦有數篇文章論及，可參見氏著：《當代新儒家哲學史論》（台北：臺灣明文書局，1996 年）。

統中，通過前文已演繹完成之「政」的範疇與內容，進一步與當代政治意識客觀對應，突顯當代之「政」所面臨的困境與意義窄化現狀。

　　原始儒家對於「政」的認知與相關意義詮釋，其實已概括於本文所建構出來的「無爲而治」存在型態、中心意義的總體結構與行政實踐之運作模式中。也可以說，「無爲而治」便是原始儒家政治觀具體而微的投射。在這個架構裡，「政」的意義乃由「正」而衍申，因此一切民意的匯聚與權力的保障必由「正」扎根，而且政治的操作往往只是人倫秩序的進一步推擴，無法獨立成爲政治思考的核心價值。這其實也就是「無爲而治」架構中，「志道」之「就有道而正」與「察倫序」作用的結果。另孔子反覆在「無爲而治」中強調「爲政以德」的治道取向，由此可知原始儒家所謂「無爲」之「政」必以「德」爲體，以符應人君「正南面」之用。人君依仁而秉此「德」體，恭己自持，並行簡敬之政，通過「任賢」以成政之簡、「保民」「游藝」以安民之生、「順化」則使民「由」於政而無迫；除此之外，尚有禮樂之輔，使民由內在之有序、有和，共同成全外在政治之從容與不紊。

　　綜合前述，原始儒家「無爲而治」中的「政」，便同時涵括有政治、教化、社會、民生等多元意義，且此中攸關政治的是人君權力的歸屬問題；攸關教化的，是民之內在德性開啓的人君德智問題；攸關社會的，乃是人倫秩序與道德義務的規劃；攸關民生者，則是社會資源分配的「平」與「均」，務求使民足食而無後顧之憂。這些與儒家政治、教化、社會、民生直接相關的政策推行，皆不是通過在上位者私意的干涉或權力的支配去主導，而是在一以德順化的氛圍中將干涉與支配降到最低，使民自然心悅從之。所以，我們或許可以這樣去定調——原始儒家「無爲而治」思想追求的，其實是通過由仁行德等策略去「變化」政治環境的氛圍，就如同宋儒所說的「變化氣質」一般，是通過「變化」去將原本凝滯的，返回到清通的狀態。〔註45〕

　　再觀當代「政治」（politics）一詞之所指，其實際由西方「城邦」（polis）演變而來，與「政體」（polity）、「權威」（authority）等要素直接相關，內容義涵亦因不同學派詮釋之側重點不同，而有限定上的差別。從傳統主義的眼光

〔註45〕「變化氣質」乃張載首先提出。楊儒賓詮解張載思想時指出：「『變化氣質』即是要『轉變』氣質具有的凝滯性格，回到原初最清通的狀態。」參楊儒賓：〈變化氣質、養氣與觀聖賢氣象〉，刊載於《漢學研究》第19卷第1期，2001年6月，頁106。

來看，「政治」實是國家與政府的活動，講究國家的性質、起源、類型、法律結構等問題的探討；從行爲學派的觀點來說，「政治」乃是行爲者之間的權力互動現象，政治即等同於權力；以「系統」作爲定義「政治」之進路，則「政治」便是透過系統進行權威性價值分配的過程，也就是透過政策的制定對各種社會價值從事權威性的分配。〔註 46〕從理論上來說，不同的定義似乎規劃出不同的政治內容；然究其實而言，不同的理論所展現的，其實只是「政治」顯於外之不同面向的知識性意義所框限出來的部份範疇。從外在客觀知識所掌握對於「政治」的認知，並無法保障「政」之內容或意義本身的合理有序，不過我們卻可以通過有效的限定與歸納，概括出左右當代「政治」內容與政策走向的關鍵性因素，正視當代政治的病態與流弊。

臺灣當前的政治意識，受到西方泛科學（scientism）觀點與功利主義的介入影響，其內在視野逐漸萎縮，且坎陷在對科技知識的信仰與崇拜上。這是西方自啓蒙運動以後便一直存在的問題。張灝即言：

> 所謂泛科學觀，就是認定人類可信的知識只有科學，而科學所賴以決定意義和眞理的標準只有一種，那就是以感官經驗爲基礎的驗證。……在一般人的思想中，泛科學觀往往反映成一種科技萬能意識。這種意識的一個特徵就是不分「科技運用」與「價值實踐」，因此認爲任何政治和社會問題，只要從「客觀環境的需要」出發，順著邏輯的推演，一切可以科學技術去解決。換言之，解決政治、社會問題，歸根究柢，不過是一種「社會工程」的運用而已。這種科技意識犯了一個很大的錯誤，因爲任何基本政治和社會問題，都離不開價值的選擇和實踐。〔註47〕

牟宗三亦言簡意賅地指出：

> 科學之發展固是知識上之佳事，然人之心思爲科學所吸住，轉而爲對於價值德性學問之忽視，則亦正是時代之大病。〔註48〕

〔註46〕傳統主義的代表學者如加納（J. Garner）；行爲學派代表學者如拉斯威爾（H.D.Lasswell）；社群系統研究的代表學者則如伊斯頓（David Eaton）。江明修著：《公共行政學：理論與社會實踐》（台北：五南圖書出版公司，1997 年）。吳重禮等著：《政治學》（台北：五南圖書出版公司，2007 年）。葉明德著：《政治學》（台北：五南圖書出版公司，2006 年）。

〔註47〕張灝：《幽暗意識與民主傳統》（台北：聯經出版社，2000 年），頁 127～128。

〔註48〕牟宗三：《道德理想主義》，頁 3。

當代政治內容受到西方思潮的影響，強調民族國家的建立、科學的發展與自由民主政體的實現，其立意本是積極且具有世界觀的。然從臺灣的政治現狀來看，強勢的國族論述已引致各種意識型態的對峙與價值的內部分裂，因此在「雙重的主奴意識」〔註 49〕的牽制下，使得臺灣的文化心靈意識結構喪失了生命的實感，也喪失了思想的創造力與生產力；其次，無限上綱地膨脹自由、民主的結果，便是導致「無理性」的政治流弊；再者，對於科學知識的信仰與崇拜情結，將政治的內容窄化成極度狹義與功利實用的「智識」格局，「道德」的意義更離開了生活世界，成爲制式的規範與教條，失去「以體証之，通極於道」的儒家道德實踐意義。〔註 50〕於是，正如張灝所言，政治即於當世的價值與意義，不過就是一種「社會工程」的運用，是扁平化的、是邏輯的推演、是各種「專業化」的變質，具體卻又空洞地展示爲「一系列公共的操作規則、作業程序、運作機制」。〔註 51〕我們實際寄身於其中，仰賴這一套機制不間斷地運轉去確認自己的當下存在，卻無可逃遁於一種不明瞭的悲哀之中，飄飄如遊魂。這種悲哀的來源，實因當今政治的格局全然由科學知識取徑的結果使然；實際上，民主與科學著實有其拘限，而無法療癒個體生命在這一「社會工程」中被客觀對象化後所產生的異化與疏離感，導致個體生命「離其自己」、無所依歸。即此，蕭濱曾提出反省，並論道：

> 現代民主作爲一種制度設計，它關注的重點是政治生活中的制度、規則、程序，而不是人的道德素質、人品修養等方面的問題。因此，民主制度本身並非是完備無缺的：它長於制度規則的建構，短於政治人的道德素質、人品修養等方面的提高。這表明，在如何提高參與現代民主運作的政治人的道德素養方面，它需要獲得來自其他力量的支援。〔註 52〕

民主與科學知識必須被反省的，並不是外在客觀的認識論問題，而是民主與科學知識以其客觀且理性的高姿態進入到政治的範疇中，如何解決人性所干

〔註 49〕 臺灣所面對「雙重的主奴意識」之危機，第一重是指「外力性的主奴意識」，亦即由「歐陸及美洲的世界史中心支配所成之意識型態」；另一重則是「內力性的主奴意識」，指「長久以來中國獨統說的母體嚮往及父權宰制所成之意識型態」。參林安梧：〈實踐的異化及其復歸之可能——環繞臺灣當前處境對新儒家實踐問題的理解與檢討〉，頁 284～285。

〔註 50〕 同上注，頁 283。

〔註 51〕 蕭濱：《現代政治與傳統資源》（北京：中央編譯社，2004 年），頁 175。

〔註 52〕 同上注。

涉的一切虛夸與偏蔽的問題。杜維明從儒家視野指出：

> 儒者用於自身個人發展，以及將關於仁的共同觀念付諸實現的象徵
> 性資源既是倫理——宗教的，又是政治的。事實上，他們對「政」
> 的看法不僅是用經濟的和社會的手段來管理世界，而且還要在教育
> 和文化的意義上改變世界，這就推動他們要將政治上的領袖資格扎
> 根在社會良知之中。〔註53〕

「政」，不管其內容是攸關政策、教化、社會或民生，都不能離開「人」的生命之道而將其平面地視爲權威性的價值分配。雖然儒家政治思想在秦漢帝皇專制的背景下，亦曾經淪爲將「理想的君父之道（所謂「君君、臣臣、父父、子子」）異化而成爲壓制現實的教條」，使之形成了「絕對宰制性的政治連結體」；〔註54〕然究實於原始儒家「無爲而治」之「政」，其初衷確實是將領袖（聖君）資格扎根在社會良知中。張灝言：

> 原始儒家從一開始便堅持一個信念：既然人有體現至善，成聖成賢
> 的可能，政治權力就應該交在已經體現至善的聖賢手裡。讓德性與
> 智慧來指導和駕馭政治權力。這就是所謂的「聖王」和「德治」思
> 想，這就是先秦儒家解決政治問題的基本途徑。〔註55〕

在「爲政以德」的架構中，人君必即於「親親」、「尊尊」〔註56〕之禮制倫序去達到「治平」的理想；其權力亦必符合天人、時位與「正」的考核；此外，人君的德智用意並不在策略、機心的運籌上，而是一種踐德的智慧，講究由上至下煥發百姓的道德性與善的直覺，所以有「道正」與「德心」的育成。此中應然之道德性與善的直覺開啓，就是在穿透客觀、概念化之「知」的「障」，使「知之」能夠通過德善的提示，進一步在治道中昇華而爲「好之」、「樂之」的自我存在。這並不是說科學知識是不必要的，實際上，良知、道德的良好動機需要透過客觀知識進行陳述與傳達，但我們不能耽溺在知識的作用中，

〔註53〕〔美〕杜維明著、錢文忠、盛勤譯：《道、學、政——論儒家的知識分子》（上海：上海人民出版社，2000年），頁2。

〔註54〕林安梧：〈實踐的異化及其復歸之可能——環繞臺灣當前處境對新儒家實踐問題的理解與檢討〉，頁124。

〔註55〕張灝：《幽暗意識與民主傳統》，頁28。

〔註56〕《禮記・大傳》：「聖人南面而聽天下，所且先者五，民不與焉。一曰治親，二曰報功，三曰舉賢，四曰使能，五曰存愛。……其不可得變革者則有矣：親親也，尊尊也，長長也，男女有別，此其不可得與民變革者也。」參《禮記正義》，頁616。

而天眞地以爲政治的眞理乃服膺於現代化的科學知識，抑或極端皈依在民主政治的訴求中。

「傳統的現代性」之追求現代化的模式，正在通過時間與意義之流的綿延，將傳統與現代的斷裂彌縫；於是，現代對於傳統來說，是一種創造性的更新；傳統對於現代而言，適提供了一個「返回」、「辨認」的管道，通過不斷地「返回」、「辨認」，確立當下的價值與意義。原始儒家「無爲而治」思想中所規劃的治道結構，或已無法有效因應當代多元複雜的政治走向，然「政」之基本立意與精神，卻可以提供當代政治在民主與科學信仰之外的另一種參照。亦即，「政」不能被約化爲只是一種理論與主義集合的「產品」或「符號」；抑或被狹義歸類，視爲意識型態運作之載體。「政」的意義應從「正」紮根，所謂「本立而道生」；「正」就是政權的道理，就是「政道」的意義，先立其本，便可避免倒果爲因的危機。此外，當代政治的運作在客觀化、知識化、數據化的作用下，已迫使社會中的主體脫離自我生命的存在，游離成爲時代的飄零者與「無家可歸」的人；於是主體隱退、「自我」蟄伏的結果，使得個體逐漸失去其本來面目，而僅示現爲「群體」的一部份。

主體一旦被邊緣化，人類便惶惶無所安頓，各種外在的權威與支配強勢地起而代之，人類社會便只有「我群」與「他群」的分別，在生存資源與權力資源的爭奪中相互對峙，無有止息的一天。在資源與權力有限的世界中，「我」與「非我」之分，是生命是否能存活與延續的關鍵。美國社會學家威廉·薩姆納（William Sumner）曾從群際關係中論道：

> 人我之間必有我團體或內團體的產生，我團體以外的其他人，都歸
> 爲他團體或外團體。我團體之內的成員處在一種和平、有秩序、有
> 法律、有組織、成員互助的關係中。而與外人或外團體之間，則是
> 一種戰爭與你掠我奪的關係。〔註57〕

這種「我群」團體在正常、有序的社會環境中，是一種良性競爭的互動關係，但在異化的政治現狀裡，則急遽惡化爲意識型態主導的「我群」與「他群」的分裂，變成彼此仇視的意氣之爭。這種分裂的根源，實際源自於當代政治的無根與「政」之意義的窄化。生存於當世的「我們」，若未能感同身受時代的痛感，恐怕終會被意識型態的泥淖吞噬，反成爲任政治擺佈的傀儡。

〔註57〕中譯文字轉引自李美枝、李怡青：〈我群與他群的分化：從生物層次〉，刊載於《本土心理學研究》第 20 期，2003 年 12 月，頁 3。

二、「權力」／「支配」〔註58〕的「加」與「減」

德國社會學家馬克思・韋伯（Max Weber，1864～1920）曾說：

> 無論如何，任何我們可以想像到的制度，都不能沒有權力——即使
> 是最有限的——來發號施令，因此，就有支配。〔註59〕

韋伯是當代社會學中相當重要的論述者。本文此處以韋伯的意見作爲申論的
開端，其實正在突顯政治社會中「權力」與「支配」之不可須臾分離的必然
關係。韋伯政治社會學理論中關心的，是不同類型的支配與管理對於一個社
會的實質影響，本文在此不欲涉入不同支配類型的具體詮釋，而僅取其「支
配」定義的最大外延，亦即：「支配」乃是共同行動體（Gemeinschaftshandeln）
中最重要的環節之一；且所有的「支配」皆透過行政來展現與運作。反之，
任何行政也都需要支配，因爲在行政裡，永遠有必要將某種命令權力置於某
人手中。〔註60〕從前述韋伯的說法亦可歸納出：在韋伯的認知中，「支配」原
本就是社會行動之一，且必與行政權力的行使有關。因此他不談「支配」的
合法性，而轉向討論一「正當性」〔註61〕（Legitimitat）的問題。

準此，一個政治社會的「合理」應來自於：「攸關語言與文化等共同價值的
凝聚，提供領導者行使行政權力與進行支配的『正當性』依據」。在這樣的理解
中，權力是中性的，無所謂好壞、對錯的問題；「支配」則是中性權力影響下之
「命令」與「服從」的相對行動關係。然，這樣的政治社會型態與當代政治的
現實卻往往無法相應，因爲當我們即於權力行使的環境中去評議權力的性質，
權力便不可能保持其中立立場，而迫使我們無可避免要去面對權力所引致人心
與道德價值的腐化問題。一如英國歷史學家阿克頓爵士（Lord Acton）的沈痛提

〔註58〕韋伯指出，所謂「支配」即意味著：「『支配者』（單數或多數）所明示的意志
（命令）乃是要用來影響他人（單數或多數的『被支配者』）的行動，而且實
際上對被支配者的行動的確也產生了具有重要社會性意義的影響——被支配
者就傷把命令的內容（僅只爲了命令本身之故）當作自己行動的準則。」韋
伯（Max Weber）著，康樂、簡惠美編譯：《支配社會學Ⅰ》（台北：遠流出版
社，1993年），頁7。

〔註59〕韋伯（Max Weber）著，康樂等編譯：《支配的類型：韋伯選集Ⅲ》修訂版，（台
北：遠流出版社，1996年），頁7。

〔註60〕《支配社會學Ⅰ》，頁1、10。

〔註61〕韋伯認爲：支配的「正當性」關鍵乃來自於個人主觀意義（價值選擇、支配
行動的正當性意念）「信念」（Glaube）之正當性的展現。此「信念」乃是共
同體的信念；亦即現代政治共同體的形成，是一種共同的歸屬感與價值選擇
的結果。

醒：「在所有使人類腐化墮落和道德敗壞的因素中，權力是出現頻率最多和最活躍的因素。」﹝註62﹞張灝則進一步將阿克頓對權力的擔憂理解爲是來自於基督教原罪理論中「幽暗意識」作用的結果，故使得阿克頓得以洞見民主政治制度中常見的內部危機。﹝註63﹞因此，政治權力的運作必與道德、宗教及共同體的歸屬感並存，否則權力將失去其正當性。當然，並不是每個面對權力、掌握權力的人終將走向腐化一途，但權力作爲一種政治價值，當其具備有「支配」的能力，常常便無有選擇地與道德價值之間產生拉鋸，因此如何使「權力」與「支配」在政治的運作中安頓於「以德服人」、「以理服人」，而非是「以力服人」的結果，是現代政治所必須面對的嚴苛挑戰。

現代政治面臨自西方啓蒙運動以來，所帶動科學、民主的蓬勃運作；同時爲因應現代資本主義經濟的發展，間接使得「工具理性」（Instrumental Reason）異軍突起，並擺落「價值理性」（Value Rational）成爲現代工業社會的主要思維方式。﹝註64﹞隨著「工具理性」的極度膨脹與「價值理性」的被邊緣化，其與權力的結合反成爲一種支配、宰制的政治霸權，強勢地成爲控制與奴役人的手段，導致政治社會的異化與物化。人與人之間因缺乏共同「價值」的聯繫，加上政治關注的只有功利的追求與目的的實現，使得個體與群體、人民與政府之間的關係自然無可避免地走上分化與疏離一途。在這種狀況下，民族國家已從「一個正當暴力的壟斷組織」，﹝註65﹞陷入以暴制暴的政治困境中，此正如林安梧所提出的痛切反省：

> 當人們由於文化匱乏，思考貧弱，使得人們不能理解到在現實社會的複雜總體之下，進行所謂的批判活動，根本不能擺脫霸權和宰制

﹝註62﹞（英）阿克頓著，侯建、範亞峰譯：《自由與權力》（北京：商務印書館，2001年），頁342。

﹝註63﹞張灝：《幽暗意識與民主傳統》，頁18。

﹝註64﹞「工具理性」與「價值理性」的觀念是由韋伯在《經濟與社會》中提出。所謂「價值理性」，著重強調動機的純正和知識的終極價值，而不管結果如何；「工具理性」則只由功利的追求爲動機，看重的是效果，純粹由效果所能產生的最大效應去進行考慮技術的問題，漠視人的情感和理想價值。參韋伯（Max Weber）著：《經濟與社會》（上）（北京：商務印書館，1997年），頁56。

﹝註65﹞鄭祖邦：「總體來看，韋伯的政治社會學中有兩個基本的命題：『民族國家是一個正當暴力的壟斷組織』與『支配的正當性』。」參鄭祖邦：〈韋伯的政治社會學：對「民族國家」與「支配」的分析〉，刊載於《政治與社會哲學評論》第16期，2006年3月，頁188。

的力量，尤其在從事一項偉大的霸權與宰制力量之革命與瓦解的活動時，極可能是以暴易暴地代之以更可懼的霸權與宰制，只不過因爲生命的虛弱，極度須要依靠，便以一種投靠的方式，虔誠的膜拜它，並用這樣的方式來裝扮自己的偉大與正義。〔註66〕

再者，支配「組織」〔註67〕中官僚權力的無限擴張，無所忌憚地擴大原有的優勢地位，權力的扭曲直接導致支配之「正當性」與公平性的蕩然無存，支配的程序只好離開它的公開性，轉遁入一秘密的意圖與權力的交換中，且從檯面上各種看似具正當性的名目裡去進行對不正當「支配」的包裝，如法理、制度、民主、權利義務等，以正當之名目行政策支配之實，藉以逃避被支配者的批判及非議。於是，我們沒有選擇地被納入這個支配結構中，從表面上看，政治的總體運作看似寓含有一內在的理想性，亦即對於「理性化」的追求；實際上卻經常背道而馳，甚至陷入「反理性」的泥淖裡，膠著在權力與支配對人類生存的不正當宰制中。當理性意識越來越高漲，支配越來越多、越來越強勢，人類思想的能動性與主動性便逐漸喪失，理想的「烏托邦」就愈是遙不可及，當然也不可能有大同郅治之世實現於當世，這實際展示當代政治文明正在述寫的悲劇性結局。

　　如果說原始儒家「無爲而治」思想所呼應的「傳統」，能夠提供現代政治運作一當下更新的契機，則必是展現在「減」〔註68〕之政治智慧於權力與支配、宰制的發用中。正如徐復觀對儒家「無爲而治」所作最概括性的說明，其指出「無爲而治」：「乃是不以自己的私意治人民，不以強制的手段治人民；而要在自己良好的影響之下，鼓勵人民『自爲』。」〔註69〕不以私意治人民、不以強制手段去威迫人民，皆是儒家「無爲而治」的最大外延意義。以私意去干涉、以手段去威迫，其實正是權力與支配的強勢運作；由此也可以看出，

〔註66〕林安梧：〈實踐的異化及其復歸之可能——環繞臺灣當前處境對新儒家實踐問題的理解與檢討〉，頁292。

〔註67〕韋伯對於「組織」的定義，是爲：「一群習於服從指導者命令的人，基於他們本身的參與與隨之而來的利益，對於支配的維續亦感到關乎其個人之利害，爲了持續維持支配，他們彼此分配並持續團聚一起，以掌握命令權力與強制權力的行使——此即『組織』之謂。」參《支配社會學Ⅰ》，頁15。

〔註68〕此處的「減」是相對於當代政治權力與支配的「加」而言，僅是爲說明上的方便暫且權宜稱之，並非意謂儒家思想是由「減」的基調所構成，與道家滌除、遮撥之「減」亦有思想本質上的差異。

〔註69〕徐復觀：《儒家政治思想與民主自由人權》，頁96。

在原始儒家的治道思維中，通過「以德服人」、「導之以德，齊之以禮」的宣示，其實正在將對人民的「支配」減到最低。因此，君與民之間非是通過「法」或「刑」去箝制、要脅，使人民憔悴於政之勞虐，而是從一「聖王」的姿態覺知自我的使命感，在仁性飽滿的狀態下回應志道、據德、游藝等要求，才能在自我良好的影響下煥發民之仁性，以使百姓順應道正、德心、藝成之道德精神與物質生活的需求。牟宗三認爲，原始儒家「聖王」的觀念其實已開啓了一理性政治之門，其言：

> 聖王一觀念非常重要：既是王而又是聖，既是英雄而又是聖人，這和現在稱甘地爲「聖雄」同。依我們現在的說法，這個觀念是表示在聖賢與英雄以外，又建立了政治上一個最高的格。英雄一格從劉邦開出，聖賢一格從孔子開出，而政治上的最高格(聖王) 則歸之於二帝三王。這個最高格，是儒家政治思想在觀念上自覺地建立的。英雄有外在的使命感，有機括性的命運感；聖人有內在使命感；聖王亦當該在政治上有內在的使命感，而無機括性的命運感。這個政治上的最高格，在我們現在的論題內，有一個重要的涵義，那就是儒家使政治如何從神話與力之「非理性的」轉爲「理性的」之最根源的想法，最高的原則。這只是最初一步，至於如何步步釐定下來而求其充分實現，那是後來發展的事。但這最初一步，也就很可貴。因爲它已開啓了理性政治之門。〔註70〕

原始儒家通過聖王所開啓理性政治之契機，其實正從「天與之」而來，然適如牟宗三所說：「『天與之』是通過『人與之』而表示。」〔註71〕在「無爲而治」的行政實踐運作模式中，「人與之」的關鍵除聖君由內在煥發民之道德感外，又必從君之簡敬爲政以始，兼容任賢、保民、順化三端之治。所謂「任賢」，並不是將百姓拋擲在一官僚化的「組織」中去接受各種形式的支配或驅遣，而是在「何爲則民服」的思考下選擇「舉直」以「錯諸枉」，使得廢置邪枉之人，不經過利益的利誘或任何道德形式的強制支配而皆能化爲直，這是人君知人之智慧應用於行政官僚體系建構之積極規範，所以「任賢」重在「爲天下得人」，而非是建立一個「無可匹敵的、嚴密官僚制度組織的模範」〔註72〕去彰顯權力、支

〔註70〕 牟宗三：《政道與治道》，頁 97。
〔註71〕 同上注，頁 96。
〔註72〕 《支配社會學Ⅰ》，頁 41。

配百姓。其次，儒家「保民」思想廣義地來說，便是「博施於民」與「濟眾」理念的發揮。現今的資本主義社會，一旦涉及資源分配的問題，便容易陷入一種「不理性」或「非理性」的狀態之中，於是「保民」的觀念到了今日，充其量亦不過是一種赤裸裸之經濟利益的全面支配，市場經濟的競爭也不再與支配者的理念有所聯繫。關於這一點，韋伯曾提過一個比喻來進行反省：

> 直接支配人類行動的是利益，而不是「理念」（Ideen）。但是由「理念」所創造出來的「世界圖像」，常如軌道上的轉轍器，決定了軌道的方向。〔在這軌道上〕利益的動力推動著〔人類的〕行動。〔註73〕

韋伯清楚地指出，支配者的「理念」是決定利益行動方向的關鍵，失去理念而只有純粹利益的推動，將會使軌道失去其理想的行進方向。原始儒家「無為而治」之「保民」觀念與韋伯的主張適有若干相契之處，因為儒家「保民」的理念不僅在協助百姓免於饑饉凍餒之苦，貫徹「保民」、「養民」之效，亦同時要求人君內心的「和」、「敬」與「至誠惻怛」，把「保民」的論述與君德緊密地聯繫起來。〔註74〕在這種狀況下，「保民」便不單純僅是資源分配的問題，而是通過人君的「理念」引導形成一蓄積有餘之道，使民遠離饑饉困頓。準此，「無為而治」之「保民」便不是一種「可計算性」（Berechenbarkeit）的資源分配或利益交換，人君亦非通過誘之以利的手段有所意圖地去宰制人民，因此得以將對人民的支配減到最低，展現儒家「無為而治」的典型意義。

最後，從「順化」來說，以「化」民而代「責」民，本就是原始儒家孔、孟、荀的共同理想。「責」，其實就是一種道德形式的支配，所以孔子說：「躬自厚而薄責於人，則遠怨矣！」〔註75〕《孟子·離婁下》亦有謂：「責善，朋友之道也。父子責善，賊恩之大者。」〔註76〕「責」，便是「求」，有責求則易流於支配性的差遣。朋友之間，無有階級上下的明顯界限，故得以相勉而勸；父子之間，既有倫序的定位，要如何避免上對下的意志支配，便是一個難解的習題。政治上亦是如此，君與民之間明顯存在有一上下位階之別，如何能把對人民的支配減到最低，使「無為而治」的精神能夠發揮到極致？原

〔註73〕韋伯（Max Weber）著，康樂、簡惠美編譯：《宗教與社會：韋伯選集（Ⅱ）》（台北：遠流出版社，1992年），頁71。

〔註74〕詳細的論證過程，請參本文第四章第二節：「轂輻相銜，轉應無窮——『無為而治』的行政實踐模式」中關於「保民」內容的相關論述。

〔註75〕《論語注疏》，頁139。

〔註76〕《孟子正義》，頁153。

始儒家選擇從主體內在的精神與本心處去煥發，深入於民心而善教之、善道之，這也就是孔子所謂「忠告而善道之」在政治層面上的高度發揮。因此，「順化」是在自然而然的德治薰習下，使「民日遷善而不知爲之者」。「不知爲之者」，意即百姓從未感受到人君的政刑支配，或意圖加諸於人民思想、行動上的種種束縛，而自然獲致一種理想的伸展，使「無爲而治」即使不透過支配，亦得以擁有理想與道德的永續。

綜上所述，不管自覺或非自覺，原始儒家「無爲而治」的治道本質確實朝向「權力／支配」的「減」法去思考，同時試圖由此規劃出一專屬於儒家的理想政治型態；且在道德知性與主體仁性的雙重庇蔭下，百姓無須依待科學或現代化的成果，亦得以生活在一具體且可理解的政治環境中。反觀當代政治社會，科學的發展與理性化意識的高度要求，讓「權力／支配」的作用急速擴張成一無限制的「加」法危機，不僅在當代大行其道，因已失去道德與宗教等「價值理性」的支援，生命存在同時所感受到的焦慮與痛苦也變得更加尖銳。本文不採取退化史觀的論點去緬懷原始儒家「無爲而治」之美好，也不去預設「無爲而治」作爲一個儒家思想傳統足以改造當代政治的各種可能，而僅是將原始儒家「無爲而治」思想的質性完整且客觀地釐清，若其真能成爲豐富當代政治文明的養料，那也是「無爲而治」內部本然即有的價值，而通過筆者的建構與詮釋將其正面彰顯罷了！

第七章　結　論

　　本論文以「原始儒家『無爲而治』思想發展譜系及其中心意義重構」爲題，在「先秦原始儒家之『無爲而治』自有其符合儒家系統性格的思想性並有思想上明確承續脈絡」的基本假定上，實際運用了「比較／辯證」、「理解／詮釋」、「分析／綜合」、「演繹／歸納」等人文研究的一般性方法，除了擬構出原始儒家「無爲而治」之基礎詮釋框架，同時由「並時性」的思想內部結構處理著手，輔以「歷時性」的「源／流」關係考察，建立儒家「無爲而治」之發展譜系。

　　此外，本文亦以原始儒家的相關文獻爲基礎，分別從天道與人道的兩種存在型態、行政實踐模式的推行及中心意義的動態歷程重構爲核心，系統性地還原「無爲而治」的思想架構與義涵內容，並綜合、歸納出原始儒家「無爲而治」思想之內在深度義蘊。而後，通過與西方社會學理論及認知心理學、語言學等概念的交流，嘗試尋繹原始儒家「無爲而治」思想內部隱而未發的理論意義，同時確立「無爲而治」於原始儒家思想中所具備之「基模意義」暨「道德映射」關係的實質展現。最末，基於自我對當前政治困境與內在憂患意識的反省使然，故進一步以「無爲而治」的總體結構及動態運作型態作爲一對照組，客觀檢驗當前政治所面臨的異化狀況，希冀「傳統」亦得以在當代展現其「傳統的現代性」價值，延續傳統道德眞理之存在，而不僅僅只是抽象之「理」的維護與保存。

　　在前文各章的論述與詮釋基礎上，概可歸約成以下數點結論，以簡要總結本論文的研究成果：

一、從各家思想性格的初步廓清來看——原始儒家「無爲而治」理想政治型態乃是以「德」爲體，以「立典型」與「模習」爲策略，以「德化」爲進路，講究由道德實踐處即「用」見「體」；與道家「無爲」之治的以「無」爲體，以「無爲」爲策略，以解消、遮撥爲進路，講究「與物反」的「大順」玄德實有本質上的出入。另從儒、法的廓清以觀，儒家踐德之「爲」乃行使在「導之以德，齊之以禮」的德禮氛圍中，實際與法家強調治道上的法之效、術之用、勢之威有所不同。

二、由原始儒家「無爲而治」基礎詮釋框架之內容可顯——儒家「無爲而治」思想的展現，應有兩重不同的意向性：一顯爲政治上的理想存有；另一則講究從「爲無爲」的作用檢驗道德實踐的成果。從原始儒家思想理解之「爲無爲」，與道家之「無爲」已有根本上的差異。原始儒家所謂「爲無爲」，強調實現「無爲而治」的理想主體除「藝」之能外，更需講究從自身蘊發德性與智性的有爲力量，從應然與實然兩端挺立具積極意義之「爲」，而正因此有爲乃反求諸己的自我實現，對於治道世用來說自然是「無爲」；然主體德性與智性的挺立，卻在無形中成爲百姓模習與踐跡的對象，因而使得無所施用的「無爲」型態，反而相對辯證成就「爲」的意義。

三、就一「源／流」關係以審原始儒家「無爲而治」思想之譜系發展——孔子在「從周」之仁德禮義的廣度吸納上，兼容以堯舜之聖賢道統的深度模習，勾勒出原始儒家「無爲而治」理想的政治藍圖。孟子繼之因應時代環境之所需，通過「性之者」與「反之者」的反省，擴大聖賢道統的模習效應；同時在「保民」、「養民」、「貴民」與「爲民父母」的政治觀中，直契周代之重民思想與孔子「無爲而治」的理念主張。荀子則是繼孔之後循涇分流，結合道、法思想以立說，在禮義「外轉」的歧出說法主導下，使得「無爲」成爲施行仁政的結果，並以「無爲」總體兼攝孔、孟「無爲而治」的內涵，扮演「無爲而治」思想由儒家德政之「體」實際入「用」的關鍵角色。

四、存在型態——原始儒家「無爲而治」的理想，乃是即於天道與人道間的兩重存在型態。天道代表的是理想政治之超越根據，於人道處則具體展現爲道德實踐之行動策略的實際內容；且天人之間又由人間之聖王典型扮演聯繫的橋樑角色，將天道自然的運轉原則通過「志道」、「據德」、「依仁」、「遊藝」四目的交互作用，靈活應用在人間治道中。

五、行政實踐模式——「無爲而治」的行政實踐模式，以孔子所謂「居

敬行簡」的臨民之道爲動態實踐歷程的運轉核心，亦猶如輪轂之作用，維持與「簡敬」直接相關之「順化」、「任賢」、「保民」三輻之均衡和諧。「簡敬」之軸心搭配「任賢」、「保民」、「順化」之轉輻作用所運轉者，當是澆灌理想仁政之活水，配合禮樂和氣、有序的作用以順化致諧，不僅將人君「居敬行簡」的用心推擴出去，亦是「無爲而治」之「用」的實際展示。

六、中心意義──原始儒家「無爲而治」的中心意義可逕歸於「立典型」、「執中道」與「察倫序」三目，此三目主要藉由彼此的「鍊接」關係產生聯綴的相濟效用，而後融會繼顯爲「漣漪」式的擴散效應，成全「無爲而治」中「化」的動力及儒家特殊的治道性格。

七、動態結構與理想的實現──原始儒家「無爲而治」的存在型態與其中心意義、行政實踐模式間實涵具有一完整且具立體性的思想結構。這些環節的相濟相應，正似驅動運轉的大小齒輪，只要有聖君仁政活水之澆灌，便能應世運轉而不輟。此間雖需依賴彼此的相銜、相承才得以產生前進的動力，然卻亦因此內在思想結構的彼此牽制與制衡，使得「無爲而治」的運作隨時可以維持在最均衡的狀態，因而能夠正行於王道上，實現「垂衣裳而天下治」的終極理想。

八、理論意義──從社會學的角度進行觀察，季登斯曾指出人類社會系統方具備之再生產的二個層次，即：「自動均衡的因果環圈」、「經由回饋的自己調整」與「反省性自己調整」等三個基本面向。本文以原始儒家「無爲而治」思想爲根據進行內造性的建構，發現「無爲而治」的治道理念結構中，實際投射出：「均衡」、「回饋」與「反省暨自我調整」的層次關係，且這種層次關係與季登斯從西方社會觀察進而提出的社會結構理論有所相應，同時更貼近中國政治社會的組成型態。另，「無爲而治」思想內部各種道德單元的陳設與安置，實是儒家思想具體而微的展示，因此亦可視爲是理解儒家思想之「詮釋基模」，足以表徵儒家整體思想的特質、作用與實踐性格。此外，「無爲而治」通過「舜」與「北辰」意象性語言的陳述與道德映射關係的作用，不僅是以一概念譬喻的思維方式去理解「何謂道德」、「何謂善」的本質性問題，其中百姓踐跡有所「往」與眾星「共」之的主動歸向，亦同時展示了道德與善如何傳達的儒家思維，因而原始儒家「無爲而治」思想自具有一動態的創造力與內在踐德的生命力。

綜合前文所論，應可將原始儒家「無爲而治」的內容總體概括爲──

　　所謂「無爲」之政，是以「正」爲治道內容的合理規範。「無爲」，便是在治道世用中貫徹「權力」／「支配」作用的極「減」與極「簡」，因此是支配與「作意」上的無爲，非是漠然、無所作爲的消極歸零狀態。

　　「無爲而治」則又在此精神之上，以「德」爲主要內容，爲符合人君「正南面」之要求，強調執中道、察倫序的核心作用以維持政之無偏與有常。人君依仁而稟「德」體，恭己自持，從自身蘊發德性與智性的有爲力量，成爲可供百姓模習與踐跡的「典範」；同時並行簡敬之政，通過「任賢」以成政之簡、「保民」「遊藝」以安民之生、「順化」使民「由」於政而無迫；兼容以禮樂之輔。使民由內在之有序、有和，共同成全外在政治之從容與不紊。

　　時至今日，近代學術思想研究面對現代視野的劇烈衝擊，已不能自足於僅是閉門造車、藏諸名山式的個人學問，而應由個體生命境域的反思直觸整個時代的癥結處。本文選擇以原始儒家「無爲而治」思想爲研究主題，並非同意我們可以完全乞靈於傳統，而是通過「無爲而治」之治道理念的釐清與總體架構的統整，希冀能進一步探見儒家治道智慧之終極價值和內在意義，抑或可能爲無家可歸的現代人，覓得一條回家的路。正如張灝曾說：

> 對於現代人類而言，傳統思想有一種暮鼓晨鐘的功能：它可以提醒我們需要追問人的終極目的是什麼？追問現代化所生的種種制度、技術、目標究竟是對人有何意義？總而言之，使我們警覺：在現代化的籠罩下，人的生命已面臨失落和汩沒的危機。〔註1〕

現代政治的困境，其實正是過度地以「人爲」取代「人本」的結果，因此容易導致主體生命的痿痺與曲執。當今紛亂的政局，顯示「北辰」已然隱退，取而代之的是「眾星」因潰散而無所歸向所直接引致的意識型態爭鬥，因此政治脫離「人」的思考而被平面化爲「攻乎異端」的意識型態操弄。在這種情況下，當代政治便難有其一體價值的展現與終極關懷的挺立，成爲當前政治社會發展的一大危機與隱憂。

〔註1〕　張灝：《幽暗意識與民主傳統》（台北：聯經出版社，2000 年），頁 170。

引用書目

古籍以時代先後為序；近人著作則依作者姓氏筆劃或英文字母排序

一、古　籍

1. 〔周〕左丘明傳，〔晉〕杜預注，〔唐〕孔穎達疏：《春秋左傳正義》（台北：藝文印書館，2001 年）。

2. 〔周〕慎到：《慎子三種合帙附逸文》（台北：廣文書局，1975 年）。

3. 〔秦〕商鞅：《商君書箋正》（台北：廣文書局，1975 年）。

4. 〔漢〕孔安國傳，〔唐〕孔穎達疏《尚書注疏》（台北：藝文印書館，2001 年）。

5. 〔漢〕司馬遷：《史記》（北京：中華書局，1997 年）。

6. 〔漢〕許慎，〔清〕段玉裁：《說文解字注》（台北：黎明文化事業，1996 年）。

7. 〔漢〕揚雄著，朱榮智校釋：《新編法言》（台北：台灣書房出版有限公司，2000 年）。

8. 〔漢〕趙岐注，〔宋〕孫奭疏《孟子正義》（台北：藝文印書館，2001 年）。

9. 〔漢〕劉向：《說苑》（上海：上海古籍出版社，1995 年）。

10. 〔漢〕鄭玄箋，〔唐〕孔穎達疏：《毛詩正義》（台北：藝文印書館，2001 年）。

11. 〔漢〕鄭玄注，〔唐〕賈公彥疏：《周禮注疏》（北京：中華書局，1998 年）。

12. 〔漢〕鄭玄注，〔唐〕孔穎達疏：《禮記注疏》（台北：藝文印書館，2001 年）。

13. 〔魏〕王弼、〔晉〕韓康伯注，〔唐〕孔穎達正義《周易正義》（台北：藝文印書館，2001 年）。

14. 〔魏〕何晏集解，〔宋〕邢昺疏：《論語注疏》（台北：藝文印書館，2001

年）。

15. 〔晉〕王弼注：《老子道德經注》（北京：中華書局，1998 年）。

16. 〔晉〕范甯集解，〔唐〕楊士勛疏：《春秋穀梁傳注疏》（北京：中華書局，1998 年）。

17. 〔晉〕郭璞注，〔宋〕邢昺疏：《爾雅注疏》（台北：藝文印書館，2001 年）。

18. 〔梁〕皇侃：《論語義疏》（北京：中華書局，1998 年）。

19. 〔梁〕劉勰著，周振甫譯注：《文心雕龍譯注》（台北：五南圖書出版社，1993 年）。

20. 〔宋〕司馬光：《疑孟》，景印文淵閣《四庫全書·經·四書類·尊孟辨》（台北：臺灣商務出版社，1983～1986 年）。

21. 〔宋〕朱熹：《四書章句集注》（台北：大安出版社，1996 年）。

22. 〔宋〕陳淳著，熊國禎、高流水點校：《北溪字義》（北京：中華書局，1983 年）。

23. 〔宋〕陸象山：《象山先生全集》（台北：臺灣商務印書館，1979 年）。

24. 〔宋〕黎靖德編：《朱子語類》（北京：中華書局，1999 年）。

25. 〔明〕方孝孺：《遜志齋集》（台灣：商務印書館，1968 年）。

26. 〔明〕王夫之：《船山全書·四書訓義（上）》（長沙市：嶽麓書社，1988 年）。

27. 〔明〕王夫之《讀四書大全說》（長沙市：嶽麓書社，1998 年）。

28. 〔清〕毛奇齡：《論語稽求篇》（台北：藝文印書館，1966 年）。

29. 〔清〕王先慎：《韓非子集解》（台北：藝文印書館，2004 年）。

30. 〔清〕王聘珍，王文錦點校：《大戴禮記解詁》（北京：中華書局，1998 年）。

31. 〔清〕段玉裁注，徐灝箋：《說文解字注箋》（台北：廣文書局，1972 年）。

32. 〔清〕孫希旦著，沈嘯寰、王星賢點校：《禮記集解》（北京：中華書局，1989 年）。

33. 〔清〕焦循：《論語補疏》，嚴靈峰編：《無求備齋論語集成》，第二十二函，（台北：藝文印書館，1966 年）。

34. 〔清〕劉寶楠：《論語正義》（北京：中華書局，1998 年）。

35. 〔清〕錢大昕：《潛研堂文集》（台北：臺灣商務印書館，1968 年）。

二、現代研究論著

（一）專　著

1. 方東美：《原始儒家道家哲學》（台北：黎明文化事業公司，1986 年）。

2. 方東美：《方東美全集》（台北：黎明文化事業公司，2005 年）。

3. 王叔岷：《陶淵明詩箋證稿》（臺北：藝文印書館，1975 年）。

4. 朱元發：《涂爾幹社會學引論》（台北：遠流出版公司，1993 年）。

5. 江明修：《公共行政學：理論與社會實踐》（台北：五南圖書出版公司，1997 年）。

6. 牟宗三：《歷史哲學》（台北：學生書局，1984 年）。

7. 牟宗三：《道德理想主義》（台北：學生書局，1992 年）。

8. 牟宗三：《政道與治道》（台北：學生書局，1996 年，增訂新版）。

9. 牟宗三：《圓善論》（台北：學生書局，1996 年）。

10. 牟宗三：《中國哲學十九講》（台北：學生書局，1997 年）。

11. 牟宗三：《心體與性體》（上海：上海古籍出版社，1999 年）。

12. 余英時：《中國知識份子階層史論》（台北：聯經出版社，1980 年）。

13. 余英時：《猶記風吹水上鱗》（台北：三民書局，1991 年）。

14. 余英時：《中國思想傳統及其現代變遷》（桂林：廣西師範大學出版社，2004 年）。

15. 吳延環：《論語研究》（台北：五南圖書出版公司，2001 年）。

16. 吳冠宏：《聖賢典型的儒道義蘊試詮》（台北：里仁書局，2000 年）。

17. 吳重禮等著：《政治學》（台北：五南圖書出版公司，2007 年）。

18. 李宗侗：《中國古代社會史》（台北：中華文化出版，1954 年）。

19. 李明輝：《當代儒學的自我轉化》（北京：中國社會科學出版社，2001 年）。

20. 李明輝：《儒家視野下的政治思想》（台北：國立臺灣大學出版中心，2005 年）。

21. 李建華：《道德單元》（長沙：湖南人民出版社，2008 年）。

22. 李咏吟：《解釋與眞理》（上海：上海譯文出版社，2004 年）。

23. 蕭濱：《現代政治與傳統資源》（北京：中央編譯社，2004 年）。

24. 周冰：《巫‧舞‧八卦》（北京：中央編譯出版社，2008 年）。

25. 周群振：《儒學義理通詮》（台北：學生書局，2000 年）。

26. 季旭昇編：《上海博物館藏戰國楚竹書（二）讀本》（台北：萬卷樓圖書股份有限公司，2003 年）。

27. 林安梧：《當代新儒家哲學史論》（台北：明文書局，1996 年）。

28. 林安梧：《儒學與中國傳統社會之哲學省察——以「血緣性縱貫軸」爲核心的理解與詮釋》（上海：學林出版社，1998 年）。

29. 林安梧：《人文學方法論：詮釋的存有學探源》（台北：讀冊文化事業有限公司，2003年）。

30. 林安梧：《道的錯置——中國政治思想的根本困結》（台北：學生書局，2003年）。

31. 林啓屛：《從古典到正典：中國古代儒學意識之形成》（台北：國立臺灣大學出版中心，2007年）。

32. 金耀基：《中國民本思想史》（台北：臺灣商務印書館，1993年）。

33. 洪鎌德：《社會學說與政治理論》（台北：揚智文化，1997年）。

34. 胡道靜、陳耀庭、段文桂、林萬清主編：《藏外道書·性命圭旨》（成都：巴蜀書社，1992年）。

35. 韋政通：《荀子與古代哲學》（台北：臺灣商務印書館，1985年）。

36. 唐文明：《與命與仁——原始儒家倫理精神與現代性問題》（保定：河北大學出版社，2002年）。

37. 唐君毅：《中華人文與當今世界》（台北：學生書局，1975年）。

38. 唐君毅：《中國人文精神之發展》（台北：學生書局，1984年）。

39. 唐君毅：《中國哲學原論·原道篇（二）——中國哲學中之「道」之建立及其發展》，收入於《唐君毅全集》卷十五，（台北：學生書局，1991年）。

40. 唐君毅：《道德自我之建立》（台北：學生書局，1991年）。

41. 夏鑄九、王志弘編譯：《空間的文化形式與社會理論讀本》（台北：明文書局，2002年）。

42. 孫廣德：《中國政治思想專題研究集》（台北：桂冠圖書股份有限公司，1999年）。

43. 徐北文：《海岱居文存》（濟南：齊魯書社，2006年）。

44. 徐復觀：《儒家政治思想與民主自由人權》（台北：八十年代出版社，1979年）。

45. 徐復觀：《中國思想史論集》（台北：學生書局，1993年）。

46. 徐道鄰：《唐律通論》（上海市：中華書局，1947年再版）。

47. 神來譯：《克理特島上的怪物》（天津：延邊大學出版社，2003年）。

48. 馬浮：《復性書院講錄》（台北：廣文書局，1979年再版）。

49. 高柏園：《韓非哲學研究》（台北：文津出版社，1994年）。

50. 康有爲：《論語注》，嚴靈峰編：《無求備齋論語集成》，第十三函，（台北：藝文印書館，1966年）。

51. 張光直：《中國青銅時代二集》（台北：聯經出版社，1990年）。

52. 張蓓蓓：《中古學術論略》（台北：大安出版社，1991年）。

53. 張亨:《思文之際論集——儒道思想的現代詮釋》(台北:允晨文化,1997年)。

54. 張灝:《幽暗意識與民主傳統》(台北:聯經出版社,2000年)。

55. 梁海明:《大學·中庸》(太原:山西古籍出版社,2001年)。

56. 梁啓雄:《荀子簡釋》(台北:木鐸出版社,1988年)。

57. 許倬雲:《西周史》(台北:聯經出版社,1990年)。

58. 郭慶藩:《莊子集釋》(台北:華正書局,1994年)。

59. 郭沫若:《金文叢考》(北京:科學出版社,2002年)。

60. 陳大齊:《孔子言論貫通集》(台北:臺灣商務印書館,1987年)。

61. 陳來:《古代宗教與倫理——儒家思想的根源》(北京:三聯書店,1996年)。

62. 陳來:《古代思想文化的世界》(北京:三聯書局,2002年)。

63. 陳科華:《儒家中庸之道研究》(桂林:廣西師範大學出版社,2000年)。

64. 陳啓天:《韓非子校釋》(台北:臺灣商務印書館,1974年。

65. 陳夢家:《殷墟卜辭綜述》(北京:中華書局,2004年)。

66. 傅佩榮:《儒道天論發微》(台北:學生書局,1988年)。

67. 傅佩榮:《哲學與人生》(上海:上海三聯書店,2008年)。

68. 傅偉勳:《從創造的詮釋學到大乘佛學》(台北:東大圖書公司,1990年)。

69. 勞思光:《新編中國哲學史》(台北:三民書局,1997年)。

70. 勞思光:《大學中庸譯註新編》(香港:中文大學,2000年)。

71. 勞思光:《哲學問題源流論》(香港:中文大學出版社,2001年)。

72. 程樹德:《論語集釋》(北京:中華書局,1990年)。

73. 華東師範大學中國文字研究與應用中心編:《金文引得·殷商西周卷》(南寧市:廣西教育出版社,2001年)。

74. 馮時:《古文字與古史新論》(台北:臺灣書房,2007年)。

75. 黃信彰:《專制君王的德性論——《韓非子》君德思想研究》(台北:秀威資訊科技,2006年)。

76. 黃俊傑:《孟學思想史論》(台北:東大圖書公司,1991年)。

77. 黃俊傑:《中國孟學詮釋史論》(北京:社會科學文獻出版社,2004年)。

78. 黃俊傑:《東亞儒學史的新視野》(台北:國立臺灣大學出版中心,2006年)。

79. 黃俊傑:《德川日本《論語》詮釋史論》(台北:國立臺灣大學出版中心,2006年)。

80. 楊鋼、張品興、王相宜編校:《梁啓超全集》(北京:北京出版社,1999年)。

81. 葉明德:《政治學》(台北:五南圖書出版公司,2006年)。

82. 葛兆光:《思想史的寫法——中國思想史導論》(上海:復旦大學出版社,2004年)。

83. 董根洪:《儒家中和哲學概論》(山東:齊魯書社,2001年)。

84. 詹火生:《認識社會學》(台北:正中書局,1993年)。

85. 臧克和:《中國文字與儒學思想》(南寧市:廣西教育出版社,1999年)。

86. 劉介民:《比較文學方法論》(台北:時報文化出版,1990年)。

87. 劉翔:《中國傳統價值觀詮釋學》(上海:上海三聯書店,1996年)。

88. 蔣年豐:《文本與實踐(一)——儒家思想的當代詮釋》(台北:桂冠圖書出版公司,2000年)。

89. 蔣伯潛廣解:《孟子》(台北:啓明書局,1961年)。

90. 蔡仁厚:《儒學的常與變》(台北:東大圖書公司,1990年)。

91. 蔡仁厚:《孔子的生命境界——儒學的反思與開展》(台北:學生書局,1998年)。

92. 盧瑞容:《中國古代「相對關係」思維探討——「勢」「和」「權」「屈曲」概念溯源分析》(台北:商鼎文化,2004年)。

93. 蕭公權:《中國政治思想史》(台北:華岡出版有限公司,1971年再版)。

94. 戴明揚:《嵇康集校注》(台北:河洛出版社,1978年)。

95. 糜文開、裴普賢:《詩經欣賞與研究》(臺北:三民書局,1991年)。

96. 龐樸:《稂莠集——中國文化與哲學論集》(上海:人民出版社,1988年)。

97. 譚宇權:《孔子思辯方法評論》(台北:臺灣商務印書館,1990年)。

98. 嚴靈峰編:《無求備齋論語集成》,(台北:藝文印書館,1966年)。

99. 〔日〕竹添光鴻會箋,〔宋〕朱熹集註:《論語會箋》(台北:廣文書局,1999年)。

100. 〔法〕愛彌爾·涂爾幹著,梁棟譯:《社會學與哲學》(上海:上海人民出版社,2002年)。

101. 〔美〕安樂哲、羅思文:《論語的哲學詮釋》(北京:中國社會科學出版社,2003年)。

102. 〔美〕成中英:《合外內之道——儒家哲學論》(北京:中國社會科學出版社,2001年)。

103. 〔美〕希爾斯(E.Shils)著,傅鏗、呂樂譯:《論傳統》(上海:上海人民出版社,1991年)。

104. 〔美〕杜維明著，錢文忠、盛勤譯：《道、學、政──論儒家的知識分子》（上海：上海人民出版社，2000 年）。

105. 〔美〕查爾斯・L・斯蒂文森著，姚新中、秦志華等譯：《倫理學與語言》（北京：中國社會科學出版社，1997 年）。

106. 〔英〕阿克頓著，侯建、範亞峰譯：《自由與權力》（北京：商務印書館，2001 年）。

107. 〔奧地利〕舒茲：《舒茲論文集・社會現實的問題》，盧嵐蘭譯，（台北：桂冠圖書股份有限公司，1992 年）。

108. 〔德〕卡爾・曼海姆著，艾彥譯：《意識形態與烏托邦》（北京：華夏出版社，2001 年）。

109. 〔德〕韋伯（Max Weber）著，康樂、簡惠美編譯：《宗教與社會：韋伯選集（Ⅱ）》（台北：遠流出版社，1992 年）。

110. 〔德〕韋伯（Max Weber）著，康樂、簡惠美編譯：《支配社會學Ⅰ》（台北：遠流出版社，1993 年）。

111. 〔德〕韋伯（Max Weber）著，康樂等編譯：《支配的類型：韋伯選集Ⅲ》修訂版，（台北：遠流出版社，1996 年）。

112. 〔德〕韋伯（Max Weber）著：《經濟與社會》（上）（北京：商務印書館，1997 年）。

113. 羅伯特・奧迪(Robert Audi)主編，林正弘審訂：《劍橋哲學詞典》（台北：貓頭鷹出版社，2002 年）。

114. E. D. Gagne,C. W.Yekovich ,F. R. Yekovich 著，岳修平譯：《教學心理學：學習的認知基礎》（台北：遠流出版社，1998 年）。

115. George Lakoff，雷可夫&詹森，Mark Johnson 著，周世箴譯注：《我們賴以生存的譬喻》（台北：聯經出版社，2006 年）。

（二）期刊論文

1. 吳冠宏：〈儒家成德思想之進程與理序〉，《東華人文學報》第 3 期，2001 年。

2. 李美枝、李怡青：〈我群與他群的分化：從生物層次〉，《本土心理學研究》第 20 期，2003 年 12 月。

3. 杜保瑞：〈儒道互補價值觀念的方法論探究〉，《哲學與文化》28 卷 11 期，2001 年 11 月。

4. 杜鋼建：〈仁政寬容與無爲而治──關於儒道互補之新仁學思考〉，《中國研究月刊》第 3 卷 6 期，1997 年 9 月。

5. 林文華：〈先秦諸子「無爲」思想之探究〉，《美和技術學院學報》18 卷，2000 年。

6. 林安梧：〈「道」「德」釋義：儒道同源互補的義理闡述——以《老子道德經》「道生之、德蓄之」暨《論語》「志於道、據於德」爲核心的展開〉，《鵝湖》第 28 卷第 10 期（總號 334），2003 年 4 月。

7. 林碧慧：〈時空越界——由「肉身感知」解析時間表述的空間方位映射〉，《東海中文學報》第 19 期，2007 年 7 月。

8. 洪巳軒：〈荀子無爲而治的治道理想〉，《中國文化月刊》第 266 期，2002 年 5 月。

9. 孫瑋騂：〈淺談孔、老的無爲政治觀〉，《孔孟月刊》第 45 卷第 3、4 期，2006 年 12 月。

10. 徐麗霞：〈「無爲而治」儒道釋義〉，《中國學術年刊》第 9 期，1987 年 6 月。

11. 耿傳明：〈清末民初「烏托邦」文學綜論〉，《中國社會科學》第 4 期，2008 年。

12. 張星久：〈儒家「無爲」思想的政治内涵與生成機制——兼論「儒家自由主義」問題〉，《政治學研究》第 2 期，2000 年。

13. 陳夢家：〈商代的神話與巫術〉，《燕京學報》第 20 期，1936 年 12 月。

14. 傅佩榮、林安梧（主講）：〈「人性向善論」與「人性善向論」——關於先秦儒家人性論的論辯〉，《哲學雜誌》第 5 期，1993 年 6 月。

15. 彭華：〈「無爲」思想發凡——以先秦漢初的儒家和道家爲考察中心〉，《孔孟學報》第 80 期，2002 年 9 月。

16. 曾春海：〈試由馬賽爾的「主體際」詮釋《論語》的「仁」〉，《哲學雜誌》第 6 期，1993 年 9 月。

17. 黃俊傑：〈論東亞儒家經典詮釋傳統中的兩種張力〉，《臺大歷史學報》第 28 期，2001 年 12 月。

18. 楊儒賓：〈黃帝與堯舜——先秦思想的兩種天子觀〉，《臺灣東亞文明研究學刊》第 2 卷第 2 期，2005 年 12 月。

19. 楊儒賓：〈變化氣質、養氣與觀聖賢氣象〉，《漢學研究》第 19 卷第 1 期，2001 年 6 月。

20. 葉坦：〈儒家「無爲」說——從郭店竹簡談開去〉，《哲學研究》第 7 期，1999 年。

21. 葉海煙：〈儒家哲學的當代型態及其可能性研究〉，《哲學與文化：儒家倫理學專題》第 348 期，2003 年 5 月。

22. 劉慧珠：〈阮籍《詠懷詩》的隱喻世界——以「鳥」的意象映射爲例〉，《東海中文學報》第 16 期，2004 年 7 月。

23. 劉錦賢：〈儒家之無爲觀〉，《興大中文學報》第 16 期，2004 年 6 月。

24. 鄭祖邦：〈韋伯的政治社會學：對「民族國家」與「支配」的分析〉，《政治與社會哲學評論》第 16 期，2006 年 3 月。

25. 謝大寧：〈儒學的基源問題——「德」的哲學史義涵〉，《鵝湖學誌》第 16 期，1996 年 6 月。

26. 顏崑陽、蔡英俊「百年論學」學術對談記錄稿：《中國古典文學研究的現代視域與方法》，《政大中文學報》第 9 期，2008 年 6 月。

27. 龐樸：〈古墓新知〉，《讀書》第 9 期，1998 年。

（三）專書論文與會議論文

1. 吳瑞卿譯，劉殿爵：《孟子所理解的古代社會》，《採掇英華——劉殿爵教授論著中譯集》（香港：香港中文大學出版社，2004 年）。

2. 林碧玲：〈儒學形上思想探原——以周初的天命觀爲核心〉，《第六次儒佛會通論文集》（台北：唐山出版社，2002 年）。

3. 孫效智：〈與他者的關係——倫理學導論〉，沈清松編：《哲學概論》（台北：五南圖書出版公司，2004 年）。

4. 張宏輝：〈結構化論的旗手——季登斯〉，葉啓政主編：《當代社會思想巨擘——當代社會思想家》（台北：正中書局，1992 年）。

5. 張海燕：〈先秦無爲說述論〉，《中國哲學》17 輯，（湖南：岳麓書社，1996 年）。

6. 張豐乾：〈思孟學派與「民之父母」〉，杜維明主編：《思想·文獻·歷史——思孟學派新探》（北京：北京大學出版社，2008 年）。

7. 陳熙遠：〈聖王典範與儒家「内聖外王」的實質義涵——以孟子對舜的詮解爲基點〉，黃俊傑主編：《孟子思想的歷史發展》（台北：中央研究院中國文哲研究所，1995 年）。

8. 劉述先：〈論孔子思想中隱涵的「天人合一」一貫之道〉，《儒家思想意涵之現代詮釋論集》（台北：中央研究院中國文哲研究所，2003 年）。

9. 劉笑敢：〈「儒家不能以道家爲忌」：試論牟宗三「以道釋儒」之詮釋學意義〉，李明輝編：《儒家經典詮釋方法：傳統儒者解經方法及其現代轉折》（臺北：喜馬拉雅研究發展基金會，2003 年）。

10. 鍾彩鈞：〈孟子思想與聖賢傳統的關係〉，黃俊傑編：《孟子思想的歷史發展》（台北：中研院文哲所，1995 年）。

11. 顏崑陽：〈論「典範模習」在文學史建構上的「連游效用」與「鍊接效用」〉，輔仁大學中國文學系、中國古典文學研究會主編：《建構與反思——中國文學史的探索學術研討會論文集》（下），（台北：學生書局，2002 年）。

12. 顏崑陽：〈先秦儒家美學的中心觀念與衍生意義〉，《文學與美學》第三集，（台北：文史哲出版社，1992 年）。